物流设施与设备

主　编　任美霞　贾　辉
副主编　张　政　李英杰　苗文娟
参　编　潘营月　隋荣娟

中国轻工业出版社

图书在版编目（CIP）数据

物流设施与设备 / 任美霞，贾辉主编. --北京：中国轻工业出版社，2025.2. --（普通高等教育物流管理专业精品教材）. --ISBN 978-7-5184-4844-9

Ⅰ.F252

中国国家版本馆CIP数据核字第2024K71174号

责任编辑：李金慧
文字编辑：刘　晶　　责任终审：劳国强　　设计制作：锋尚设计
策划编辑：张文佳　　责任校对：朱燕春　　责任监印：张　可

出版发行：中国轻工业出版社（北京鲁谷东街5号，邮编：100040）

印　　刷：三河市国英印务有限公司

经　　销：各地新华书店

版　　次：2025年2月第1版第1次印刷

开　　本：787×1092　1/16　印张：15.5

字　　数：360千字

书　　号：ISBN 978-7-5184-4844-9　定价：49.80元

邮购电话：010-85119873

发行电话：010-85119832　010-85119912

网　　址：http://www.chlip.com.cn

Email：club@chlip.com.cn

版权所有　侵权必究

如发现图书残缺请与我社邮购联系调换

230521J1X101ZBW

前言

党的二十大报告明确提出："加快发展物联网，建设高效顺畅的流通体系，降低物流成本。"物流业作为第三产业，服务于制造业、现代农业、商贸流通业，这是物流业最独特的地方，也正因此而承担了推动现代化产业体系的重要任务。这就要求物流业要加快融合各种现代化技术、数字化技术，不断提升物流的设施设备配置水平，优化资源配置，不断革新，创新物流服务模式。

纵观这些年的发展，物流业也向世人展示了其取得的丰硕成果。一方面，我国物流业整体规模不断扩大，全国社会物流总额从2012年度的177.32万亿元增加到2023年度的352.40万亿元，整体物流行业处于上升阶段。另一方面，我国社会物流总费用占GDP的比率从2012年度的17.45%下降到2023年度的14.40%，整体上呈现下降的趋势，体现出我国物流行业的总体运行效率逐渐提高。

与物流业的发展相适应，物流设施与设备也得到了长足的发展。物流设施与设备的现代化水平不断提高，越来越趋于信息化、智能化、标准化、集成化、人性化、绿色化。物流设施与设备的不断创新和发展，使得物流设施与设备的内容也越来越丰富、越来越复杂。一个现代化的物流管理人员不一定要懂得如何设计制造物流设施与设备，但必须掌握物流设施与设备的基本构成与特点，熟悉如何应用物流设施与设备。因此，系统地研究和介绍物流设施与设备的概念、构成、特点、性能、管理等，对于物流设施与设备的合理选择与配置以及正确使用和管理尤为重要。

为了适应现代物流业的发展，满足高等院校培养应用型物流人才的需要，我们本着新颖、实用、通俗易懂的原则，编写了这本《物流设施与设备》教材。本教材以物流职能为主线，分别对物流七大职能领域的设施设备进行详细介绍。由于设施与设备的复杂性、宏大性，本教材共使用了近200幅图片以展示物流设施与设备的形态、构造、组成及原理，从而提升本教材的可读性，使学生直观、快速地掌握相关知识。另外，本教材引用了《"十四五"现代物流发展规划》中的相关内容，以及我国知名物流设备供应商、物流企业案例，作为教学引入或视野拓展的素材，帮助学生了解产业前沿动态，提升学习兴趣，明确未来职业发展方向。

本教材在编写过程中，广泛吸收了当前物流设施与设备的新发明、新成果、新技术，参阅了大量同类教材、专著，并结合编者的物流教学实践，力图使本教材涵盖物流领域所有设施与设备大类。同时，本教材在编写过程中也得到了有关企业、院校专家学者的大力支持与帮助，在此表示感谢。

本教材由任美霞、贾辉担任主编，张政、李英杰、苗文娟担任副主编，潘营月、隋荣娟参编。各部分编写人员为：第一章任美霞；第二、三、六章贾辉；第八章张政；第四章李英杰；第七章苗文娟；第九章潘营月；第五章隋荣娟。任美霞负责全书内容与结构的策划和统稿工作。

由于物流设施与设备涉及的专业面广、知识跨度大及编者对行业研究的局限性，书中难免有疏漏和不足之处，敬请专家和广大读者批评指正。

编　者

目录

第一章 绪论
- 第一节　概述　2
- 第二节　我国物流设施与设备的基本情况　6
- 第三节　物流设施与设备的发展趋势　10
- 本章小结　13
- 思考与练习　14

第二章 运输设施与设备
- 第一节　公路运输设施与设备　17
- 第二节　铁路运输设施与设备　35
- 第三节　水路运输设施与设备　42
- 第四节　航空运输、管道运输设施与设备　53
- 本章小结　59
- 思考与练习　60

第三章 装卸搬运设备
- 第一节　概述　63
- 第二节　起重设备　65
- 第三节　输送设备　71
- 第四节　搬运设备　77
- 第五节　自动导引车　83
- 本章小结　86
- 思考与练习　87

第四章 集装器具
- 第一节　概述　90
- 第二节　集装化系统　92
- 第三节　集装箱　93
- 第四节　托盘　98
- 第五节　其他集装器具　102
- 本章小结　105
- 思考与练习　106

第五章 仓储设施与设备

- 第一节 仓库 ·········· 109
- 第二节 货架 ·········· 115
- 第三节 自动分拣系统及装置 ·········· 127
- 第四节 装卸堆垛机器人 ·········· 135
- 第五节 仓储辅助设备 ·········· 138
- 第六节 自动化立体仓库 ·········· 148
- 本章小结 ·········· 157
- 思考与练习 ·········· 158

第六章 包装设备

- 第一节 概述 ·········· 161
- 第二节 包装设备 ·········· 164
- 第三节 包装自动生产线 ·········· 168
- 本章小结 ·········· 172
- 思考与练习 ·········· 173

第七章 流通加工设备

- 第一节 概述 ·········· 176
- 第二节 剪切加工机械 ·········· 181
- 第三节 冷链设备 ·········· 187
- 本章小结 ·········· 194
- 思考与练习 ·········· 195

第八章 物流信息设施与设备

- 第一节 条码设备 ·········· 198
- 第二节 射频设备 ·········· 214
- 第三节 北斗卫星导航系统设施与设备 ·········· 216
- 本章小结 ·········· 220
- 思考与练习 ·········· 221

第九章 现代物流设备管理

- 第一节 概述 ·········· 224
- 第二节 现代物流设备的配置与选择 ·········· 228
- 第三节 现代物流设备的使用与维护保养 ·········· 231
- 第四节 现代物流设备的更新和技术改造 ·········· 235
- 本章小结 ·········· 239
- 思考与练习 ·········· 240

参考文献 ·········· 242

第一章 绪论

学习目标

- 知识目标

熟悉物流设施与设备的特点和作用,掌握物流设施与设备的分类和基本构成体系、物流设施与设备的发展趋势,了解我国物流设施与设备的发展趋势。

- 能力目标

能够解释身边的物流设施与设备的类型和作用,分析其所处的发展阶段,结合实际情况提出发展的建议。

- 素质目标

通过本章知识的学习,关注行业发展趋势,培养创新意识和创新能力,培养环保意识,具备良好的学习能力。

教学引入

2022年5月17日,国务院办公厅发布了《"十四五"现代物流发展规划》(下称《规划》)。这是我国现代物流领域第一个国家级五年规划,对"十四五"时期我国现代物流体系建设进行了新的规划布局和战略设计。《规划》的内容对加快构建现代物流体系、促进经济高质量发展具有重要意义。

在物流枢纽建设方面,《规划》提出要加快物流枢纽资源整合建设。深入推进国家物流枢纽建设,补齐内陆地区枢纽设施结构和功能短板,加强业务协同、政策协调、运行协作,加快推动枢纽互联成网。加强国家物流枢纽铁路专用线、联运转运设施建设,有效衔接多种运输方式,强化多式联运组织能力,实现枢纽间干线运输密切对接。依托国家物流枢纽整合区域物流设施资源,引导应急储备、分拨配送等功能设施集中集约布局,支持各类物流中心、配送设施、专业市场等与国家物流枢纽功能对接、联动发展,促进物流要素规模集聚和集成运作。

在物流通道建设方面,《规划》提出构建国际国内物流大通道。依托国家综合立体交通网和主要城市群、沿海沿边口岸城市等,促进国家物流枢纽协同建设和高效联动,构建国内国际紧密衔接、物流要素高效集聚、运作服务规模化的"四横五纵、两沿十廊"物流大通道。"四横五纵"国内物流大通道建设，要畅通串接东中西部的沿黄、陆桥、长江、广昆等物流通道和联接南北方的京沪、京哈—京港澳（台）、二连浩特至北部湾、西部陆海新通道、进出藏等物流通道，提升相关城市群、陆上口岸城市物流综合服务能力和规模化运行效率。加快"两沿十廊"国际物流大通道建设，对接区域全面经济伙伴关系协定等，强化服务共建"一带一路"的多元化国际物流通道辐射能力。

资料改编来源：《"十四五"现代物流发展规划》。

> 思考
> 1. 什么是物流设施？
> 2. 物流设施的布局对社会经济发展有什么影响？

第一节 概述

一、物流设施与设备的概念

物流设施与设备是指进行各项物流活动和物流作业所需要的设施与设备的总称。国家标准《物流术语》（GB/T 18354—2021）分别对物流设施与设备进行了定义。物流设施（logistics facilities）是指用于物流活动所需的、不可移动的建筑物、构筑物及场所。物流设备（logistics equipment）是指物流活动所需的装备及器具的总称。

物流设施与设备贯穿于整个物流系统全过程、深入到每个作业环节，是实现物流各项作业功能的物质基础，也是物流服务水平的重要体现。物流设施与设备随着物流的产生和现代科技的发展而发展，高度发达的物流设施与设备是现代物流的特征之一。

二、物流设施与设备的组成

物流设施与设备种类繁多，对其分类的方法目前还没有统一的标准，本书根据物流设施与设备性质和功能的不同，将其分为如下几大类（图1-1）。

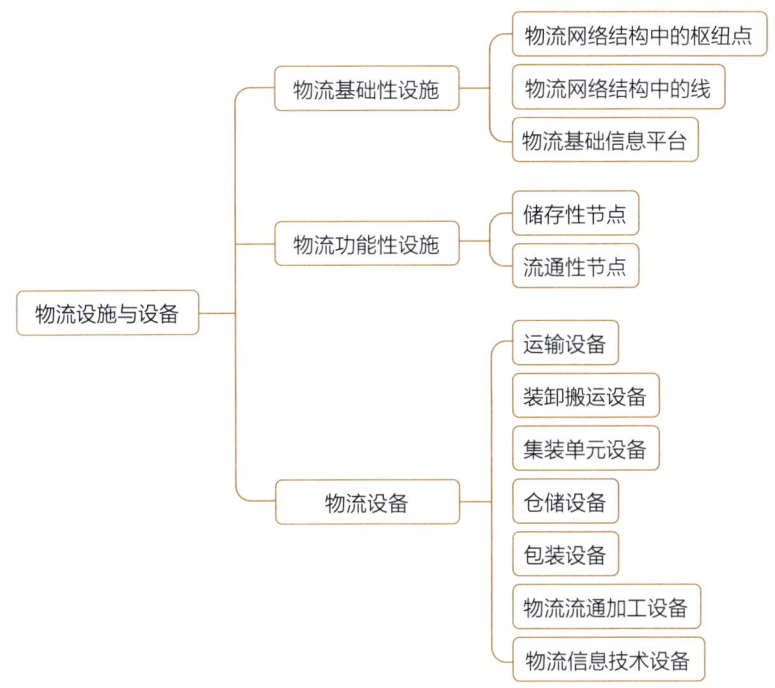

图1-1 物流设施与设备的组成

1. **物流基础性设施**

（1）物流网络结构中的枢纽点。全国或区域铁路枢纽、公路枢纽、航空枢纽、水路枢纽港，国家战略物流储备基地，辐射全国、经济区域的物流基地等。

（2）物流网络结构中的线。铁路、公路、航道、输送管道等。

（3）物流基础信息平台。其任务是为企业的物流信息系统提供基础信息服务（交通状况信息、交通组织与管理信息、城市商务及经济地理信息等），承担不同企业间的信息交换枢纽支持，提供政府行业管理决策支持等。

这类设施一般具有公共设施性质，是宏观物流的基础，它的主要特点是由政府投资建设，战略地位高，辐射范围大。

2. **物流功能性设施**

（1）储存性节点。如储备仓库、营业仓库、中转仓库、货栈等，货物在这种节点上停滞时间较长。

（2）流通性节点。如流通仓库、流通中心、配送中心、流通加工点等。

这类设施往往被第三方物流企业所拥有，是实现物流功能性服务的基本手段。

3. **物流设备**

物流设备也称物流技术装备，是对在物流活动的各环节中所使用的物流机械设备和器具的总称。物流机械设备门类多、品种复杂、功能各异，有的物流机械设备可以一机多用，有的物流机械设备则需要组合配套使用。因此，在对物流机械设备分类时，很难进行严格的界定。按照物流机械设备所完成的物流作业来划分，可把物流机械设备分为以下类别。

（1）运输设备。运输设备是指用于较长距离运输货物的设备。根据运输方式不同，运输设备可分为公路运输载货汽车、铁道货车、货船、货机、管道运输设备等。

（2）装卸搬运设备。装卸搬运设备是用于升降、装卸搬运物料和短距离运输的机械。主要用于升降、装卸搬运的机械有桥式起重机、装卸桥、悬臂式起重机、千斤顶、手动葫芦等。主要用于短距离运输的机械设备有叉车、自动导引车（automated guided vehicle，AGV）、连续运输机等。

（3）集装单元设备。集装单元设备主要有集装箱、周转箱、托盘等。应用集装单元设备对货物进行组合包装后，可提高货物的灵活性，使货物随时都处于准备流动状态，便于达到储存、装卸、搬运、运输、包装一体化的效果，实现物流作业机械化、标准化。

（4）仓储设备。仓储设备是指主要用于各类仓库、配送中心进行货物的存取、储存的各种机械设备和器具，主要有货架、堆垛机、分拣设备、提升机、AGV、搬运机器人、室内搬运车、出入库输送设备等。

（5）包装设备。包装设备是用于产品包装的机械设备，其目的是保护产品、方便储存和运输及促进销售等。包装机械主要有充填机械、罐装机械、扎捆机械、裹包机械、贴标机械、封口机械、清洗机械、干燥机械、杀菌机械、集装机械、真空包装机械、多功能包装机械等。

（6）物流流通加工设备。流通加工是指物品从生产地到使用地的过程中，根据需要施加包装、分割、计量、分拣、贴标志、拴标签、组装等简单作业的总称。流通加工设备主要有切割机械与包装机械两大类。切割机械有金属、木材、玻璃、塑料等原材料切割机械；包装机械见上一条关于"包装设备"的介绍。

（7）物流信息技术设备。物流信息技术设备是应用于物流系统中的信息技术及装备的总称，主要包括基于各种通信方式的移动通信手段及设备、全球卫星定位技术设备、地理信息系统（geographic information system，GIS）技术设备、计算机网络技术设备、自动化仓库管理技术设备、条码及射频技术设备、信息交换技术设备等。

三、物流设施与设备的地位与作用

1. 物流设施与设备是物流系统的物质技术基础

不同的物流系统必须由不同的物流设施和设备来支持才能正常运行。因此，物流设施和设备是实现物流功能的技术保证，是实现物流现代化、科学化、自动化的重要手段。物流系统的正常运转离不开物流设施和设备，正确、合理地配置和运用物流设施与设备是提高物流效率的有效途径，也是降低物流成本、提高经济效益的关键。

2．物流设施与设备是物流系统的重要资产

在物流系统中，物流设施与设备的投资比例较大，随着物流机械设备技术含量和技术水平的日益提高，现代物流技术装备既是技术密集型的生产工具，也是资金密集型的社会财富，配置和维护这些设备与设施需要大量的资金和相应的专业知识。现代化的物流设施与设备的正确使用和维护，对物流系统的运行效益是至关重要的，一旦设备出现故障，将会使物流系统处于瘫痪状态。

3．物流设施与设备涉及物流活动的各个环节

在整个物流过程中，从物流功能看，物料或商品要经过包装、运输、装卸、储存等作业环节，并且还有许多辅助作业环节，而各个环节的实现都离不开相应的机械设备。因此，这些机械设备的性能好坏和合理配置直接影响着各环节的作业效率。

4．物流设施与设备是物流技术水平高低的重要标志

一个高效的物流系统离不开先进的物流技术和先进的物流管理。先进的物流技术是通过物流设备与设施体现的，而先进的物流管理也必须依靠现代高科技手段来实现。如在现代化的物流系统中，自动化仓库技术的应用中综合运用了自动控制技术、计算机技术、现代通信技术（包括计算机网络和无线射频技术等）等高科技技术，使仓储作业实现了半自动化、自动化。物流管理过程中，从信息的自动采集、处理到信息的发布完全可以实现智能化，依靠功能完善的高水平监控管理软件，可以实现对物流各环节的自动监控，依靠智能系统可以对物流系统的运行情况及时进行诊断，对系统的优化提出合理化建议。因此，物流设施与设备的现代化水平是物流技术水平高低的主要标志。

四、物流设施与设备的发展阶段

在物流系统中，各种物流设施与设备所采用的技术手段和方法构成了物流技术的核心。从物流系统采用的设备来看，物流技术的发展，大致经历了以下五个阶段。

1．人工物流阶段

在人工物流阶段，物流作业主要依靠人工推、拉、扛、举及简单的工具来完成。虽然这是一种较为简单的物流作业，但是效率低下。

2．机械物流阶段

在机械物流阶段的物流作业中，人们广泛采用各种机械设备，作业速度大大加快。机械化设备能举起、移动、放下更重的货物，货物也可以堆得更高，在同样面积上可以存储更多的货物。

3．自动化物流阶段

在自动化物流阶段，人们采用自动化仓库系统（automated storage and retrieval system，AS/RS）、自动引导小车以及搬运机器人、物流检测系统等。由于采用自动输送系统和自动搬运系统，物流速度加快，物流效率大大提高。

4. 集成物流阶段

在集成物流阶段，各个自动化物流设备在中央控制下协同工作，中央控制通常由主计算机实现。集成物流系统是在自动化物流系统的基础上进一步将物流系统的信息集成起来，使得从物流计划、物流调度及物流输送各过程的信息，通过计算机网络相互沟通。这种系统不仅使物流系统各个单元达到协调，而且使物流与进货、销售、生产协调起来。

5. 智慧物流阶段

智慧物流是指物流系统通过融合智能软硬件、物联网、大数据等智慧化技术，实现物流各环节精细化、动态化、可视化管理，提高物流系统智能化分析决策和自动化操作执行能力，提升物流运作效率的现代化物流模式。目前很多先进的现代物流系统已经采用了最新的自动识别、卫星定位等高新技术，具备了信息化、数字化、网络化、集成化、智能化、柔性化、敏捷化、可视化、自动化等先进技术特征，体现了现代经济运作的需求，强调信息流与物质流快速、高效、通畅地运转，从而整合社会资源，降低社会成本，提高生产效率和绿色化运作水平。

通常认为，从第三阶段自动化物流起，物流技术具有了现代物流的特点，主要表现在广泛采用现代化的物流设备、计算机管理、物流系统化与集成化等方面。由此可见，现代物流把生产和销售系统有机地联系起来，看成一个整体，从系统化、集成化的概念出发去设计、分析、研究和改进物流系统。

第二节 我国物流设施与设备的基本情况

我国经济的持续、快速和健康发展，为物流业创造了良好的发展环境。物流管理体制改革和政策法规体系的完善，则为物流业的发展提供了切实有效的制度和政策保障。随着国家对物流业发展重视程度的不断提高，国内外物流企业市场业务的逐渐增大，与物流业相关的基础设施建设步伐越来越快，物流技术装备也得到了较大程度的改善。

一、我国物流基础设施的发展现状

我国已经初步构建了"通道+枢纽+网络"的物流运行体系。以国家物流枢纽为核心支点，以示范物流园区、骨干冷链基地、多式联运基地为重要节点，通过综合交通运输体系连接物流中心、港口码头、机场货站、铁路货场、公路场站等，形成全国一盘棋，支撑物流高效运转。

1. 交通通道建设

党的二十大报告明确指出："从现在起，中国共产党的中心任务就是团结带领全国各族人民全面建成社会主义现代化强国、实现第二个百年奋斗目标，以中国式现代化全面推进中华民族伟大复兴。"交通运输现代化是国家现代化的重要标志。

经过多年的发展建设，我国在交通运输基础设施建设方面取得了举世瞩目的成就。据交通运输部发布的《2023年交通运输行业发展统计公报》，截至2023年年末全国铁路营业里程15.9万千米，其中高铁营业里程4.5万千米。投产新线3637千米，其中高铁2776千米。铁路复线率为60.3%，电化率为75.2%。2023年年末全国公路里程543.68万千米，比上年年末增加8.20万千米。公路密度56.63千米/百平方千米，增加0.85千米/百平方千米。2023年年末全国内河航道通航里程12.82万千米，比上年年末增加184千米。等级航道通航里程6.78万千米，占内河航道通航里程比重为52.9%，其中三级及以上航道通航里程1.54万千米、占内河航道通航里程比重为12.0%。2023年年末全国港口生产用码头泊位22023个，比上年年末增加700个。其中，内河港口生产用码头泊位16433个、增加551个，沿海港口生产用码头泊位5590个、增加149个。2023年年末颁证民用航空运输机场259个，比上年年末增加5个，其中定期航班通航机场259个，定期航班通航城市（或地区）255个。2023年年末邮政行业企业共设立各类营业网点46.8万处，比上年年末增加3.4万处。其中，邮政普遍服务营业网点5.5万处，快递企业营业网点23.4万处，服务站等其他类型营业网点17.9万处。全国设立村级寄递物流综合服务站（村邮站）36.5万处，在农村地区邮政实现了"乡乡设所、村村通邮"。

我国已建成了全球最大的高速铁路网、高速公路网、邮政快递网和世界级港口群，航空航海运通达全球，综合交通网超过600万千米，总规模位居世界前列。我国客货运输量和周转量、港口货物吞吐量、快递业务量等主要指标连续多年位居世界前列，已成为世界上运输十分繁忙的国家之一。

2. 物流园区建设

在国家标准《物流术语》（GB/T 18354—2021）中，物流园区（logistics park）是指由政府规划并由统一主体管理，为众多企业在此设立配送中心或区域配送中心等，提供专业化物流基础设施和公共服务的物流产业集聚区。据中国物流与采购联合会发布的《第六次全国物流园区（基地）调查报告（2022）》，截至2022年年末我国规模以上物流园区达2553家，比2018年第五次调查的1638家增长55.9%。4年间，我国物流园区总数年均增长11.7%，增速总体上保持较快态势。2008—2022年历次调查全国物流园区数量及增长情况如图1-2所示。

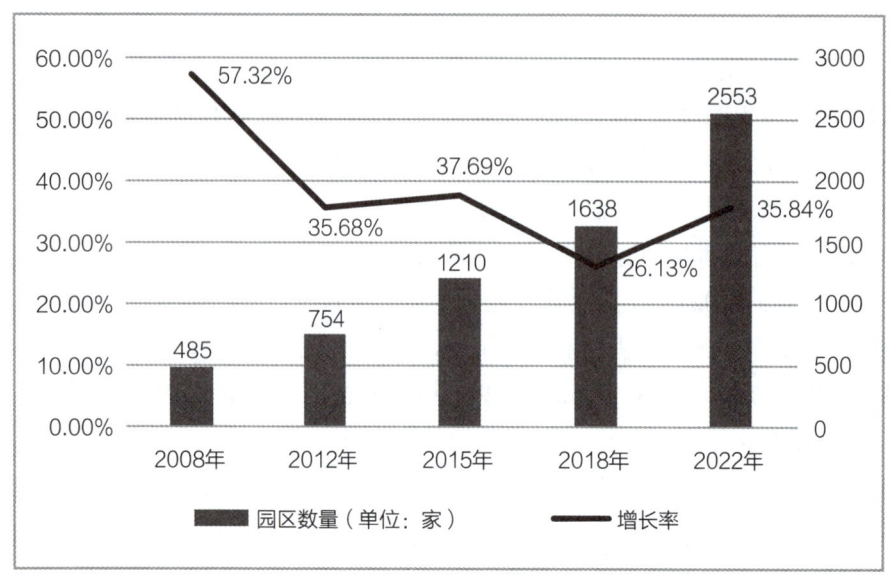

图1-2　2008—2022年历次调查全国物流园区数量及增长情况
数据来源：中国物流与采购联合会《第六次全国物流园区（基地）调查报告（2022）》

3. 物流公共信息平台建设

国家标准《物流术语》（GB/T 18354—2021）对物流公共信息平台（public logistics information platform）的定义是："应用信息技术，统筹和整合物流行业相关信息资源，并向社会主体提供物流信息、技术、设备等资源共享服务的系统。"我国公共信息平台的建设步伐正在加快，主要表现在如下三个方面。

（1）以行政监管为职能的垂直平台建设。我国交通运输部的三大平台建设——联网收费、安全监控、公共信息服务取得了新的进展。从2002年起开始启动的电子大通关，正在向税务、工商、国检、海事、银行等方面拓展，将逐步形成真正意义上的"无纸化大通关"。如山东省已建设了全国规模较大的高速公路信息管理系统，将现代信息技术应用于高速公路管理，实现了全省高速公路收费、监控、通信的自动化管理。

（2）行业物流信息平台建设。国内已经出现一批自主研制的公路物流信息平台，将互联网技术、无线通信技术、卫星定位跟踪技术、地理信息技术等融为一体。电子商务的兴起也在促进行业物流信息平台建设的发展，在这方面比较有代表性的行业物流信息平台有菜鸟、京东物流、顺丰速运等企业的物流信息平台，这些物流信息平台都有一个共同特点——由企业官网发展而来。

（3）区域与物流枢纽的物流信息平台建设。一些省市开始搭建公共物流信息平台，如厦门、深圳、天津等城市的现代物流信息公用平台均已建成。以港口、码头、堆场为代表的物流枢纽信息平台正在兴建，如上海国际港务集团投资2亿元人民币，与振华港机、同济大学联手，建设自动化管理系统，并于2005年投入生产运行，形成了全自动、无人化集装箱空箱堆场。据中国物流与采购联合会信息，截至2022年年末六成以上的运营物流园区均建有公共信息平台，从服务功能来看，这些平台主要集中在信息发布、物业管理、货物跟踪、数据交换等方面，支付结算、运力交易、物流保险、融资服务、增值信息服务功能实现得较少。

我国物流基础设施已初具规模，但从整体上看，仍不能很好地满足现代物流发展的需要，物流基础设施尚待完善，主要表现在以下几点。

（1）多式联运体系不完善，跨运输方式、跨作业环节衔接转换效率较低，载运单元标准化程度不高，全链条运行效率低、成本高。这方面突出表现为水路运输和铁路运输的衔接不畅。

（2）存量物流基础设施网络"东强西弱""城强乡弱""内强外弱"，对新发展格局下产业布局、内需消费的支撑引领能力不够。物流服务供给对需求的适配性不强，低端服务供给过剩、中高端服务供给不足。货物运输结构还需优化，大宗货物公路中长距离运输比重仍然较高。

（3）国家层面的骨干物流基础设施网络不健全，现代物流体系组织化、集约化、网络化、社会化程度不高，缺乏具有全球竞争力的现代物流企业，与世界物流强国仍存在差距。

二、我国物流技术设备的发展现状

近年来，我国物流产业的发展带动了物流装备工业的提升，专业化的新型物流装备和新技术物流装备不断涌现。

1. 交通运输设备方面

运输装备不断迭代升级。一是推广先进适用的技术装备，专业化水平持续提高。《2023年交通运输行业发展统计公报》显示，铁路方面，2023年年末全国拥有铁路机车2.24万台，整体比上年年末增加0.02万台，其中内燃机车0.78万台、电力机车1.46万台，拥有铁路货车100.7万辆，比上年增加1.1万辆。积极发展公路专用运输车辆，截至2023年年末普通货车358.71万辆、4434.51万吨位，分别减少28.98万辆、281.68万吨位，专用货车68.68万辆、817.75万吨位，分别增加5.25万辆、64.03万吨位。牵引车370.37万辆，增加16.19万辆。挂车373.20万辆，增加11.84万辆。大力推广使用集装箱等货运装备，截至2023年年末集装箱箱位304.24万标准箱，增加5.52万标准箱。二是推进行业节能减排，绿色化水平稳步提升。逐步提高铁路电力机车的占比，截至2023年年末这一数值为65%，比上年度增加1个百分点。三是加快集约化发展，大型化趋势更加明显。大型营运载货汽车平均吨位提高至22.3吨/辆，营业性运输船舶平均净载重量增加97吨/艘。

2. 其他物流机械设备方面

我国机动工业车辆行业起步于20世纪50年代末，90年代起行业内的领先企业在消化、吸收、引进国外先进技术的基础上积极对产品进行创新与研发，行业发展较快。近年来，国内机动工业车辆企业在品牌知名度、技术研发能力、产品结构完整性等方面不断提升，产品销售量保持稳定增长态势，我国机动工业车辆销售量从2013年的32.88万台增长至2023年的117.38万台。得益于国家环保政策陆续出台及电动技术的不断进步，我国电动叉车增速显著高于内燃叉车。2013年我国电动叉车及内燃叉车销售量分别为8.89万台和23.98万台，到2023年分别增长到37.72万台和79.66万台。随着物料搬运效率的提升以及手动搬运车向电动搬运车转换需求的提升，电动仓储叉车使用量呈现爆发式增长，从而带动电动仓储叉车销售量快速增长，2023年全国共销售电动仓储叉车62.58万台，与上年同期的54.27万台相比，增长15.33%。

总的来说，近年来我国物流装备水平得到了显著提升，不同运输方式之间装备标准基本统一，物流器具标准配套，物流包装标准与物流设施标准之间能够有效地衔接，物流机械化和自动化水平较高，运输工具的转载率、装卸设备的荷载率以及仓储设施的空间利用率均得到了提升。

第三节 物流设施与设备的发展趋势

物流设施与设备随着物流用户需求的变化和科技内容的创新而发展，未来物流设施与设备的发展将呈现以下趋势。

一、大型化和高速化

大型化指设备的容量、规模越来越大，能力越来越强。大型化是实现物流规模效应的基本手段。集装箱船的容量这些年一直在提升，不断有更大的集装箱船被制造出来。2024年1月9日，江苏南通一家船企自主研发、设计、建造的集装箱船"东方瓦伦西亚"，载重24188标箱，是目前全球装箱量名列前茅的集装箱船。在铁路货运中，总长超4千米、载重3万吨级的55066次货运重载列车是截至2024年4月我国铁路编组最长、载重最大的重载列车。世界上其他国家也已制造出装载71.6万吨矿石的列车，载重量达100吨的超级重型卡车。航空货机的大型化方面，目前货机最大可载重250吨。管道运输的大型化体现在大口径管道的建设，中俄东线天然气管道是世界首条采用1422毫米超大口径、X80高钢级管材、12兆帕高压力等级，单管输量最大的长输天然气管道工程，是继中亚管道、中缅管道后，向中国供气的第三条跨国境天然气长输管道，也是中俄能源合作的里程碑。运输装备的大型化基本满足了基础性物流量大、连续、平稳的需求。

高速化指设备的运转速度、运行速度、识别速度、运算速度大大加快。提高运输速度一直是各种运输方式努力的方向，主要体现在对"常速"极限的突破。在铁路运输方面，我国2007年铁路第六次大提速，不光是提升了客运的速度，还把货运列车的速度提高到了120千米/时，并且大大增加了载重量。在公路运输方面，各国都在积极建设高速公路。我国高速公路总里程截至2023年1月底已达18.36万千米，稳居世界第一，每年还在不断增加里程，为公路运输的高速运转提供了有力支撑。航空运输中，高速是指超音速，客运的超音速已由法国协和飞机所实现。货运方面双音速（亚音速和超音速）民用飞机正在研制中，超音速化将是民用货机的发展方向。在水运中，不同种类的船有不同的速度，目前普通货船航速为22~27千米/时，大型集装箱船航速为36~52千米/时。在管道运输中，高速体现在高压力，中俄东线天然气管道工作压力达12兆帕。

二、实用化和轻型化

新技术、新设计多半是基于理想条件的设想，很多缺乏相应的物质基础。新产品要想应用到社会实践中去，需要经过一定修改和匹配，这种修改和匹配的目的就是实现设备的实用化。设备的轻型化要求尽量缩短设备的外形长度，简化结构，减轻自重，这样能使运行能耗下降，进而降低成本。例如，对于仓储物流设备来说，其多在通用的场合下使用，工作并不很繁重，因此应做到好用，易维护、易操作，并具有耐久性、少故障性和良好的经济性，以及较高的安全性、可靠性和环保性。这类设备批量较大、用途广，考虑综合效益，可降低外形高度，简化结构，降低造价，同时也可减少设备的运行成本，即轻型化。

三、专用化和通用化

随着物流多样性需求的发展，物流设备的品种越来越多且不断更新。物流活动的系统性、一致性、经济性、机动性、快速化，要求部分设备向专用化方向发展，而另一部分设备向通用化、标准化方向发展。

物流设备专用化是提高物流效率的基础，主要体现在两个方面：一是物流设备专用化；二是物流方式专用化。物流设备专用化是以物流工具为主体的物流对象专用化，如从客货混载到客货分载，出现了专门运输客货物的飞机、轮船、汽车以及专用车辆等设备和设施。运输方式专用化中比较典型的是海运，它几乎放弃了世界范围内的客运，主要从事货运。

通用化主要以集装箱运输的发展为代表。国外研制的公路、铁路两用车辆与机车，可直接实现公路和铁路运输方式之间的转换，公路运输用大型集装箱拖车可运载海运、空运、铁运的所有尺寸的集装箱，还有客货两用飞机，水空两用飞机及正在研究的载客管道运输等。通用化的运输工具为物流系统供应链保持高效率提供了基本保证。通用化设备还可以实现物流作业的快速转换，可极大提高物流作业效率。

四、自动化和智能化

自动化是指机器设备、系统或过程（生产、管理过程）在没有人或较少人的直接参与下，按照人的要求，经过自动检测、信息处理、分析判断、操纵控制，实现预期目标的过程。智能化是指赋予机器、设备或计算机系统以模拟人类智能的能力，包括学习、理解、推理和决策等，智能化系统具有一定的自适应性和自主性，能够根据环境变化和用户需求进行调整和优化。将机械技术和电子技术相结合，先进的微电子技术、电力电子技术、光缆技术、液压技术、模糊控制技术等应用到机械的驱动和控制系统中，可实现物流设备的自动化和智能化。

设备的自动化和智能化降低了物流操作人员的工作强度，降低了管理人员的决策难度，提高了物流作业和决策的效率。例如，大型高效起重机的新一代电气控制装置将发展为全自动数字化控制系统，可使起重机具有更高的柔性，以提高单机综合自动化水平。目前，自动化仓库中的送取货小车AGV、智能化搬运车（automatic handling vehicle，AHV）、公路运输智能交通系统（intelligent traffic system，ITS）的开发和应用已经十分普遍。

五、成套化和系统化

物流设备的成套化和系统化是指在物流设备单机自动化的基础上，通过计算机把各种物流设备组成一个集成系统，通过中央控制室的控制，与物流系统协调配合，形成不同机种的最佳匹配和组合。只有当组成物流系统的设备成套、匹配时，物流系统才是最有效、最经济的。目前，成套化和系统化物流设备已在生产、流通、消费等各个经济发展领域发挥出巨大的作用，应用较广泛的成套化和系统化的物流设备有搬运自动化系统、货物配送集散系统、集装箱装卸搬运系统、货物自动分拣与搬运系统等。例如，在自动化生产工厂里，负责搬运的AGV，通过其中央控制系统与生产执行系统（manufacturing execution system，MES）、企业资源计划（enterprise resource planning，ERP）、射频识别技术（radio frequency identification，RFID）等系统无缝对接，协调配合，在生产流程中创造较大效益。

六、环保化与节能化

随着人们环境意识的增强，企业对于物流设备的选择将更关注环保与节能方面的问题。环保化与节能化与两个方面有关：一是与牵引动力的发展以及制造、辅助材料等有关，二是与使用有关。①对于牵引动力的发展，一要提高牵引动力，二要有效利用能源，减少污染排放，使用清洁能源及新型动力。②对于使用因素，包括对各物流设施设备的维护，合理调度，恰当使用等。但这只是物流设施设备行业总体发展的趋势，个别设备还有许多方面需要改进，尤其是我国物流设备生产企业，在追求利润最大化的同时也要提高产品质量，提高物流设备的使用年限，降低损坏率。

视野拓展

国家级物流示范园区——山东齐鲁正本物流园简介

山东齐鲁正本物流园（以下简称"正本物流"）位于淄博齐鲁化学工业区内。企业立足产业优势，专注石化领域，布局沿海沿边区域，以液体化工物流为主导，以多式联运为载体，以现代仓储为基础，以信息化为支撑，搭建物流平台，依托铁路专用线全国运输网络和完善的仓储设备设施，与山东沿海各港口达成战略合作，将海港功能延伸至内陆，成为内陆港"旱码头"，率先走出了一条多业务形态、多模式融合的专业化物流仓储之路。在铁路运输方面，正本物流拥有27条铁路专用线，自备5台铁路机车，助推正本铁路物流园快速发展。公路运输方面，正本物流拥有各类专业运输车辆400余台，其中液体化工运输网络和规模全国领先，可运输环氧丙烷、柴油、汽油、甲醇、二甲基甲酰胺、环己酮、石脑油、苯等危险品。仓储经营方面，正本物流建有100万立方米液体罐区，10万平方米通用仓库，20万平方米货场及集装箱周转场地，年周转货物可达2000万吨，保证装卸作业的安全快速。

资料改编来源：山东齐鲁正本物流集团官网。

本章小结

本章主要介绍了物流设施与设备概述、我国物流设施与设备的基本情况、物流设施与设备的发展趋势等方面的知识，分为三节。第一节主要介绍了物流设施与设备的概念、物流设施与设备的组成、物流设施与设备的地位与作用、物流设施与设备的发展阶段。第二节主要介绍了我国物流基础设施的发展现状、我国物流技术设备的发展现状。第三节主要介绍了物流设施与设备的发展趋势。

思考与练习

一、单项选择题

1. （　　）指物流场站、物流中心、仓库，物流线路，建筑、公路、铁路和港口等。
   A．物流设施　　　B．物流设备　　　C．物流工具　　　D．物流装备
2. 设备（　　）是指设备的容量、规模越来越大，能力越来越强。
   A．专用化　　　　B．大型化　　　　C．通用化　　　　D．小型化
3. 下列属于仓储设备的是（　　）。
   A．提升机　　　　B．铁路货车　　　C．半挂车　　　　D．牵引车
4. 下列属于包装设备的是（　　）。
   A．干燥机械　　　B．千斤顶　　　　C．叉车　　　　　D．连续输送机
5. （　　）是物流技术水平高低的重要标志。
   A．物流设施与设备　　　　　　　　B．物流组织
   C．物流计划　　　　　　　　　　　D．物流基础信息平台

二、多项选择题

1. 物流基础性设施包括（　　）。
   A．交通枢纽　　　　　　　　　　　B．交通运输路线
   C．储存性节点　　　　　　　　　　D．物流信息平台
2. 物流功能性设施包括（　　）。
   A．交通枢纽　　　　　　　　　　　B．存储性节点
   C．流通性节点　　　　　　　　　　D．物流信息平台
3. 我国物流设施发展中存在的问题有（　　）。
   A．多式联运体系不完善　　　　　　B．存量物流基础设施网络布局不合理
   C．千米运输网络建设水平低　　　　D．国家层面的骨干物流基础设施网络不健全
4. 以下属于行业物流公共信息平台的有（　　）。
   A．菜鸟官网　　　　　　　　　　　B．京东物流官网
   C．苏宁物流官网　　　　　　　　　D．顺丰速运官网
5. 交通运输设备方面的发展表现为（　　）。
   A．运输装备不断迭代升级
   B．推进行业节能减排，绿色化水平稳步提升
   C．加快集约化发展，大型化趋势更加明显
   D．运量越来越小

三、判断题

1．物流设备是指进行各项物流活动所需要的机械设备、器具等，可供长期使用并在使用过程中基本保持原来实物形态的生产资料。（　　）

2．大型化是实现物流规模效应的基本手段，可以提升物流系统功能，因此运输设备越大越好。（　　）

3．专用化主要以集装和运输的发展为代表。（　　）

4．物流设施与设备的高速化发展趋势是指设备的运转速度、运行速度、识别速度、运算速度大大加快。（　　）

5．物流设备的专用化和通用化发展是矛盾的，不能同时发生。（　　）

四、简答题

1．简述物流设施与设备的发展阶段。

2．物流设施与设备的类别有哪些？

3．物流设施与设备在物流系统中的地位与作用是什么？

4．物流设施与设备的发展趋势是什么？

5．我国物流技术设备的发展是怎样的？

五、综合能力训练

1．你见过哪些物流设施与设备？它们在物流活动中发挥的作用是什么？

2．实地调研某物流园区，分析其物流设施布局及设备配置情况。

第二章　运输设施与设备

🚩 学习目标

- **知识目标**

　　了解各种运输设施与设备的特点及适用范围，掌握各种运输设施的构成及功能，掌握各种运输设备的种类及运用。

- **能力目标**

　　能够根据不同的运输业务要求选择最佳的运输设备，进行合理化的设备配置。

- **素质目标**

　　通过本章知识的学习，提高运输组织与管理的专业知识和技能水平；通过对我国在交通运输领域取得成就的学习，增强国家自豪感和荣誉感，激发为国家发展贡献力量的热情和动力。

📖 教学引入

以交通运输高质量发展支撑中国式现代化

　　长期以来，在党的坚强领导下，我国交通运输围绕中心、服务大局，取得了举世瞩目的成就，正加快推进既有各国共同特征、更有中国特色的交通运输现代化建设。新征程上，要更好服务保障中国式现代化建设，适度超前建设现代化高质量综合立体交通网，持续提升综合运输服务保障能力，坚持稳中求进、循序渐进、持续推进，全力保障全球产业链供应链稳定和国内国际循环畅通。

　　高质量发展是全面建设社会主义现代化国家的首要任务，也是加快建设交通强国的内在需要。习近平总书记强调，"要建设现代综合运输体系，形成统一开放的交通运输市场，优化完善综合运输通道布局，加强高铁货运和国际航空货运能力建设，加快形成内外联通、安全高效的物流网络"。这就要求我们围绕加快构建新发展格局，着力推动高质量发展，突出保通畅、强合作、扩投资、稳市场、调结构、保安全，实现交通运输发展质量、效益、规模、速度、结构、安全的有机统一，为中国式现代化建设提供更加有力的支撑、更加坚强的保障、更加优质的服务。

资料改编来源：《求是》杂志2023年第19期。

> **思考**
> 1. 物流运输设施与设备有哪些？
> 2. 运输设施与设备的发展如何推进我国现代化建设？

第一节 公路运输设施与设备

交通运输是物流活动的重要组成部分，它是随着经济活动的产生而产生的。党的二十大报告指出："新时代的十年来，我国"建成世界最大的高速铁路网、高速公路网，机场港口、水利、能源、信息等基础设施建设取得重大成就。"公路运输作为运输方式的一种，有着快速、灵活、方便、项目投资小、经济效益高、操作人员容易培训、可提供"门到门"运输服务、短距离运输费用便宜、运输伸缩性强及货损率低等优点，是十分普及的一种运输方式。

一、公路等级与高速公路的功能、设施及特点

公路主要由路基、路面、桥涵、隧道、排水系统、防护工程及交通服务设施所组成。

1. 公路等级的划分

道路条件的好坏直接影响汽车运输的效果，同时也影响汽车的技术性能。因此，道路条件是影响汽车运用效率最主要的条件。

道路条件对汽车运用性能与运用效率的影响主要来自道路等级和道路养护质量。按照我国《公路工程技术标准》（JTG B01—2014），根据公路的使用任务、功能和交通量，可将公路分为高速公路、一级公路、二级公路、三级公路和四级公路5个级别。

（1）高速公路是专供汽车分方向、分车道行驶并全部控制出入的干线公路。四车道高速公路一般能适应按各种汽车折合成小客车的远景设计年限，年平均昼夜交通量为2.5万～5.5万辆；六车道高速公路一般能适应按各种汽车折合成小客车的远景设计年限，年平均昼夜交通量为4.5万～8万辆；八车道高速公路一般能适应按各种汽车折合成小客车的远景设计年限，年平均昼夜交通量为6万～10万辆。

（2）一级公路是专供汽车分方向、分车道行驶的公路，一般能适应按各种汽车折合成小客车的远景设计年限，年平均昼夜交通量为1.5万～3万辆。

（3）二级公路一般能适应按各种汽车折合成小客车的远景设计年限，年平均昼夜交通量为3000～7500辆；是连接政治、经济中心或大工矿区等地的干线公路，也是运输任务繁忙的城郊公路。

（4）三级公路一般能适应按各种汽车折合成小客车的远景设计年限，年平均昼夜交通量为1000～4000辆；是连通县或县以上城市的一般干线公路。

（5）四级公路一般能适应按各种汽车折合成小客车的远景设计年限，年平均昼夜交通量为：双车道1500辆以下，单车道200辆以下；是沟通县、乡、村等的支线公路。

当公路等级不同，其路线的车道数、行车道宽度、停车视距、最大纵坡等参数均有不同，见表2-1。

表2-1 我国各级公路主要技术指标汇总表

公路等级	高速公路						一级		二级		三级		四级	
设计行车速度（千米/时）	120			100	80	100	80	60	80	60	40	30	30	20
车道数	8	6	4	4	4	4	4	4	2	2	2	2	2或1	
行车道宽度/米	3.75	3.75	3.75	3.75	3.75	3.75	3.75	3.50	3.75	3.50	3.50	3.25	3.25或6.0	
停车视距/米	210			160	110	160	110	75	110	75	40	30	30	20
最大纵坡/%	4			5	6	4	5	6	5	6	7	8	8	9

2．高速公路的功能

高速公路的功能主要体现在以下几个方面。

（1）全封闭、全立体交叉，严格控制出入。高速公路实行的是一种封闭式管理，各种车辆只能在具有互通式立交的匝道进出。

（2）汽车专用，限速通行。高速公路只供汽车专用，不允许行人、牲畜、非机动车和其他慢速车辆通行。同时，一般规定时速低于50千米的车辆不得上路，最高时速亦不宜超过120千米，从而保证了管理对象的唯一性。

（3）设中央分隔带，分道行驶。高速公路一般有4个以上车道，实行上下行车道分离，渠道通行，隔绝了相向车辆的干扰，并通过路面交通标线分割不同车速的车辆，较好地保证了高速公路的连续畅通。

（4）有完善的交通安全设施与服务设施。高速公路除设有各种安全、通信、监控设施和交通标志进行无声服务外，还设有服务区提供停车休息、餐饮、住宿、娱乐、救助、加油、修理等综合服务，能满足司乘人员在路上的多种需求。

高速公路本身具有的上述功能，使高速公路具备了快速、经济、安全、舒适的特点。

3．高速公路的设施

为了保证高速公路的安全和畅通，高速公路安装了先进的通信及监控系统，可以快速、准确地监测道路交通状况，提供及时优质的交通信息服务。

（1）机房设施有主控台、服务器、大屏投影、监视器、计算机终端、光端机供电设施及系统管理软件等。

（2）车辆检测器采用环形检测线圈和压电电缆，主要用于检测车流量、平均速度、车头间距及轴数、轴重等。

（3）气象监测器主要用于监测特殊路段的雨、雾、雪及冰冻情况，并将有关信息传输到控制中心，由控制中心通过可变情报板、交通电台及可变限速板发布警告和控制信息。

（4）可调摄像机通常设置于高速公路互通立交桥、隧道、弯道及事故多发地段等，焦距、方向都可以调节。

（5）可变情报板通常设置于高速公路分岔口的事故多发地段的前方，每20千米设置一块，是调节交通量和指挥高速公路非常重要的信息发布载体，可发布的信息有：

①前方道路交通状况，如堵塞、拥挤、正常、施工等；

②雨、雾、雪及冰冻等恶劣气象条件下的警示信息；

③在上述道路交通情况下，到达另一条高速公路的时间及交通流向调控；

④正常情况下显示时间，可作时钟用。

（6）可变限速板和可变标志牌在特殊情况下用于显示限速、前方施工和事故标志信息。

（7）外场设施有应急电话、可变情报板、车辆检测器、光缆、气象监测器、可变限速板、可变标志牌、电动封道杆、可调摄像机、交通信息电台及供电设施等。

（8）应急电话每2千米设置一对，通过有线或无线传输至控制中心，有线主要通过高速公路专用通信网的电缆和光缆传输，无线通过公众移运通信网传输。

（9）供电设置主要有普通市电、太阳能电池、各类蓄电池和汽油或柴油发电机等。

（10）系统管理软件由业主委托专业软件公司开发编制，用于整个系统的数据采集、处理、计算和存储，并发布控制指令和信息。

高速公路安装交通管理系统后，提高了高速公路网的安全和通行能力，使交通事故造成的损失大幅度降低。由于高速公路设有休息区和服务区，为司乘人员提供临时休息场所和各类服务，可以使司乘人员获得舒适感和安全感。

4．高速公路的特点

（1）运行速度快，运输费用低。速度是交通运输的一个重要因素，据调查，高速公路的平均车速约为100千米/时，最高可达150～200千米/时，而一般公路只有20～50千米/时。由于车速的提高，可缩短运行时间，降低油耗、车耗和运输成本，可为社会和公路运输经营者带来巨大的经济效益。

（2）通行能力大，运输效率高。通行能力是指单位时间内道路容许通过的车辆数，是反映道路处理交通数量多少的指标。一般双车道公路的最大通行能力为5000～6000辆/昼夜，而一条四车道的高速公路一般通行能力可达25000～55000辆/昼夜，相当于7～8条普通公路的通行能力，六车道或八车道的高速公路可达70000～100000辆/昼夜。高速公路的建设，还促进了运输车辆朝大型化（重型载货汽车）、拖挂化（汽车列车）、集装箱化、柴油化和专用化（如冷藏车等专用特种车辆）方向发展，提高了运输效率。

（3）减少交通事故，增强可靠性。安全性是反映运输质量的重要指标，高速公路由于采取了控制出入、交通限制、分隔行驶及汽车专用自动化控制管理系统等确保行车快速、安全的有效措施，使交通事故大大减少。据统计，高速公路的事故率和死亡率只有一般公路的1/3～1/2。据推算，我国每年修建100千米高速公路，可减少164人死于交通事故。

（4）缩短运输时间，提高社会效益。随着工业现代化和城市化进程的加快，时间就是效益的观点越来越受到社会各方面的重视。高速公路技术等级高、质量好、设备齐全、运输条件好，不仅缩短了运行时间，而且提高了运输质量。据调查，各种运输方式下商品流通的平均速度，铁路为46小时，海运为20.4小时，空运为17.8小时，而高速公路由于转装环节减少，平均仅为7.9小时，加快了商品流通，减少了货物积压。高速公路的发展有利于加快工业开发、改善工业布局、促进城乡交流、加速沿线经济发展、缓解城市交通、调整城市格局，使社会受益。

（5）节省用地，提高土地利用率。修建高速公路用地比一般公路要多，但从用地的效率来看，实际是节省了用地。据测算，每建100千米高速公路的用地，比修建担负同等交通量的一般公路少4平方千米。修路占用土地的损失，可以从整个公路运输的社会效益中得以补偿，并远远超过占用土地损失的经济效益。

（6）投资效益好，资金回收率高。高速公路多分布在工业及人口集中的地区，客、货流量大，运输效益高。在我国，占全国公路总里程2.27%的高速公路，可以完成34.06%的公路营业性货运周转量。

二、公路站场

根据运输对象的不同，公路站场分为汽车客运站和汽车货运站两种基本类型，在此主要介绍汽车货运站。汽车货运站是道路运输的节点，是连接运力和货源的纽带，其主要功能是组织运输、中转和装卸储运、中介代理、通信信息和辅助服务，目标是促进公路运输向组织化、综合化、现代化方向发展。

1. 汽车货运站的主要功能

汽车货运站的基本功能为：中介代理功能、运输组织功能、通信信息服务、辅助服务功能等。

（1）中介代理功能。汽车货运站除从事公路货运外，还应与其他运输方式开展联合运输，充分发挥各种运输方式的特点和优势，逐步完善综合运输体系。汽车货运站应通过交通信息中心和自身的信息系统，与铁路运输、水运、空运等行业和部门建立密切的货物联运关系，协调开展联运业务。运输代理是指汽车货运站为其服务区域内的各有关单位或个体代办各种货物运输业务，为货主和车主提供双向服务，选择最佳运输线路，合理组织多时联运，实行"一次承运，全程负责"，从而方便货主，同时提高社会效益和经济效益。

（2）运输组织功能。汽车货运站只有具备健全的组织管理功能，才能在市场竞争中立于不败之地，才能充分发挥其他功能，才能提高运输效率，真正为社会和民众服务。因此，汽车货运站应具有对站内各机构、车辆、货流的组织管理功能。汽车货运站在运输市场的组织中应能对经营区域内货源进行调查和预测，具体测算和了解计划期内货物种类、运量、运距、联系、洽谈、承揽货运业务，协助货主选择更优的运输方式和运输线路，签订有关运输合同和运输协议，为编制运行作业计划提供可靠的保证。汽车货运站在站场管理中应及时掌握站场的货物管理、堆存、运输等情况，并结合长期的统计数据，从企业的综合宏观利益出发提出合理利用和使用站场的决策，制定站场管理方法、规章制度和操作工艺等。汽车货运站应在车辆管理中掌握运输车辆的数量、吨位、技术状况，同时对运行车辆进行跟踪，制定车辆技术状况标准和车辆维修等标准和办法。另外，汽车货运站在货源组织管理中应对货源的组织制定规章制度，掌握站场货物的流向、流量和流时，并适时地对一线工作人员进行各种技术上的指导。

（3）通信信息服务。信息在现代社会中起着重要作用，信息对道路运输管理来说更是不可缺少的。由于道路运输生产在广泛的空间内进行，车辆情况、客货流量、流向、司乘人员的状况等各方面的变化都会影响运输效果，所以道路运输对信息的依赖程度比其他任何行业都高。汽车货运站应根据站级的具体情况采用不同形式的通信手段（如电话、GPS定位系统、计算机网络等），建立一个快速反应的信息系统，其信息系统应具有下列几种功能。

①汽车货运站的信息系统应能根据掌握的车流、货源信息，站场装卸、仓库堆存情况，以及货物运输的距离、货物的种类、批量大小，优化运输方案，合理安排货物的中转、堆存，并及时调整和安排车辆的装卸等。

②信息系统应能对中近期货物流量、流向、流时进行统计，对近期货物品种、包装、运输特性的变化进行存储处理，为货运站的货物运输及组织管理提供依据。

③信息系统应向货主、车主等提供车、货配载信息，为车主和货主牵线搭桥，促进运输市场的发展，提高货车实载率和里程利用率。

（4）辅助服务功能。汽车货运站除开展正常的货运外，还应提供与运输有关的其他服务。例如，为货主代办报关、报检、保险等业务；提供商情信息服务；开展商品的包装、加工处理等服务；代货主办理货物的销售、运输、结算等服务。另外，汽车货运站还应为货运车辆提供停放、清洗、加油、检测和维修服务；为货主和相关人员提供食、宿、娱乐服务等。

2. 汽车货运站内布局原则

根据汽车货运站的功能和规模统一布局，并结合货运业务的实际情况，突出重点、分期实施。在布局中要优先考虑生产流通区域，重点是确保仓库、站场位置。分期实施的建设项目，应考虑分期建设过程中相互的衔接要求，与现有设施的改造利用相结合，减少用地、节约投资。按货运业务的不同，分区设置相应设施，并具有合理生产关系，生产设施、设备要符合生产工艺的要求。危险货物的储存与作业应在相对独立的专门区域内进行。站内道路统一规划，合理利用，把站内车流、货流、机械流、人流设计成为单向型和U字旋转型。另外，还要符合国家和当地政府现行的安全、消防、环保等有关规定。

3．汽车货运站的分级

目前，我国的汽车货运站按业务内容，可分为整车货运站、零担货运站、集装箱中转站、综合型货运站；按服务对象，可分为自用型货运站和公用型货运站；按业务范围，可分为全能型货运站、货运服务站、货物配载服务站、货运信息中心等；按业务量大小，可分为货运枢纽站、大型货运站、中型货运站、小型货运站和业务代办站。各种货运站的业务功能不尽相同，如有的货运站有仓储、配送、包装、半成品加工等服务功能，而有的没有这些功能。这种情况给汽车货运站的站级划分带来一定的困难，很难找到能全面反映和衡量综合型货运站的指标。

4．整车、零担、集装箱货运站功能

当前我国汽车运输企业的货运形式，大致可分为整车货运、零担货运、集装箱货运和快速货运。与这四种运输形式对应的货运站可分为整车货运站（含快速货运）、零担货运站、集装箱货运站和由上述两种或三种以上站组成的综合型货运站。现对前三种货运站的功能进行简单介绍。

（1）整车货运站是指以货运商务作业机构为代表的汽车货运站，是调查并组织货源，办理货运商务作业的场所。商务作业包括托运、承运、受理业务、结算运费等工作。有些整车货运站兼营小批货物运输，但是主要经办大批货物运输。

（2）零担货运站是专门经营零担货物运输的汽车站，简称零担站。零担货运要求单件货物的质量不超过200千克，单件体积不超过1.5立方米，货物长度不超过3.5米，宽度不超过1.5米，高度不超过1.3米。

（3）集装箱货运站主要承担集装箱的中转运输任务，所以又称集装箱中转站，其主要业务如下。

①港口、火车站与货主之间的集装箱"门到门"运输，以及与中转运输集装箱货物的拆箱、装箱、仓储和接取、送达。

②空、重集装箱的装卸、堆放和集装箱的检查、清洗、消毒、维修。

③车辆、设备的检查、清洗、维修和存放。

④为货主代办报关、报检等货运代理业务。

三、汽车

（一）汽车的分类

自世界上第一辆汽车1886年在德国问世以来，至今已有一百多年的历史。汽车工业从无到有发展迅猛，产量大幅增加，技术不断更新，各种车型层出不穷。汽车按照不同的分类方法可分成多种类型。

1. 按用途分类

按用途分类，汽车可分为运输汽车和特种用途汽车。

（1）运输汽车包括轿车、客车、货车和牵引汽车四大类。

①轿车。用于载运人员（包括驾驶员不超过9个座位）和随身物品，且座位主要布置在两轴之间的汽车。轿车可按发动机的工作容积（发动机排量）分为如下几级。

微型轿车：发动机的工作容积在1.0升以下。

普通级轿车：发动机的工作容积为1.0～1.6升。

中级轿车：发动机的工作容积为1.6～2.5升。

中高级轿车：发动机的工作容积为2.5～4升。

高级轿车：发动机的工作容积为4升以上。

②客车。具有长方形车厢，主要用于载运人员（包括驾驶员有9个以上座位）及随身行李的汽车。服务方式不同，客车可分为城市公共汽车、长途客车、团体客车和游览客车等类型。

按客车长度可分为以下几种。

微型客车：长度3.5米以下。

轻型客车：长度在3.5～7米。

中型客车：长度在7～10米。

大型客车：长度在10～12米。

特大型客车：包括铰接式客车和双层客车两种。

③货车。用于运载各类货物，在其驾驶室内还可容纳2～6个乘员。由于所载运的货物品种较多，货车的装载量及车厢的结构也各有不同，主要分为普通货车和专用货车两大类型。普通货车具有栏板式车厢，可运载各种货物。专用货车通常由普通货车改装，其车厢是专为运输某种类型的货物而设计的，如运载易污货物的密闭式车厢，运载气体、液体的罐装车厢等。货车按质量大小可分为以下几种。

微型货车：总质量小于1.8吨，如图2-1所示。

轻型货车：总质量为1.8～6吨，如图2-2所示。

中型货车：总质量为6～14吨，如图2-3所示。

重型货车：总质量大于14吨，如图2-4所示。

图2-1　微型货车

图2-2　轻型货车

图2-3　中型货车

图2-4　重型货车

④牵引汽车。专门或主要用于牵引挂车的汽车，通常可分为半挂牵引汽车和全挂牵引汽车等类型。半挂牵引汽车后部设有牵引座，用来牵引和支承半挂车前端。全挂牵引汽车本身带有车厢，其外形虽与货车相似，但其车辆长度和轴距较短，而且尾部设有挂钩。全挂牵引汽车与半挂牵引汽车如图2-5所示。

图2-5　全挂牵引汽车与半挂牵引汽车示意图

（2）特种用途汽车根据特殊的使用要求设计或改装而成，主要是执行运输以外的任务。用于战争或带武器的作战车辆不属于此类，而被列为军事特种车辆。特种用途汽车主要有以下几种。

①娱乐汽车。随着人民生活水平的不断提高，汽车生产厂家设计出专门供娱乐消遣的汽车，运输不再是这种汽车的主要任务，如旅游汽车、高尔夫球场专用的汽车和海滩游玩车等。

②竞赛汽车。按照特定的竞赛规范而设计的汽车，如著名的一级方程式赛车、二级方

程式赛车和拉力赛赛车等。

③特种作业的汽车。指在汽车上安装各种特殊的设备进行特种作业的车辆，如商业售货车、环卫环保作业车、市政建设工程作业车、农牧渔业作业车、石油地质作业车、医疗救护车、公安消防车和机场作业车等。

2．按动力装置分类

按动力装置分类，汽车可分为活塞式内燃汽车、电动汽车和燃气汽车。

（1）活塞式内燃汽车。根据汽车使用的燃料不同，通常分为汽油车和柴油车。汽油和柴油在近期内仍将是活塞式内燃机的主要燃料，而各种代用燃料的研究工作也在大力地开展，如液化石油气、轻烃、甲醇和乙醇以及它们的衍生产品等。

活塞式内燃机还可以按照活塞的运动方式分为往复活塞式内燃机和旋转活塞式内燃机等类型。

（2）电动汽车。电动汽车的动力装置是直流电动机。直流电动机的优点是无废气排出、不产生污染、噪声小、能量转化率高、容易实现操作自动化。直流电动机的供能装置通常是化学蓄电池、太阳能电池或其他形式的电源。传统的蓄电池在使用、重量、放电等方面不尽如人意。目前，碱性蓄电池的研究取得了较大的进展，这种电池性能好、重量轻，不足之处就是制造成本过高。

（3）燃气汽车。与活塞式内燃汽车相比，燃气汽车的燃气轮机功率大、质量小、转矩特性好，所以使用的燃油无严格限制，但这种内燃机耗油量大、噪声较大，制造成本也较高。

3．按行驶道路条件分类

按行驶道路条件分类，汽车可分为公路用车和非公路用车。

（1）公路用车。公路用车指主要行驶于公路和城市道路上的汽车。公路用车的长度、宽度、高度、单轴负荷等均受交通法规的限制。

（2）非公路用车。非公路用车主要有两类：一类是本身的外廓尺寸、单轴负荷等参数超出了法规限制而不适用于公路行驶，只能在矿山、机场和工地的无路区或专用道路上行驶的汽车；另一类则是越野汽车。

越野汽车是一种能在复杂的无路地面上行驶的高性能汽车。越野汽车可以是轿车、客车，也可以是货车或其他用途的汽车。常见的轮式越野车配备越野轮胎并采用全轮驱动的结构形式。越野汽车按总重量可分为以下几种。

轻型越野车：总质量小于5吨。

中型越野车：总质量为5～13吨。

重型越野车：总质量大于13吨。

4．按行驶结构的特征分类

按行驶结构分类，汽车可分为轮式汽车和其他形式的车辆。

（1）轮式汽车。轮式汽车通常可分为非全驱动型和全驱动型两种形式。汽车的驱动一般用符号"$n \times m$"表示，其中n为车轮总数，m为驱动轮总数。

（2）其他形式的车辆如履带式车辆、雪橇式车辆、气垫式车辆和步行机构车辆等。

（二）汽车型号的编制规则

国际上通行的汽车产品型号编制规则遵循ISO 3779：2009《道路车辆—车辆识别代号（VIN）—内容和结构》国际标准。该标准规定了车辆识别代号（vehicle identification number，VIN）的基本内容和构成，以便在世界范围内建立一个统一的道路车辆识别代号。

为了与国际标准接轨，我国原机械工业部在1996年12月25日发布了《车辆识别代号（VIN）管理规则》，由中华人民共和国机械工业部汽车工业司依据国际机构授权，对中华人民共和国境内的车辆识别代号实行统一管理，负责受理有关"世界制造厂识别代号（world manufacturer identifier，WMI）"的申请和对申请的批准。

2020年1月1日我国开始实施由中国汽车技术研究中心有限公司、东风汽车集团有限公司技术中心、上海汽车集团股份有限公司等国内知名汽车制造企业共同起草制定的《道路车辆—车辆识别代号（VIN）》国家标准（GB 16735—2019）。我国境内生产的机动车车辆识别代号执行GB 16735标准，其首位是字母L和H，执行"3位厂商代码+5位特征代码+1位验证数字+1位制造年份+1位装配厂代码+6位尾号（或3位小厂代码+3位尾号）"的ISO 4030标准格式。小型车的VIN一般能够在车辆的前挡风玻璃的右下角查阅到。

1．术语定义

（1）车身型式。车身型式指根据车辆的一般结构或外形诸如车门和车窗数量、运载货物的特征以及车顶型式（如厢式车身、溜背式车身、舱背式车身）的特点区别车辆。

（2）发动机型式。发动机型式指动力装置的特征，如所用燃料、气缸数量、排量和静制动功率等。

（3）种类。种类是制造商对同一型号内的，对诸如车身、底盘或驾驶室类型等结构上有一定共同点的车辆所给予的命名。

（4）品牌。品牌是制造厂对一类车辆或发动机所给予的名称。

（5）型号。型号指制造厂对具有同类型、品牌、种类、系列及车身型式的车辆所给予的名称。

（6）车型年份。车型年份表明某个单独的车型的生产年份，只要实际周期不超过两个立法年份，就可以不考虑车辆的实际生产年。

（7）制造工厂。制造工厂指标贴VIN的工厂。

（8）系列。系列指制造厂用来表示如标价、尺寸或重量标志等小分类的名称。

（9）类型。按设计目的不同来区别车辆的类型，有轿车、多用途载客车、载货汽车、挂车、不完整车辆和摩托车等。

2．车辆识别代号的基本构成

车辆识别代号应由世界制造厂识别代号WMI、车辆说明部分（vehicle descriptor

section，VDS）、车辆指示部分（vehicle indicator section，VIS）三部分组成，如图2-6所示。

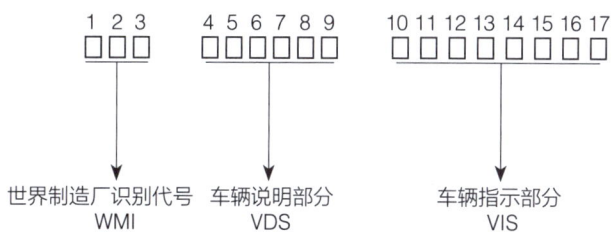

图2-6 车辆识别代号的基本构成

各组成部分含义如下。

第一部分，世界制造厂识别代号WMI，一般由三位字码组成。

第二部分，车辆说明部分VDS，由六位字码组成，如果制造厂不用其中的一位或几位字码，应在该位置填入制造厂选定的字母或数字占位。通过此部分能识别车辆的一般特性，其代号顺序由制造厂决定。

第三部分，车辆指示部分VIS，由八位字码组成，表示车辆的生产年份、生产厂家及生产序列号。该部分的第一位表示年份，如表2-2所示。

表2-2 车辆生产年份的代码

代码	年份	代码	年份	代码	年份
M	1991	2	2002	D	2013
N	1992	3	2003	E	2014
P	1993	4	2004	F	2015
R	1994	5	2005	G	2016
S	1995	6	2006	H	2017
T	1996	7	2007	J	2018
V	1997	8	2008	K	2019
W	1998	9	2009	L	2020
X	1999	A	2010	M	2021
Y	2000	B	2011	N	2022
1	2001	C	2012	P	2023

该部分的第二位表示装配厂，若无装配厂，制造厂可规定其他内容。

如果制造厂生产的某种类型的车辆年产量≥500辆，此部分的第三～八位字码表示生产顺序号；如果制造厂的年产量<500辆，则此部分的第三～五位字码应与第一部分的三位字码一起来表示一个车辆制造厂。另外规定，车辆识别代号中仅能采用的阿拉伯数字和大写英文字母有：1、2、3、4、5、6、7、8、9、0、A、B、C、D、E、F、G、H、J、K、L、M、N、P、R、S、T、U、V、W、X、Y、Z（字母I、O和Q不能使用）。

3. 基本要求

（1）每一辆汽车、摩托车和轻便摩托车都必须具有车辆识别代号。

（2）在30年内，生产任何车辆的识别代号不得相同。

（3）车辆识别代号应尽量位于车辆的前半部分——易于看到且能够防止磨损或替换的部位。

（4）9座或9座以下的车辆和最大总质量小于或等于3.5吨的载货汽车的车辆识别代号应位于仪表板上，白天在阳光照射下，观察者不需移动即可从车外分辨出车辆识别代号。

（5）车辆识别代号应在车辆部件上（玻璃除外），该部件除修理以外是不可拆的，车辆识别代号也可永久地固定在上述车辆部件上的一块标牌上，此标牌不损坏则不能拆卸。

（三）汽车的主要技术参数

汽车的主要技术参数包括质量参数、尺寸参数和使用性能参数。

1. 质量参数

（1）整车整备质量。整车整备质量是指汽车完全装备好的质量，包括发动机、底盘、车身、全部电气设备和车辆正常行驶所需要的辅助设备的质量；加足燃料、润滑油、冷却液的重量；随车工具、备用轮胎及备品等的质量。

（2）厂定最大总质量。厂定最大总质量是指汽车满载时的总质量，包括整车整备质量、最大载质量、驾驶员的质量之和。

（3）最大载质量。最大载质量是最大总质量和整车整备质量之差。

（4）最大轴载质量。最大轴载质量是汽车单轴所承载的最大质量。

2. 尺寸参数

汽车的尺寸参数，如图2-7所示。

（1）车长（L）。垂直于车辆纵向对称平面并分别抵靠在汽车前、后最外端突出部位的两垂面之间的距离。

（2）车宽（B）。平行于车辆横向对称平面并分别抵靠车辆两侧固定突出部位（除后视镜、侧面标志灯、方位灯、转向指示灯等）的两平面之间的距离。

（3）高（H）。车辆支承平面与车辆最高突出部位相抵靠的水平面之间的距离。

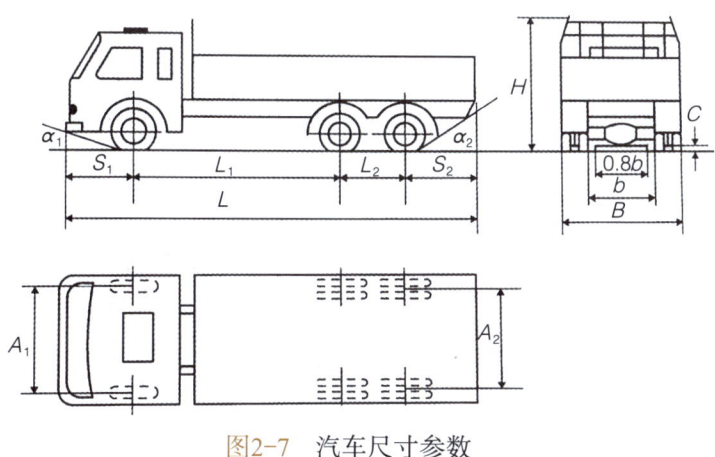

图2-7 汽车尺寸参数

（4）轴距（L_1、L_2）。汽车在直线行驶位置时，同侧相邻两轴的车轮落地中心点到车辆纵向垂直平面的两条垂线间的距离。

（5）轮距（A_1、A_2）。在支承平面上，同轴左右车轮两轨迹中心间的距离（轴两端为双轮时，为左右两条双轨迹的中心线间的距离）。

（6）前悬（S_1）。汽车在直线行驶位置时，汽车前端刚性固定件的最前点到通过两前轮轴线的垂面间的距离。

（7）后悬（S_2）。汽车最后端刚性固定件到通过最后车轮轴线的垂面间的距离。

（8）最小离地间隙（C）。汽车满载时，车辆支承平面与车辆最低点之间的距离。

（9）接近角（α_1）。汽车前端突出点向前轮所引切线与地面的夹角。

（10）离去角（α_2）。汽车后端突出点向后轮所引切线与地面的夹角。

3. 使用性能参数

如前所述，汽车的使用性能参数包括：最高车速、最大爬坡度及百千米耗油量等。

（四）汽车构造和基本行驶原理

1. 汽车构造

汽车通常由发动机、底盘、车身、电气设备四部分组成。典型载货汽车总体构造如图2-8所示。

（1）发动机。发动机的作用是使供入其中的燃料燃烧从而输出动力。大多数汽车采用往复活塞式内燃机，它一般由机体、曲柄连杆机构、配气机构、供给系、冷却系、润滑系、点火系（汽油发动机采用）、起动系等部分组成。

（2）底盘。底盘接收发动机的动力，使汽车产生运动，并保证汽车按照驾驶员的操作正常行驶。底盘由以下部分组成。

①传动系。传动系包括离合器、变速器、传动轴、驱动桥等部件。它将发动机的动力传给驱动车轮。

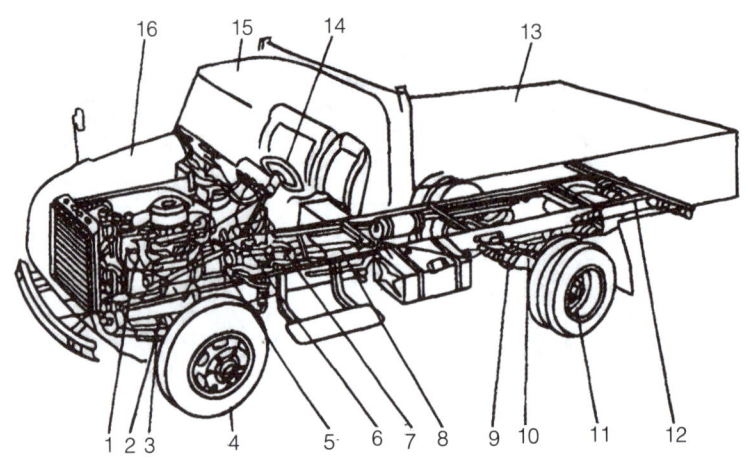

1—发动机；2—前轴；3—前悬架；4—转向车轮；5—离合器；6—变速器；
7—手制动器；8—传动轴；9—驱动桥；10—车架；11—驱动车轮；
12—后悬架；13—车厢；14—转向盘；15—驾驶室；16—车前钣制件。

图2-8 典型载货汽车总体构造

②行驶系。汽车各总成及部件连成一个整体并对全车起支承作用，以保证汽车正常行驶。行驶系包括车架、前轴、驱动桥的壳体、车轮（转向轮和驱动车轮）、悬架（前悬架和后悬架）等部件。

③转向系。保证汽车能按照驾驶员选择的方向行驶，它由转向盘、转向器及转向传动装置组成。

④制动装备。这一装备使汽车减速或停车，并保证驾驶员离去后汽车能可靠地停驻。每辆汽车的制动装备一般都包括两个相互独立的制动系统，如行车制动系统和驻车制动系统。

（3）车身。车身是驾驶工作的场所，也是装载乘客和货物的场所。车身应为驾驶员提供方便的操作条件，以及为乘客提供舒适安全的环境或保证货物完好无损。典型的货车车身包括车前钣制件、驾驶室、车厢等部件。

（4）电气设备。电气设备由电源组、发动机起动系和点火系、汽车照明和信号装置等组成。此外，在现代汽车上越来越多地安装各种电子设备，如微处理机、中央计算机系统、各种传感器及各种人工智能装置等，显著地提高了汽车的各项性能。

为满足不同使用要求，汽车的总体构造和布置型式可以是不同的。按发动机和各个总成相对位置的不同，现代汽车的布置型式通常有如下几种。

①发动机前置后轮驱动。该布置是传统的布置型式。国内外的大多数货车都采用这种型式。

②发动机前置前轮驱动。该布置型式具有结构紧凑、减小质量、降低地板高度以及改善高速时的操纵稳定性等优点。

③发动机后置后轮驱动。该布置型式具有大大地降低室内噪声，并有利于车身内部布置等优点。

④全轮驱动。该布置型式，通常将发动机前置，在变速后装有分动器以便将动力分别输送到全部车轮上。

2．汽车行驶基本原理

汽车行驶时必须对汽车施加一个驱动力以克服各种阻力。在汽车匀速行驶时，其阻力由滚动阻力、空气阻力、上坡阻力和加速阻力组成。

滚动阻力主要是由于车轮滚动时轮胎与路面接触变形而产生的。弹性车轮沿硬路面滚动，路面变形很小，轮胎变形是主要的；车轮没入路面（如松软土路、沙地、雪地等）滚动，轮胎变形较小，路面变形较大。此外，轮胎与路面以及车轮轴承内都存在着摩擦。轮胎滚动时产生的这些变形与摩擦都要消耗发动机一定的动力，因而形成滚动阻力，其数值与汽车的总重力、轮胎的结构和气压以及路面性质有关。汽车行驶时，需要挤开其周围的空气，汽车前面受气流压力并且后面形成真空，产生压力差，此外还存在着各层空气之间以及空气与汽车表面的摩擦，再加上冷却发动机、空内通风以及汽车表面外凸零件引起的气流干扰等，就形成空气阻力。空气阻力与汽车的正面投影面积有关，特别是汽车与空气的相对速度的平方成正比，当汽车高速行驶时，空气阻力的数值将明显增加。

汽车上坡时，其总重力沿路面方向的分力形成的阻力称为上坡阻力，其数值取决于汽车的总重力和路面的纵向坡度。上坡阻力只是在汽车上坡时才存在，但汽车克服坡度所做的功并未白白地消耗，而是以势能的形式被车辆储存。当汽车下坡时，所储存的势能又转变为汽车的动能，促使汽车行驶。为了克服上述阻力，汽车必须有足够的驱动力。发动机经由传动系在驱动轮上施加一个驱动转矩，在驱动轮与路面接触之处对路面施加一个圆周力F_0，其方向与汽车行驶方向相反。由于车轮与路面的附着作用，在车轮向路面施加圆周力F_0的同时，路面对车轮施加一个数值相等、方向相反的反作用力，这就是汽车行驶的驱动力。当驱动力增大到足以克服汽车静止时所受的阻力时，汽车开始起步行驶。汽车起步后，其行驶情况取决于驱动力与总阻力之间的关系。总阻力等于上述各项阻力之和。当总阻力等于驱动力时，汽车将匀速行驶。当总阻力小于驱动力时，汽车将加速行驶。然而，随着车速增加，总阻力也随空气阻力而急剧增加，所以汽车速度只能增大到驱动力与总阻力达到新的平衡时为止。此后，汽车便以高速匀速行驶。

汽车加速所做的功转变成动能，随时可以被利用，如此时将发动机与传动系脱开或使发动机熄火，汽车将依靠惯性克服阻力而继续行驶（滑行）并逐渐消耗所储存的动能。

当总阻力超过驱动力时，汽车将减速以至于停车。这时如欲维持原车速就需要加大节气门或将变速器换入低挡以便相应地增大驱动力。但是，汽车并不是在任何情况下都能发出足够的驱动力。如汽车在很滑的（冰雪或泥浆）路面上行驶时，加大节气门可能只会使驱动车轮加速滑转，而驱动力却不能增大。驱动力的最大值固然取决于发动机的最大转矩和传动系的传动比，但实际发出的驱动力还受到轮胎与路面之间的附着性能的限制。

当汽车在较平整的干硬路面上行驶时,附着性的好坏决定于轮胎与路面的摩擦力的大小。由物理学可知,在一定的正压力作用下,两物体之间的静摩擦力有一最大值,当推动力超过此值时,两物体便会相对滑动。对汽车行驶而言,当驱动圆周力大于轮胎与路面间的最大静摩擦时,就会出现驱动车轮的滑转。因此,普通货车在冰路面上行驶,往往在驱动轮上缠绕防滑链,链条深嵌入冰雪中使附着系数和附着力增加。但是,普通货车因只能将分配到驱动轮上的那部分汽车总重力作为附着重力,故附着力可能仍不够大。全轮驱动的越野汽车则可利用汽车的全部重力作为附着重力,并可利用其轮胎上的特殊花纹获得较大的附着系数,因而能使附着力显著增加。

(五)货车的选用与配置

1. 汽车的价值分析

从汽车的使用角度来看,汽车价值分析是汽车技术管理的一个重要内容。通过对汽车进行价值分析,可以把汽车的使用性能、寿命期费用与汽车的价值有机地联系起来,使汽车在使用过程中能获得最佳的经济效益。

提高汽车价值有两种途径:一是降低寿命周期费用;二是提高汽车的功能。这里所说的功能,有时指产品的使用性能和质量指标,有时是指其零部件在实现产品使用性能和其他质量特性指标中的作用。

提高汽车价值并不是单纯地强调降低寿命周期费用,也不是片面提高使用性能,而是要求提高使用性能与寿命周期费用的比值。

汽车价值分析应包括两个方面:新车的价值分析和在用车辆的价值分析。

(1)新车的价值分析。购买车时,应根据运输任务的性质和要求,选择车辆的型号。如能满足运输任务的汽车有多个品牌,则应对它们进行最低寿命周期费用分析。如果车辆购置费低,但使用费用高,则汽车的寿命周期费用较高;如果车辆购置费偏高,但使用费用降低,则汽车的寿命周期费用较低。当使用年限在4年以上时,选用寿命周期费用低的车是最佳方案。

如果考虑货币的时间价值时,把各年的使用费用按一定的年利率折算成现值,则汽车的寿命周期费应考虑货币的时间价值。

综上所述,在购置新车时,不应只考虑汽车购置费的高低,还应考虑汽车的使用年限、使用费用和货币的时间价值等因素。

(2)在用车辆的价值分析。主要对车辆在改装、改造、加装附属装置和汽车修理中零部件的替代时进行价值分析。为了能够经常地完成某种运输作业,在企业运输车辆过剩和无法适应这种运输作业车辆的条件下,有两种方案可供选择。一是购买适应这种运输作业的新车;二是对原有的车辆进行改装或改造,使之适应这种运输作业的需要。究竟两个方案中哪一个更佳,这就需要对这两个方案进行价值分析。

2. 车型的选择

车辆是运输企业生产的物质基础,是运输企业的主要生产设备。组织运输生产首先要有合适的运输车辆，因此，车辆选配应根据运输市场情况，以及当地的油料供应、运量、运距、道路、气候等条件，制定车辆发展规划，择优选购，合理配置车辆，并做好车辆的分配和投用前的技术准备工作。否则，可能会发生车与客（货）不相适应或者"大车小用"，使实载率降低，运行消耗增加；或者"小马拉大车"，使机件损坏增加，维修费用增加等，阻碍车辆效能的发挥，影响运输单位经济效益。

（1）厢式货车装备有全封闭的厢式车身，可使货物免受风吹、日晒、雨淋。将货物置于车厢内，能防止货物散失、丢失，安全性好，而且小型厢式载货汽车一般兼有滑动式侧门和后开车门，货物装卸作业非常方便，厢式货车如图2-9所示。

（2）拦板式货车具有整车重心低、载重量适中的特点。它适合作为企事业单位、批发商店、百货商店的货物用车，用于装卸百货和杂品，在装卸过程中，可以将拦板打开，拦板式货车如图2-10所示。

（3）自卸式货车可以自动后翻或侧翻，使货物能够依靠本身的重力自行卸下，具有较大的动力和较强的通过能力。矿山和建筑工地上的用车一般采用自卸式货车，如图2-11所示。

（4）罐式货车具有密封性强的特点，常用来运送易挥发、易燃等危险品，如图2-12所示。

（5）集装箱半挂牵引车和半挂车是长距离运输集装箱的专用车辆，主要用于港口码头、铁路货场与集装箱堆场之间的运输。集装箱半挂牵引车具有牵引装置、行驶装置，但自身不能载运货物，其内燃机和底盘的布置与普通牵引车大体相同，只是集装箱牵引车前后车轮均有行走制动器，车架后部装有连接挂车的牵引鞍座，如图2-13所示。

图2-9　厢式货车

图2-10　拦板式货车

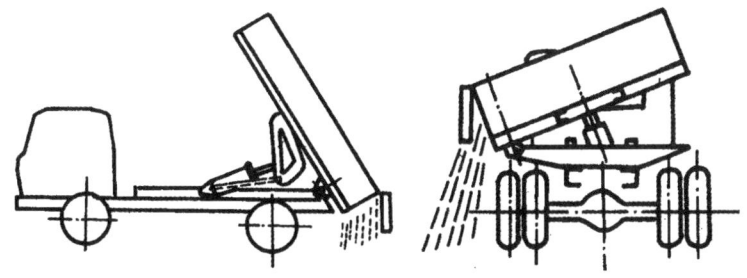
图2-11　自卸式货车

图2-12 罐式货车

图2-13 集装箱半挂牵引车

3. 货车选用和配置的原则

货车的选用要遵循择优选购、合理配置的基本原则。

（1）择优选购是根据运输生产需要和运行条件，按照车辆的适应性、经济性、维修和供应配件的方便性以及产品质量的优劣等因素，进行择优选型购置车辆。

车辆能适应当地道路、气候等条件，就说明车辆的适应性好；车辆的可靠性一般用其发生故障的平均里程和频率来评价；易于早期发现故障、易于更换或修复损坏的零件，缩短维修时间，减少维修费用都是维修和供应配件方便性好的标志；同类型车的燃油经济性可能会有差异，尽管有时差异很小，但长期积累，节约的数量也相当可观，因此，对燃油的经济性必须进行比较；车辆使用寿命长显然是产品质量好的重要标志之一，所以，在选购车辆时，应从车辆的售价、适应性、可靠性、维修和配件供应方便性、使用寿命以及燃油经济性等因素综合考虑。

是否能择优选购车辆是关系到运输单位和个人主要生产设备优劣的关键问题，应进行技术经济论证，避免盲目购置。要从实际出发、按需选购、量力而行，尽可能达到少投入多产出，综合经济效益好的目的。

（2）合理配置是指运输单位根据其所承担运输任务的性质、运量、运距、气候以及油料供应情况等条件，合理配置车辆，如大、中、小型车辆比例，通用、专用车比例等。通过合理规划，优化车辆构成，充分发挥车辆吨（座）位和客量的利用率，满足运输市场的需要。合理配置车辆的原则有以下几条。

①车型先进、安全可靠、货物装卸方便。

②车辆规格齐全，能与当地货源相适应，且配比合理（吨位大小、座位多少、高中低档比例等），吨位利用率和客量利用率高。

③车辆的油耗、维修费用、运输成本均低而利润高。

④应用能力强，既能完成正常的生产任务，又能突出重点，完成特殊任务。

配置车辆时，除需要考虑当地运输市场状况，弄清现有在用运输车辆的基本技术情况外，还应考虑下列因素。

①车辆经常行驶的道路条件。道路的通过能力、承载质量、坡度大小、路面质量和转

弯半径等均影响车辆的运行。因此，要注意所配置的车辆的技术参数要适应所要行驶的道路条件，否则会影响运输效率。

②气候、海拔条件。气候、海拔条件不同，对车辆要求不同，例如，寒冷地区应考虑配置起动性能好的车辆；高海拔的地区空气稀薄，应配置动力性能高的车辆。因此，配置车辆时应充分考虑到本地区的气候和海拔条件。

③油料供应情况。车辆在使用中要消耗多种油料，如果油料来源困难，就会影响生产，所以选用新车尤其是进口车（使用优质燃、润料）时，应注意到这一问题。

④车辆使用的经验。在性能先进的前提下，选择新车时应尽量选用本单位熟悉的车型，这样在管理、使用、维修上有较为完整且行之有效的规章制度、技术措施，从而可以避免重新组织技术培训和摸索管理方法。

⑤本单位或当地车辆的构成情况和维修能力。配置车辆时应考虑当地车辆的构成情况，要避免一个地区或一个车队所拥有的车辆车型过于复杂，以免造成维修配件材料的供应储备及维修工作的困难。

总之，合理配置车辆，对避免运力过剩、提高运输效率、保障安全生产、降低运输成本、争取更多的客货源都起到较大的作用。

第二节 铁路运输设施与设备

铁路运输是陆地长距离运输的主要方式。由于它在固定轨道上行驶，可以自成体系，不受其他运输条件影响，具有以下优点：

①不受天气影响，稳定、安全；
②具有定时性；
③中长距离运货运费低廉；
④可以大批量运输；
⑤可以高速运输；
⑥网络遍布全国，可以运往各地；
⑦节能。

一、铁路运输设施构成

铁路运输设施主要由铁路机车与车辆、铁路线路与轨道及信号设备组成。

（一）铁路机车与车辆

1. 机车

机车是铁路运输中的动力输出装备。由于铁路车辆大都不具备驱动装置，因而列车的运行和车辆在车站内有目的的移动均需配备机车牵引或推送。

从原动力来看，机车分为蒸汽机车、内燃机车及电力机车。

蒸汽机车是较原始的驱动装置之一，其通过蒸汽机，把燃料的热能转换成机械能，如图2-14所示。目前我国的蒸汽牵引已逐渐被其他新型牵引型式所取代。

图2-14　蒸汽机车

内燃机车是用内燃机来输出动力的一种机车，如图2-15所示。一般来说，内燃机车由动力装置（即柴油机）、传动装置、行走部、车体车架、制动装置、辅助设备和车钩缓冲装置等主要部分组成。柴油内燃机的热交换率可达30%左右，其起动加速快、运行线路长、通过能力大、单位功率重量轻、劳动条件较好，可实现多机联挂牵引。

电力机车靠其顶部升起的受电弓从接触电网上取得电能，并转换成机械能来牵引列车运行，如图2-16所示。电力机车由电气设备、车体、车架、走行部、车钩缓冲装置和制动装置等主要部分组成。电力机车输出的功率大，获得能量不受限制，因而能高速行驶；另外，电力机车能牵引较重列车，爬坡性能强、起动加速快、容易实现多机牵引，较内燃机车更适用于坡度大、隧道多的山区铁路和繁忙干线。

图2-15　内燃机车

图2-16　电力机车

2. 车辆

铁路车辆是运送旅客和货物的载体。车辆一般不具备动力装置，需要机车牵引运行。根据用途来分，可分为客车和货车两大类。

按照旅客旅行条件不同要求，常见的客车有硬座车、软座车和硬卧车、软卧车等。

为了适应不同货物运送要求,货车种类很多,主要有棚车、敞车、平车、保温车、罐车和守车等。

①棚车(P)。棚车适用于运送比较贵重和怕湿的货物,如日用品、仪器、粮食等。大多数棚车是通用型的,如图2-17所示。为了固定装运某种货物,还有一些专用的棚车,如家畜车就是专门用来运送家畜的。

②敞车(C)。敞车主要用于运送煤、矿石、钢材等不怕湿的货物。必要时,在所装运的货物上加盖防水篷布,也可代替棚车装运怕湿货物。敞车具有很大的通用性,是货车中数量最多的一种,如图2-18所示。

③平车(N)。平车适用于运送重量、体积或长度较大的货物,如钢材、木材、汽车、机器等,也可借助集装箱装运其他的货物,如图2-19所示。

④保温车(B)。保温车主要用于运送鲜活、易腐的货物,如鱼、肉、禽、蛋、水果、蔬菜等。保温车的车体与棚车相似,车墙板内填充绝缘材料,如图2-20所示。较先进的机械保温车内装有制冷机,可自动控制车内温度。

图2-17　棚车

图2-18　敞车

图2-19　平车

图2-20　保温车

⑤罐车(G)。罐车适用于装运液体或气体货物,如油和水等各种液体、液化气等。罐车车体为圆筒形,罐车上设有装卸口,还装有安全阀,有的还设有空气包,如图2-21所示。但由于只适用于一种货物,所以罐车的通用性较差。

⑥守车(S)。守车供运转车长工作时间乘坐用,挂于货物列车尾部。守车车体堵板内装有绝热材料,车内还设有瞭望窗、办公用的桌椅等设备。

图2-21 罐车

车辆按车轴数可分为多轴车、六轴车和四轴车。货车通常按最大载重量可分为50吨、60吨车。车辆由车体、车底架、走行部、车钩缓冲装置和制动装置五个基础部分组成。

（二）铁路线路与轨道

铁路线路承受机车、车辆和车列的重量，并且引导它们的行走方向，所以它是运行的基础。铁路线路是由轨道（包括钢轨、连接零件、轨枕、道床、爬坡设备和道岔等）和路基、桥隧建筑物（包括桥梁、涵洞、隧道等）组成的一个整体工程结构。

1．铁路主要技术标准

铁路主要技术标准由路面等级、限制坡度、正线数目、最小曲线半径、机车类型、牵引种类、车站分布、到发线有效长度和闭塞类别等组成。这些标准是确定铁路运输能力大小的决定性因素，不仅对设计线路的工程造价和运营质量有重大影响，而且是确定设计一系列工程标准和设备类型的依据，故称为铁路主要技术标准。

2．路线与桥隧建筑物

（1）路基是铁路承受轨道和列车载荷的基础结构物。按地形条件及线路平面和纵断面设计要求，路基横断面可以修成路堤、路堑和半路堑三种基本形式。路堤是指路肩设计标高高于地面，经填筑而成的路基。路堑是指路肩设计标高低于地面，经开挖而成的路基。路基的基本形式如图2-22所示。

（2）桥隧建筑物。铁路通过江河、溪沟、谷地和山岭等天然障碍物或跨越公路及其他铁路线时需要修筑的建筑物。桥隧建筑物包括桥梁、隧道、涵洞、轨道等。

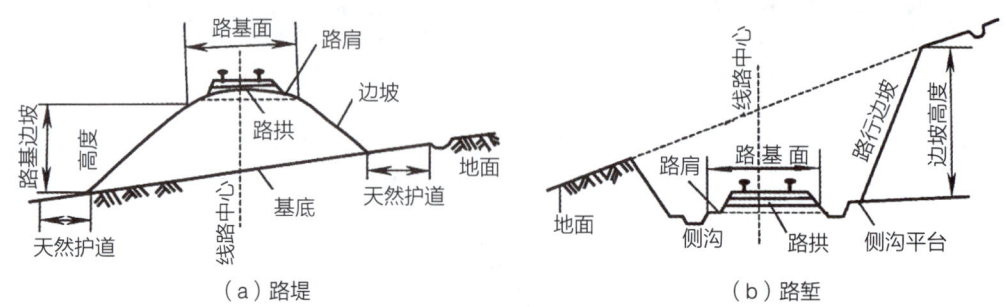

图2-22 路基的基本形式

①桥梁。桥梁主要由桥面、桥跨结构和墩台组成，如图2-23所示。

桥面是桥梁上的轨道部分。墩台包括桥台和桥墩，位于两端和路基邻接的部分叫桥台；中间的部分叫桥墩；桥墩上面的部分叫桥跨；两个墩台之间的空间叫桥孔；每个桥孔在设计水位处两桥墩之间的距离叫孔径；每一桥跨两端桥墩间的距离叫跨度。整个桥梁包括桥台在内的总长度，称为桥梁的全长。铁路桥梁按照桥跨所用的材料可分为钢筋混凝土桥、石桥等。

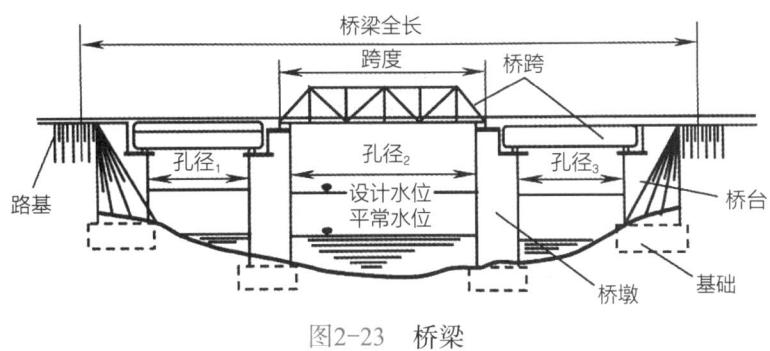

图2-23 桥梁

②隧道。铁路隧道是线路穿越山岭的主要方式之一，也有穿越江河湖海与地面障碍的功能，如越江隧道、地下隧道等。

③涵洞。涵洞设在路堤下部的填土中，可以通过少量水流。

④轨道。轨道由钢轨、轨枕、连接零件、道床、防爬设备及道岔等组成。轨道的组成如图2-24所示。

a. 钢轨。采用稳定性良好的"工"字形断面宽底式钢轨，由轨头、轨腰、轨底三个部分组成。

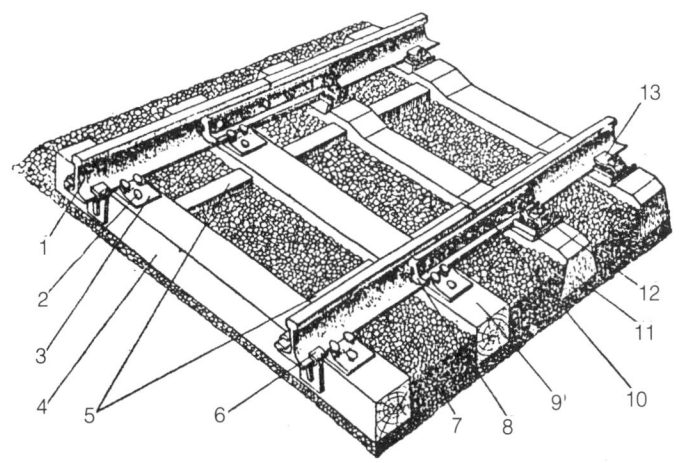

1, 10—钢轨；2—普通道钉；3—垫板；4, 9—枕木；5—防爬撑；6—防爬器；7—道床；8—鱼尾板；11—钢筋混凝土轨枕；12—扣板式中间连接零件；13—弹片式中间连接零件。

图2-24 轨道的组成

b. 轨枕。轨枕是钢轨的座，承受钢轨传来的压力并将其又传给道床，还起保持钢轨位置和轨距的作用。轨枕按照制造材料分为钢筋混凝土枕和木枕两种。

c. 连接零件。连接零件包括接头连接零件和中间连接零件两种。接头连接零件连接钢轨，由鱼尾板（又称夹板）、螺柱、螺帽和弹性垫圈等组成；中间连接零件（也称钢轨扣件）连接钢轨与轨枕。

d. 道床。承受轨枕上部的荷载并均匀地传给路基，缓和车轮钢轨的冲击，排除轨道中的雨水以及保持轨道的稳定性。一般采用碎石道砟，这种材料具有坚硬、稳定和不易风化等优点。

e. 防爬设备。列车在运行时产生的纵向力会使钢轨产生纵向移动，称为爬行。为了防止爬行，一方面设置防爬器和防爬撑；另一方面加强钢轨和轨枕间的扣压力与道床阻力。

f. 道岔。道岔是铁路线路间连接和交叉设备的总称，其作用为使机车由一条线路转向另一条线路，或者越过与其相交的另一条线路。

（三）信号设备

信号设备的主要作用是保证列车运行安全和提高铁路的通过能力。它包括铁路信号、闭塞设备和联锁设备。

（1）铁路信号是对列车运行和调车工作的命令，以保证安全和提高作业效率。我国规定用红色、黄色和绿色作为铁路信号的基本颜色，红色表示停车，黄色表示减速慢行，绿色表示按规定的速度运行。

铁路信号形式可分为视觉信号和听觉信号两大类；根据信号机具的移动性可分为固定信号、移动信号和手信号三类。

（2）闭塞设备是用来保证列车在区间内运行安全的区间信号设备。

（3）联锁设备的主要作用是保证站内列车运行和调车作业的安全以及提高车站的通过能力。

在车站上，为列车进站、出站所准备的通路称为列车进路。凡是为各种调车作业准备的通路都称为调车进路。一般每一个列车，调车进路的始端都应设立一架信号机进行防护，以保证作业时的安全。

二、铁路站场

车站是集中了和运输有关的各项技术设备并参与整个过程的各个工作环节的基本生产单位。车站按技术作业性质可分为中间站、区段站、编组站；按业务性质可分为客运站、货运站；按等级可分为特等站、一至五等站。

在车站内除与区间直接连通的正线外，还有供接发列车用的到发线，供解体和编组列车用的调车线和牵出线，供货物装卸作业的货物线，为保证安全而设置的安全线路，避难线以及供其他作业的线路，如机车行走线、存车线、检修线等。

（一）中间站

中间站是为提高铁路区段通过能力，保证行车安全和为沿线城乡及工农业生产服务而设的车站，其主要任务是办理列车会让、越行和客货运输业务。

1．中间站的主要作业

（1）列车的到发、通过、会让和越行。

（2）旅客的乘、下和行李的承运、保管与交付。

（3）货物的承运、装卸、保管与交付。

（4）本站作业车摘挂作业和向货场、专用线取送车辆的调车作业。

（5）客货运量较大的中间站，还有始发、终到客货列车的作业。

2．中间站的设备

（1）客运设备包括旅客站舍（售票房、候车室、行李房）、旅客站台、雨棚和跨越设备（天桥、地道、平过道）等。

（2）货运设备包括货物仓库、货物站台和货运室、装卸机具等。

（3）站内线路包括到发线、牵出线和货物线等，分别用于接发列车、调车和货物的装卸作业。

（4）信号及通信设备。

（二）区段站

区段站一般设在中等城市和铁路网上牵引区段的分界线上，其主要任务是办理货物列车的中转作业，进行机车乘务组的换班或机车的更换以及解体、摘挂列车和编组区段列车。

1．区段站的作业

区段站主要办理以下五类作业。

（1）客运业务。区段站的客运业务与中间站基本相同，但数量相对中间站较大。

（2）货运业务。区段站的货运业务与中间站基本相同，但作业量相对中间站要大。

（3）运转业务。运转业务主要是办理旅客列车接发、货物列车的中转作业，摘挂列车的编组、解体，向货场及专用线取送作业等。某些区段站还担当少量始发直达列车的编组任务。

（4）机车业务。机车业务主要是机车的更换或机车乘务组的换班以及对机车进行检修和整备。

（5）车辆业务。这一业务主要是列车的技术检查和车辆检修。

2．区段站的主要设备

（1）客运设备。区段站的客运设备与中间站基本相同，但规模较大。

（2）货运设备。区段站的货运设备与中间站基本相同，但数量较多。

（3）运转设备。运转设备包括调车场、牵出线、到发线或机车走行线及机车等待线。

（4）机务设备。机务设备指机务折返段或机务段。

（5）车辆设备。车辆设备包括列车站修所和检修所。

（三）编组站

编组站是铁路网上专门办理货物列车解体、编组作业，并为此设有比较完善的车辆设备的车站，其主要任务是根据列车编组计划的要求，办理各种货物列车解体和编组作业，并组织和取送本地区机车（小运转列车），供应列车动力，整备检测修机车、货车的日常技术维修保养等。编组站是铁路运输的重要生产基地，大量装载货物的重车和卸货后回送的空车，汇集后被编成各种列车开往各自的目的地。因此，编组站被称为编组货物列车的工厂。

（1）编组站的作业。编组站的作业主要有机车作业、运转作业和车辆作业。

（2）编组站的设备。编组站的主要设备有行车设备（到达场、出发场或到发场）、调车设备（调车驼峰、牵出线编组场）、车辆设备（车辆段）和机务设备（机务段）。

第三节 水路运输设施与设备

水路运输是指利用船舶，在江、河、湖泊、人工水道及海洋运送旅客和货物的一种运输方式。水路运输是一种古老且经济的运输方式，在大批量和远距离的运输中价格便宜，可以运送超大型和超重物。运输线路主要利用自然的海洋与河流，不受道路的限制，在隔海的区域之间是代替陆地运输的必要方式。水运系统综合运输能力主要由船队的运输能力和港口的通过能力来决定。

一、港口基本知识

（一）港口及相关概念

（1）港口。港口既是水运货物的集散地，又是陆地与船舶及其他运输工具的衔接点。除了提供船舶靠泊、旅客上下船，货物装卸、储存、驳运以及其他相关业务外，还必须与陆路交通相接，并具有明确的水域范围。

（2）港区。港区是当地政府机关划定的并由港务部门管理的区域（包括陆地和水域）。一般不包括所属小港、站、点。

（3）港界。港界是港口范围的边界线。一般利用海岛、山角、河岸突出部分、岸上显著建筑物，或者设置灯标、灯桩、浮筒等作为规定港界的标志，也可以按地理上的经纬度划分港界。

（4）港口作业区。港口根据货种、吞吐量、货物流向、船型和港口布局等因素，将港口划分为几个相对独立的装卸单位，称为港口作业区。划分港口作业区可提高生产效率，提高管理水平，避免不同货物的相互影响，防止污染，保证货物的质量和安全，便于货物的存放和保管，可充分利用仓库能力等。

（5）泊位。泊位是供船舶停泊的位置。一个泊位可供一艘船舶停泊，泊位的长度依船的大小而有差异，还要留出两船之间的距离，便于船舶系解绳缆。

（6）码头。码头是供船舶靠泊，货物装卸作业的水上建筑物。码头前沿线称为港口的生产线，是港口水域和陆域的交接线。

（7）港口腹地。港口腹地是港口吞吐货物和旅客集散所涉及的地区范围。腹地内的货物经由该港进出，在运输上是比较经济合理的，其范围一般通过调查分析确定。

（二）港口的作用

1. 现代港口在国际物流中的地位

（1）港口是国际物流与国内物流的交汇点，其作业方式已经由原来的装卸和储存服务延伸到为产品提供增值服务上。

（2）港口作为海上运输的起点和终点，在整个运输链上是货物吞吐量最大的节点。在国与国之间的货运业中，海运以其低廉的价格，在市场中占据了较大的份额，国际物流量的90%以上是由海运完成的。

（3）港口作为国内市场与国际市场的接轨点，国内经济与国际经济的交汇点，已经从传统的货流发展为人流、货流、商流、资金流、信息流的大流通，是货物、资金技术、人才、信息的聚集点。它能够发挥经济的聚集效应，整合各种生产要素。因此，世界上主要港口已成为运输网络的神经中枢及重要的经贸中心和工业基地。

2. 现代港口具有综合物流中心的功能

在现代物流时代，港口的功能发生了很大的变化。现代港口的功能更加广泛，开始朝着全方位增值服务中心的方向发展，具备5个"中心"的功能，即物流服务中心、商务中心、信息与通信服务中心、现代产业中心和后援服务中心。通过以上功能的加强，港口才能做到为产品提供增值服务。

（三）港口分类

1. 按用途分

（1）货主港。货主港是主要供企业自身使用的港口，附属于某工矿企业。

（2）军用港。军用港是专供海军舰船用的港口。

（3）商业港。商业港是主要供旅客上下和货物装卸转运的港口，又可分为一般商业港和专业商业港。

（4）避风港。避风港是供大风情况下船舶临时避风的港口。

2. 按地理条件分

（1）河口港。河口港是指江河入海口处的港口。

（2）海港。海港是处于海岸线上的港口。

（3）河港。河港是处于河流沿岸上的港口，如长江上的南京港、武汉港。

（4）湖港。湖港是处于湖泊岸壁的港口。

（5）水库港。水库港是处于水库壁的港口。

二、港口的组成

根据港口运输作业的主要内容，港口系统可以划分为港口水域设施、码头构筑物、港口陆域设施三个组成部分，如图2-25所示。

1. 港口水域设施

港口水域是供船舶航行、运转、锚泊、停泊装卸使用的，要求有适当的深度和面积，水流平缓，水面平静。港口水域主要包括港内航道、锚地、船舶回转水域、港池、防波堤、护岸以及港口导航设施等。

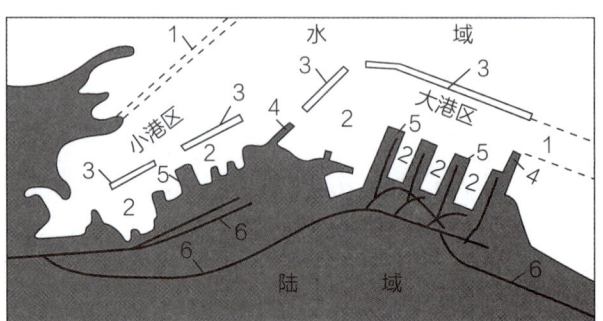

1—航道；2—港池；3—岛堤；4—凸堤；5—码头；6—铁路。

图2-25 港口总平面图

（1）航道。航道是供船舶进出港的航行通道。有防波堤掩护的海港以防波堤为界，把航道分为港外航道和港内航道。航道一般设在天然水深好，泥沙回淤量小，不受横风、横流和冰凌等因素干扰的水域中。航道必须有足够的水深和宽度，并配有航标，以便安全航行。

（2）锚地。锚地是供船舶（船队）在水上停泊及进行各种作业的水域。有防波堤掩护的海港，把口门以外的锚地称为港外锚地，口门以内的锚地称为港内锚地。前者供船舶抛锚停泊等待检疫、引航和乘潮进港，后者供船舶避风停泊、等待靠岸及离港、进行水上由船转船的货物装卸。

（3）船舶回转水域。船舶回转水域是为船舶在靠离码头、进出港口需要转头或改向时而设置的水域，又称转头水域，其大小与船舶尺度、转头方向、水流和风向等因素有关，一般设在口门和码头泊位之间，以方便船舶作业。

（4）港池。供船舶靠泊、系缆和进行装卸作业使用的，直接与码头相连的水域称为港池。港池内水域要求不受风浪和水流的影响，以便为船舶提供一个可安全作业的、稳定平静的水域条件。港池要有足够的水域面积，使船舶能方便地靠岸和离岸，港池大小可根据船舶尺度、靠离码头方式、水流和强风的影响及转头区的布置等因素确定。

（5）防波堤。沿海港口面临大海，在暴风季节，大海波浪会涌入港内，使港内船舶不能安全停靠和进行装卸作业，因此需要在港口水域中的适当位置建筑防波堤，以使港口在恶劣天气条件下，水面依然平稳，生产作业正常进行。

（6）护岸。护岸是指在河道岸坡上用块石或混凝土铺砌以保护河岸的建筑物。

（7）港口导航设施。港口导航设施主要有航道标志、信号设施、照明设备、通信设备等。

2. 码头构筑物

码头构筑物主要包括码头和码头前沿的装卸设备等。

码头是供船舶靠泊、装卸货物、上下旅客的设施，包括岸壁、护舷木、系船桩等。码头都是沿岸布置的，港口水域和陆域的交接线称为码头前沿或码头岸线，它是港口的生产岸线和生产活动的中心。一艘船停靠在码头上，它所占用的码头岸线长度称为泊位，泊位的长度主要取决于船舶长度和安全系缆的要求，而码头岸线的长度则取决于所要求的泊位数和每个泊位的长度。

港口的码头岸线长度是港口规模的重要标志之一，表明了它能同时容纳并进行装卸作业的船舶数量。依据岸线的自然条件、作业条件和所需泊位数等因素，码头的平面布置主要有顺岸式、突堤式、挖入式和离岸式四种。

码头前沿的装卸设备主要指用来完成船舶与车辆的装卸、库场货物的堆码、拆垛以及舱内、车内、库内装卸作业的各种起重运输机械，如岸壁集装箱装卸桥、门式起重机、轮胎起重机、浮式起重机、驳船、叉车、拖车等。

3. 港口陆域设施

港口陆域设施主要包括仓库和堆场、集疏运通道、调度控制中心及其他辅助生产设施。

（1）仓库和堆场。由于受运输组织、货流季节性变化和气象因素的影响，运输车辆和船舶往往难以做到同时抵港，即使同时抵港，两者的单元载货量相差悬殊，不可能实现全部货物的直接换装作业，因此港口需要设置一定容量的仓库和堆场。

（2）集疏运通道。集疏运通道主要包括港区道路、港口铁路、码头铁路线等。

（3）调度控制中心。调度控制中心是港口各项作业的调度中心，其作用是监督、调整和指挥码头作业计划的执行。一般设置在码头操作或办公楼的最高层。控制室内配置计算机系统、气象预报系统、监控系统、无线通信系统等设备。

（4）其他辅助生产设施。为保证港口完成水陆联运任务，在港口陆域上还设有各种生产辅助设施。其他辅助生产设施主要包括给排水设施、供电、照明、通信及导航系统、办公楼、流动机械库、机械修理厂、候工室等生产辅助建筑以及燃料供应站、工作船基地等。

三、港内的作业方式

港口内的物流活动主要为操作过程和装卸过程。

（1）操作过程。操作过程是根据要求的装卸工艺完成一次货物搬运作业的过程，通常有五种形式。

①卸车装船或卸船装车（船→车）。

②卸车入库或出库装车（库→车）。

③卸船装船（船→船）。

④卸船入库或出库装船（库→船）。

⑤库场间倒载搬运（库→库）。

（2）装卸过程。装卸过程是货物从进港到出港所进行的，由一个或多个操作过程所组成的全部作业过程。

四、船舶基本知识

船舶是指在水域上航行、停泊及进行运输的工具，按不同的使用条件划分，具有不同的技术性能、装备和结构形式。本教材主要介绍以载运货物为主的货船。

货船的船型很多，大小悬殊，排水量可从数百吨至数十万吨。

（一）货船分类

1．干散货船

干散货船又称散装货船，是用以装载无包装的大宗货物的船舶，如图2-26所示。一般习惯把装载粮食、煤等货物积载因数相近的船舶称为散装货船，而装载积载因数较小的矿砂等货物的船舶，称为矿砂船。

图2-26　干散货船

用于装载粮食、煤、矿砂等大宗散货的散装货船通常分为如下几个级别。

①好望角型船。好望角型船的总载重量为10万吨级以上。

②巴拿马型船。这是一种巴拿马运河所容许通过的最大船型。总载重量为6万吨级。

③轻便型散货船。轻便型散货船的总载重量为3.5万～4万吨级。轻便型散货船的吃水较浅，世界上各港口基本都可以停靠。

④小型散货船。小型散货船的总载重量为2万～2.7万吨级，是可驶入美国五大湖泊的最大船型。它的最大船长不超过222.5米，最大船宽小于23.1米，最大吃水小于7.9米。

2. 杂货船

杂货船主要用于装载一般包装、袋装、箱装和桶装的普通杂货物。杂货船一般为双层甲板，配备完善的起货设备。货舱和甲板分层较多，便于分隔货物，杂货船如图2-27所示。新型的杂货船一般为多用途型，既能运载普通件杂货，也能运载散货、大件货、冷藏货和集装箱。

图2-27 杂货船

3. 冷藏船

冷藏船最大的特点是可以保持适合货物久藏的温度。冷藏船所需的冷源由设置在机舱内的大型制冷机提供。为保证一定的制冷效率，防止外界热量传入，冷藏舱的四壁、舱盖和柱子都敷有隔热材料，冷藏船如图2-28所示。

图2-28 冷藏船

4. 木材船

木材船是专门用以装载木材或原木的船舶。船舱及甲板上均可装载木材。这种船舱口大，舱内无梁柱及其他妨碍装卸的设备。为防甲板上的木材被海浪冲出舷外，在船舷两侧一般设置不低于1米的舷墙，木材船如图2-29所示。

图2-29　木材船

5．原油船

原油船是专用以运载原油的船舶，简称油船，如图2-30所示。由于原油运量巨大，油船载重量可达50多万吨，是所有船舶中载重量最大的。

图2-30　原油船

6．成品油船

成品油船是专门载运柴油、汽油等石油制品的船舶。结构与原油船相似，但吨位较小。由于安全性的要求，成品船有很高的防火、防爆要求。

7．集装箱船

集装箱船是一种专门载运集装箱的船舶，其全部或大部分船舱用来装载集装箱，往往在甲板或舱盖上也可堆放集装箱。集装箱船具有瘦长的外形，机舱设在尾部或中部偏后，如图2-31所示。集装箱的装卸通常由岸上的起重机进行，绝大多数集装箱船上不设起货设备。集装箱船按装载情况可分为全集装箱船、部分集装箱船和可变换集装箱船三种。

（1）全集装箱船。全集装箱船的全部货舱和上甲板均装载集装箱，舱内装有格栅式货架，以适于集装箱的堆放。全集装箱船适用于货源充足而稳定的航线。

（2）部分集装箱船。部分集装箱船的一部分货舱设计成专供装载集装箱，另一部分货舱可供装载一般杂货，部分集装箱船适用于集装箱联运业务不太多或货源不甚稳定的航线。

（3）可变换集装箱船。可变换集装箱船货舱内装载集装箱的结构为可拆装式的，因此它既可装运集装箱，必要时也可装运普通杂货。

图2-31　集装箱船

8. 滚装船

滚装船又称滚上滚下船。这种船本身无须装卸设备，一般在船侧或船的首、尾有开口斜坡连接码头，载货汽车或载有集装箱的拖车直接从船的大舱里开至码头，或由码头直接开进大舱进行装卸货，如图2-32所示。这种船的优点是不依赖码头上的装卸设备，装卸速度快，可加速船舶周转。

图2-32　滚装船

9. 液化气船

液化气船是专门运输液化气体的船舶，如图2-33所示。所运输的液化气体有液化石油气、液化天然气、氨水、乙烯、液氯等。这些液体货物的沸点低,多为易燃、易爆的危险品,有剧毒和强腐蚀性。因此液化气船货舱结构复杂,造价昂贵。

图2-33　液化气船

10．载驳船

载驳船又称母子船,是专门载运载货货驳的船舶,如图2-34所示,其运输方式与集装箱运输方式相仿,因为货驳也可视为能够浮于水面的集装箱。

图2-34　载驳船

(二)船舶的基本组成

船舶根据组成各部分的作用和用途,可综合归为船体、船舶动力装置、船舶舾装以及船舶的其他装置和设备四大部分。

(1)船体是船舶的基本部分,可分为上层建筑和主体部分。

①上层建筑位于上甲板以上,由左、右侧壁和前、后端壁及各层甲板围成,其内部主

要用于布置各种用途的舱室，如工作舱室、生活舱室、储藏舱室、仪器设备舱室等。上层建筑的大小、层楼的形式因船舶用途和尺度而异。

②主体部分一般指上甲板以下的部分。它是由船壳（船底及船侧）和上甲板围成的具有特定形状的空心体，是保证船舶具有所需浮力、航海性能和船体强度的关键部分。船体的主体部分主要包括船架、船壳、甲板和船舱。

船架是为支撑船壳所有各种材料的总称，分为纵材和横材两部分。纵材包括龙骨、纵骨和桁材；横材包括肋骨、船梁和舱壁。

船壳即船的外壳，是由多块钢板铆钉或电焊结合而成的，包括船底板、舭列板、舷侧板三部分。

甲板是铺在船梁上的钢板，将船体分隔成上、中、下三层。大型船甲板数可分至六、七层，其作用是加固船体结构和便于分层配载及装货。

船舱是指甲板以下的各种用途空间，包括船首舱、船尾舱、货舱、机器舱和锅炉舱等。船舱一般用于布置动力装置、装载货物、储存燃油和淡水以及布置其他各种舱室。

（2）船舶动力装置。船舶动力装置包括推进装置及为推进装置运行服务的辅助机械设备，推进装置也称推进器。船舶的行驶是由主机经减速装置、传动轴系带动推进器完成的。船舶推进器广泛采用螺旋推进器。辅助机械设备包括燃油泵、润滑油泵、冷却水泵、加热器、过滤器和冷却器等。

（3）船舶舾装。船舶舾装包括舱室内装结构（内壁、天花板、地板等）、家具和生活设施（炊事、卫生等）、涂装和油漆、门窗、梯和栏杆、桅杆、舱口盖等。

（4）船舶的其他装置和设备。除推进装置外，船舶的其他装置和设备还有锚设备与系泊设备、舵设备与操舵装置、救生设备、消防设备、船内外通信设备、海水和生活用淡水系统、压载水系统、液体舱的测深系统和透气系统、舱底水疏干系统、船舶电气设备和其他特殊设备。

（三）船舶的主要技术指标和主要性能

1. 船舶的主要技术指标

船舶的主要技术指标有船舶主尺度、排水量、船体型线图、舱容、船舶总设计图、船体结构图等。

（1）船舶主尺度包括船舶总长、最大船宽、型宽、型深、设计水线长度、满载（设计）吃水等。钢船船型尺度的度量指量到船壳板内表面的尺寸。

（2）排水量即船体水线以下所排开水的重量，也就是船舶所受到的浮力（等于船舶总重量），一般来说，排水量越大的船舶，容积也越大。

（3）船体型线图是设计和建造船的主要图样之一。它由三组线图构成：横剖线图、半宽水线图和纵剖线图。三者分别由横剖面、水线面和纵剖面体型表面切割而成。

（4）舱容指货舱、燃油舱、小舱等体积，它从容积能力方面体现船舶的装载能力和续航能力，从而影响船舶的营运能力。登记吨位是历史上遗留下的用以衡量船舶装载能力的度量指标，作为买卖船舶、纳税、服务收费的依据之一。

（5）船舶总设计图是设计和建造船舶的主要图样之一。它反映船的建筑特征、外形和尺寸、各种舱室的位置和内部布置、内部梯道的布置、甲板设备的布局。总布置图由侧视图、各层甲板平面图和双层底舱划分图组成。

（6）船体结构图是反映船体各部分的结构情况的图样。船体和相关部分的结构既独立又相互联系。船舶主体结构是保证船舶纵向和横向强度的关键，通常把它看成一个空心梁进行设计，并且用船中横剖面结构图来反映它的部件尺寸和规格。

2．船舶的主要性能

船舶的主要性能包括浮性、稳性、抗沉性、快速性、耐波性、操纵性和经济性等。

（1）浮性是指船在各种装载情况下，能浮于水中并保持一定的首、尾吃水和干舷的能力。根据船舶的重力和浮力的平衡条件，船舶的浮性大小关系到装载能力和航行是否安全。

（2）稳性是指船受外力作用离开平衡位置而倾斜，当外力消失后，船回复到原平衡位置的能力。稳性是与船舶安全密切相关的一项重要性能。为使船舶具有良好的稳性，可采取降低船的重心、减小上层建筑受风面积等措施。

（3）抗沉性是指船体水下部分如发生破损，船舱淹水后仍能浮于水面而不沉和不倾覆的能力。船舶主体部分的水密分舱的合理性、分舱甲板的干舷值和船舶稳性的好坏等，是影响抗沉性的主要因素。安全限界线指船侧舱壁甲板边线下76毫米平行于甲板边线的曲线。按照《国际海上人命安全公约》的规定，船舶遭受海损，船舱进水后，其吃水应不超过安全限界线。

（4）快速性是表现船在静水中直线航行速度与其所需主机功率之间关系的性能。它是船舶的一项重要技术指标，对船舶营运费用影响较大。船舶快速性涉及船舶阻力和船舶推进力两个方面。合理地选择船舶主尺度、船体系数和型线是降低船舶阻力的关键。

（5）耐波性指船舶在风浪中遭受由于外力干扰所产生的各种摇荡运动及抨击上浪、失速飞车和波浪弯矩时，仍具有足够的稳性和船体结构强度，并能保持一定的航速安全航行的性能。耐波性不仅影响船上乘员的舒适和安全，还影响船舶安全和营运效益等，因而日益受到重视。

（6）操纵性是指船舶能按照驾驶者的操纵保持或改变航速、航向或位置的性能，主要包括航向稳定性和回转性两个方面，是保证船舶航行中少操舵、保持最短航程、靠离码头灵活方便和避让及时的重要环节，关系到船舶航行安全和营运经济性。

（7）经济性是指船舶投资效益的大小。它是促进新船型的开发研究、改善航运经营管理和造船工业发展的最活跃因素，日益受到人们重视。船舶经济性属船舶工程经济学研究的内容，它涉及使用效能、建造经济性、营运经济性和投资效果等指标。

第四节 航空运输、管道运输设施与设备

航空运输由于其突出的高速直达性，使之在交通系统中具有特殊的地位并且拥有很大的发展潜力，其主要优点包括高速直达性、安全性及经济特性良好、包装要求低等，这些都和其运输设施及设备的特点密不可分。

一、航空运输设施与设备

（一）航空港

航空港为航空运输的经停点，又称航空站或机场，是供飞机起飞、降落和停放及组织、保障飞机活动的场所。近年来随着航空港功能的多样化，港内除了配有装卸客货的设施外，一般还配有商务、娱乐中心及货物集散中心，满足往来旅客的需要，同时刺激周边地区的生产和消费。

航空港按照其所处的位置，分为干线航空港和支线航空港；按业务范围分为国际航空港和国内航空港，其中国际航空港需经政府核准，可以用来供国际航线的飞机起降营运，航空港内配有海关、移民、检疫和卫生机构。国内航空港仅供国内航线的飞机使用，除特殊情况外不对外国飞机开放。航空港的基本组成如图2-35所示。

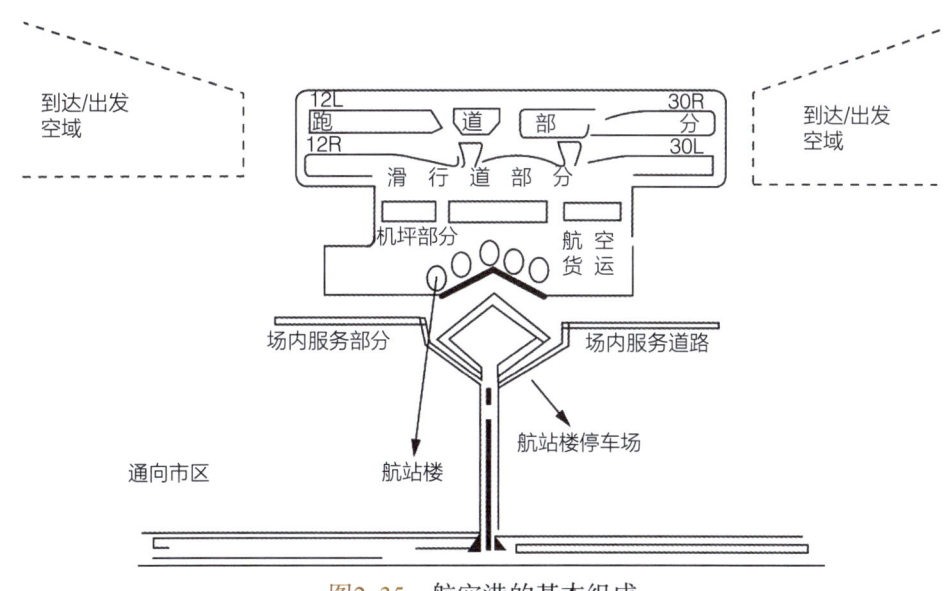

图2-35 航空港的基本组成

通常来讲，航空港内配有以下设施。

（1）跑道。跑道由结构道面、道肩、防吹坪和跑道安全地带组成。跑道有单条跑道、平行跑道、交叉跑道和开口V形跑道等多种形式。结构道面在结构荷载、运转、控制、稳

定性等方面支承飞机；道肩抵御喷气气流的吹蚀，并承载维护和应急设备；防吹坪防止紧邻跑道端的表面地区受各种喷气气流吹蚀；跑道安全地带用以维护设备以及对滑出跑道的飞机进行应急救援。

（2）滑行道。滑行道是飞机在跑道与停机坪之间出入的通道，提供从跑道到航站区和维修库的通道。

（3）停机坪。停机坪是供飞机停留的场所，也可称为"试车坪"或"预热机坪"，设置于邻近跑道的端部。

（4）机场交通。机场交通包括出入机场交通和机场内交通两部分。机场内交通设施包括供旅客、接送者、访问者、机场工作人员使用的公用通道；供特准车辆出入的公用服务设施和非公用服务道路；供航空货运车辆出入的货运交通通道。出入机场交通的客运交通方式有私人小汽车、出租汽车、机场班车、公共汽车、轨道交通等；货运交通方式主要是道路汽车交通。

（5）指挥塔或管制塔。指挥塔或管制塔为飞机进出航空港的指挥中心，其位置应有利于指挥与航空管制，以维护飞机安全。

（6）助航系统。助航系统是为辅助安全飞行的设施，包括通信、气象、雷达、电子及目视助航设备。

（7）输油系统。输油系统是为飞机补充油料的系统。

（8）维护修理基地。维护修理基地是为飞机归航以后或起飞以前做例行检查、维护、保养和修理的地方。

（9）货运设施。机型大型化致使客货混合作业时间延长，因此，规划机坪门位系统时应合理安排货运设施。

（10）其他各种公共设施。其他各种公共设施包括供水、供电、通信、交通、消防系统等。

（二）运载工具

飞机也称航空器，是航空运输系统的运载工具。飞机依其分类标准的不同，可有以下几种划分方法。

1. 按飞机的用途分类

按用途可将飞机分为民用飞机和军用飞机两类。

民用飞机主要指民用的客机、货机、客货两用机、农业机、林业机、教练机（民用）、体育运动机及多用途轻型飞机等。

客机主要运送旅客和邮件，一般行李装在飞机的深舱。到目前为止，航空运输仍以客运为主，客运航班密度高、收益大，所以大多数航空公司都采用客机运送货物。客机运送货物的不足是，由于舱位少，每次运送的货物数量十分有限。全货机运量大，可以弥补客机货运量的不足，但经营成本高，只限在某些货源充足的航线使用。客货混合机可以同时在主甲板运送旅客和货物，并根据需要调整运输安排，是最具灵活性的一种机型。

2. 按飞机发动机的类型分类

按发动机的类型可将飞机分为螺旋桨飞机和喷气式飞机。

3. 按飞机的发动机数量分类

按发动机数量可将飞机分为单发（动机）飞机、双发（动机）飞机、三发（动机）飞机、四发（动机）飞机。

4. 按飞机的航程分类

按航程可将飞机分为近程飞机、中程飞机、远程飞机。

远程飞机的航程为11000千米左右，可以完成中途不着陆的洲际跨洋飞行。中程飞机的航程为3000千米左右，近程飞机的航程一般小于1000千米。近程飞机一般用于支线航运，因此又称支线飞机；中、远程飞机一般用于国内干线和国际航线，又称干线飞机。

（三）飞机基本构造和工作原理

1. 飞机构造要求

飞机构造要求包括空气动力、重量及强度、使用维护、工艺和经济等方面的要求。

2. 飞机主要组成

飞机主要由机翼、机身、动力装置、起落装置、操纵系统等部件组成，飞机主要组成结构如图2-36所示。

（1）机翼。机翼是为飞机飞行提供举力的部件。机翼受力构件包括内部骨架、外部蒙皮以及与机身连接的接头。

（2）机身。机身是装载人员、货物、燃油、武器、各种装备和其他物资的构件，也是连接机翼、尾翼、起落架等的构件。

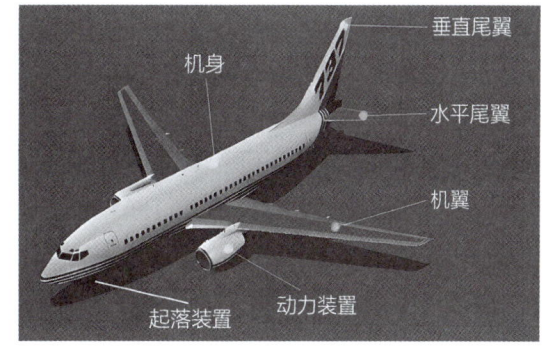

图2-36　飞机主要组成结构

（3）动力装置。飞机飞行速度提高到需要突破"音障"时，要用结构简单、重量轻、推力大的涡轮喷气式发动机。涡轮喷气式发动机包括进气道、压气机、燃烧室、涡轮和尾喷管五部分。

（4）起落装置。飞机起落装置使飞机能在地面或水面上平顺地起飞、着陆、滑行和停放，吸收着陆撞击的能量，它由减震器、机轮和收放机构组成。改善起落性能的装置包括增举装置、起飞加速器、机轮刹车和阻力伞（减速伞）等。

（5）操纵系统。飞机操纵系统分为主操纵系统和辅助操纵系统。主操纵系统是对升降舵、方向舵和副翼三个主要操纵面的操纵；辅助操纵系统则是对调整片、增举装置和水平安定面等的操纵。

（四）民用航空器标志

国籍标志是识别航空器国籍的标志，登记标志是航空器登记国在航空器登记后给定的标志。

国际民用航空组织理事会于1949年通过了《国际民用航空公约》附件7——《航空器国籍标志和登记标志》，这是一个国际标准。1981年通过了附件7的第4次修改，各缔约国的规定如与附件7的规定有差异时，应通过国际民航组织备案认可，并在该附件7的附录中加以说明。2023年11月，《国际民用航空公约》附件10最新修订版正式生效，其中包含了北斗卫星导航系统标准和建议措施，这标志着北斗系统正式加入国际民航组织（ICAO）标准，成为全球民航通用的卫星导航系统。

1. 国籍标志

我国选定拉丁字母"B"为中国航空器的国籍标志，这一内容已载于《国际民用航空公约》附件7的附录中。

2. 共用标志

共用标志的确定规则：共用标志须从国际电联分配给国际民航组织的无线电呼叫信号的代号系列中选定。由国际民航组织给共用标志登记当局指定共用标志。

3. 登记标志

一般规定登记标志须是字母、数字或者两者的组合，列在国籍标志之后，第一位是字母，在国籍标志与登记标志之间应有一短横线。

二、管道运输设施与设备

管道运输主要是利用管道，通过一定的压力差来完成货物运输的一种现代运输方式。现代管道运输始于19世纪中叶，1865年美国建成世界上第一条输油管道，然而管道运输进一步的发展却是从20世纪开始的。

管道运输由于具有运量大、运输成本低、易于管理等特点而备受青睐，并呈快速发展的趋势，如各国越来越重视输煤管道的研究和应用。随着运行管理的自动化，进入21世纪后，管道运输将会发挥越来越大的作用。

（一）管道运输的特征

（1）管道运输是运输行业的重要组成部分之一，也是衡量一个国家的能源与运输业是否发达的特征之一。目前，长距离、大管径的输油气管道均由独立的运营管理企业来负责经营和管理。

（2）管道运输多用来输送流体，如原油、成品油、天然气及固体煤浆等。它与其他运输方式（铁路、公路、海运、河运）相比，主要区别在于驱动流体的输送工具是静止不动的泵机组、压缩机组和管道。泵机组和压缩机组给流体以压力能，使其沿管道连续不断地向前流动，直至输送到指定地点。

（二）管道运输的优点

（1）运输量大。一条输油管管道可以源源不断地完成运输任务，根据管径的不同，每年的运输量可达数百吨到几千吨甚至超过亿吨。

（2）能耗少、成本低、效益好。发达国家采用管道运输石油，吨/千米的能耗不到铁路的1/7，在大量运输时的成本与水运运输成本接近，因此在无水运条件下，采用管道运输是一种最节能的运输方式。管道运输是一种连续性很强的工程，运输系统不存在空载行程，因而系统的运输效率高。理论分析和实践表明，管径越大，运输的距离就越远，运量就越大，成本也就越低。以运输石油为例，管道运输、水路运输、铁路运输的运输成本之比为1∶1∶1.7。

（3）占地少。运输管道常埋在地下，其占用土地资源少。实践证明，运输管道埋藏于地下的部分占管道总长度的95%以上，因而对土地的永久性占用很少，分别为公路的3%，铁路的10%，大大节约了土地资源。

（4）安全可靠，连续性强。由于石油天然气易燃、易爆、易挥发和泄漏，采用管道运输既安全，又大大降低了物流中无效的搬运及装卸，同时还大大减少了挥发损耗和泄漏导致的污染。也就是说，管道运输能较好地满足运输工程的绿色环保要求，此外，由于运输管道常埋地下，其运输过程基本上不受恶劣气候的影响，能够长期、安全、稳定地运行。

（5）管道建设周期短、费用低、营运费用也较低。管道运输系统的建设周期与相同运量的铁路周期相比，一般来说要短1/3以上。有资料表明，铁路的建设费比管道的建设费高出60%左右。

（三）管道运输的缺点

管道运输最大的缺点就是不如其他运输方式（如汽车运输）灵活，除承运的货物比较单一外，它也不许随便扩展管线。对一般的用户来说，管道运输常常要与铁路运输、汽车运输或水路运输配合才能完成全程运输。另外如果运输量不足，那么运输成本就会高居不下，这对用户来说是一个值得考虑的问题。

（四）管道运输设施的组成

管道运输设施由管道线路设施、管道站库设施和管道附属设施三部分组成。

（1）管道线路设施。管道线路设施是管道运输的主体，主要有石油管道和天然气管道。管道线路设施主要包括以下几个部分。

①管道主体。管道主体由钢管及管阀件组焊接而成。

②管道防腐保护设施。管道防腐保护设施包括阴极保护站、阴极保护测试桩、阳极地床和杂散电流排流站。

③管道水工防护构筑物、抗震设施、管堤、管桥及管道专用涵洞和隧道。

（2）管道站库设施。管道站库设施按照不同的标准可分为不同的类型，按照管道站、库位置的不同，可分为首站（起点站）、中间站和末站（终点站）；按照所输送介质的不同，可分为输油站和输气站。输油站包括增压站（泵站）、加热站、热泵站、减压站和分输站；输气站包括压气站、调压计量站和分输站等。

（3）管道附属设施。管道附属设施主要包括管道沿线修建的通信线路工程、供电线路工程和道路工程。此外还有管理机构、维修机构及生活基地等设施。

（五）运输管道的分类

运输管道根据所输送物品的不同分为原油管道、成品油管道、天然气管道和固体料浆道（前两类常统称为油品管道或输油管道）。运输管道根据用途的不同又可分为集输管道、输油（气）管道和配油（气）管道三种。

1．原油管道

原油一般具有比重大、黏稠和易于凝固等特性。用管道输送时，要针对所输原油的特性，采用不同的输送工艺。原油运输不外乎是自油田将原油输给炼油厂，或输给转运原油的港口或铁路车站，其运输特点是：运输量大、运距长、收油点和交油点少，故特别适宜用管道输送。世界上的原油有85%以上是用管道输送的。

2．成品油管道

成品油管道输送汽油、煤油、柴油、航空煤油和燃料油以及从油气中分离出来的液化石油气等成品油。每种成品油在商业上有多种牌号，常采用在同一条管道中按一定顺序输送多种油品的工艺，这种工艺能保证油品的质量，并确保将油品准确地分批运到交油点。成品油管道的任务是将炼油厂生产的大宗成品油输送到各大城镇的加油站或直接送达用户。

3．天然气管道

输送天然气和油田生产的伴生气的管道，包括集气管道、输气干线和供配气管道。就长距离运输而言，输气管道是指高压、大口径的输气干线，这种输气管道的长度约占全世界管道总长的一半。

4．固体料浆管道

固体料浆管道是20世纪50年代中期发展起来的，到20世纪70年代初已建成能输送大量煤炭料浆的管道，其输送方法是将固体粉碎，掺水制成浆液，再用泵按液体管道的输送工艺进行输送。

5．集输管道

集输管道（或集气管道）是指从油（气）田井口装置经集油（气）站到起点压力站的管道，主要用于收集从地层中开采出来的未经处理的原油（天然气）。

6．输油（气）管道

以输气管道为例，它是指从气源的气体处理厂或起点压气站到各大城市的配气中心、大型用户或储气库的管道以及气源之间相互连通的管道，输送经过处理符合管道输送质量标准的天然气，是整个输气系统的主体部分。

7．配油（气）管道

对于油品管道来说，它是指存在于炼油厂、油库和用户之间的管道；对于输气管道来说，是指从城市调压计量站到用户支线的管道，压力低、分支多、管网稠密、管径小，除大量使用钢管外，低压配气管道也可用塑料管或其他材质的管道。

视野拓展

探索绿色交通"减碳"密码　做好"绿色中国"加减法

如今，无论是在城市还是在乡村，大家可能会有意识地选择绿色交通、绿色出行，减少碳排放从自己做起。截至2023年年底，全国共有55个城市开通城市轨道交通线路306条，运营里程超过1万千米；中国新能源汽车保有量占全球总量一半以上，节能低碳的水运和铁路运输比例大幅攀升。在加和减中，绿色低碳的交通运输体系正在逐步形成。

要"减碳"，除了推动新能源货车的使用外，调整运输结构，使用更加低碳的运输方式，无疑是绿色交通的另一个"减碳"密码。2004年至今，宁波舟山港海铁联运业务"加"了近千倍，但是却累计为企业"减"了5亿升燃油、近1亿元的碳排放成本。

通过调整运输结构，节能减碳做"减法"的同时，我国也在大力发展交通与能源融合的新模式，充分利用高速公路沿线土地资源，全力推动绿色低碳公路基础设施建设，探索减碳增效的"新路径"。

资料改编来源：央视网。

本章小结

本章主要介绍了公路、铁路、水路、航空及管道运输设施与设备，分为四节。第一节主要介绍公路等级的划分、高速公路的功能、设施与特点，汽车货运站的主要功能、汽车货运站站内布局原则以及分级，整车、零担、集装箱货运站功能，汽车的分类、汽车型号的编制规则、汽车的主要技术参数，汽车构造和基本行驶原理。第二节主要介绍铁路机车与车辆的类型、铁路线路的组成以及铁路站场的分类。第三节主要介绍港口的概念、作用、分类等基本知识，港口的组成及各部分的功能，船舶的种类、基本组成及主要技术指标。第四节主要介绍航空港的基本组成、飞机的种类及基本组成、管道运输的特征及种类。

思考与练习

一、单项选择题

1. 全封闭、全立体交叉，严格控制出入是（　　）的特征。
　　A．高速公路　　B．一级公路　　C．二级公路　　D．三级公路
2. 在铁路运输中，（　　）主要用于运送煤、矿石、钢材等不怕湿的货物。
　　A．棚车　　　　B．敞车　　　　C．平车　　　　D．罐车
3. （　　）在装卸货物时不需要专门的装卸设备。
　　A．杂货船　　　B．载驳船　　　C．木材船　　　D．滚装船
4. 以下哪种管道适用于煤炭的运输？（　　）
　　A．原油管道　　B．固体料浆管道　C．天然气管道　D．集输管道
5. 下列不属于航空港飞行区组成部分的是（　　）。
　　A．跑道　　　　B．停机坪　　　C．候机楼　　　D．指挥塔

二、多项选择题

1. 我国根据公路的使用任务、功能和交通量，将公路划分为（　　）。
　　A．国道　　　　B．二级公路　　C．三级公路　　D．四级公路
2. 下列可以对铁路列车进行解编作业的是（　　）。
　　A．中间站　　　B．区段站　　　C．编组站　　　D．区间站
3. 下列哪些港口属于河港？（　　）
　　A．南京港　　　B．大连港　　　C．岳阳港　　　D．武汉港
4. 港口回转水域的大小与哪些因素有关？（　　）
　　A．船舶尺度　　B．转头方向　　C．水流　　　　D．风向
5. 下列属于港口水域部分的是（　　）。
　　A．港口仓库　　B．码头　　　　C．防波堤　　　D．港池

三、判断题

1. 公路运输机动灵活、投资少，受自然条件限制少。　　　　　　　　　　（　　）
2. 飞机两侧的机翼主要是使飞机保持稳定的。　　　　　　　　　　　　　（　　）
3. 全挂牵引汽车本身带有车厢，其外形虽与货车相似，但其车辆长度和轴距较短，而且尾部设有挂钩。　　　　　　　　　　　　　　　　　　　　　　　　（　　）
4. 一艘船停靠在码头上，它所占用的码头岸线长度称为泊位，泊位的长度主要取决于船舶长度。　　　　　　　　　　　　　　　　　　　　　　　　　　（　　）
5. 车辆指示部分由八位字码组成，表示车辆的生产年份、生产厂家及生产序列号。
　　　　　　　　　　　　　　　　　　　　　　　　　　　　　　　　　（　　）

四、简答题

1. 我国公路是如何划分等级的，其依据是什么？
2. 简述船舶的主要技术性能。
3. 简述铁路的站场划分。
4. 简述管道运输的优缺点。
5. 简述铁路系统的构成。

五、综合能力训练

1. 线上或线下调研一个港口，分析该港口的基本组成部分，观察港口的作业流程，并分析整个流程中涉及的物流设备有哪些。

2. 线上或线下调研一个铁路货运站，分析该货运站的基本组成部分，观察到站的作业流程，并分析整个流程中涉及的物流设备有哪些。

第三章　装卸搬运设备

学习目标

- **知识目标**

  了解物流装卸搬运的基本概念、特点及其分类，掌握装卸搬运设备的类型及工作原理，掌握输送设备的类型及工作原理。

- **能力目标**

  能够分析不同类型装卸搬运设备的适用性，并在具体的应用场景中对其进行合理配置。

- **素质目标**

  通过本章知识的学习，提高装卸搬运组织与管理的专业知识与技能，增强装卸搬运作业安全意识，培养适应性和学习能力。

教学引入

起重机械是指以间歇、重复的工作方式，通过起重吊钩或其他吊具起升、下降或运移重物的机械设备。国务院批准颁布的《特种设备目录》中，对起重机械的定义是"用于垂直升降或垂直升降并水平移动的机电设备，其范围规定为额定起重量大于或等于0.5t的升降机；额定起重量大于或等于3t（或额定起重力矩大于或等于40t·m塔式起重机，或生产率大于或等于300t/h的装卸桥），且提升高度大于或等于2m的起重机；层数大于或等于2层的机械式停车设备"。

起重机械在我国的应用历史悠久，古代灌溉用的桔槔就是臂架型起重设备的原型。现代社会，随着科学技术不断向前发展，起重机械已有200多年的发展历程。我国起重机械的发展也经历了不断革新。近年来随着社会生产力的不断提升，同时随着交通、冶金、建筑等行业的快速发展，起重机械设备需求量呈现增长趋势。在一些特殊使用的环境下，对起重机械设备性能提出了更高要求。

我国起重机械行业是在持续积累、充分竞争的环境下发展起来的。自20世纪60年代推出第一代汽车起重机至今，我国起重机械行业已经走过50多年的历史，在设备研发和制造技术上得到了长足发展。当前，我国起重机械正以前所未有的速度进入国际化竞争行列。起重机械需求量的日益递增促使了我国起重机械制造水平的提升，同时也提升了起重机械产品的技术含量。吨位两极化和产品智能化是我国未来起重机械产业发展的主要趋势,即向大型化和迷你化发展。基于用户使用产品特性而言,起重机械行业近几年的需求变化集中体现在:系列产品模块化、标准化、组合化和实用化;通用产品轻型化、小型化和多样化;产品性能自动化、智能化和集成化;产品设计微机化、精确化和快速化;产品构造新型化、美观化和综合化;重点产品大型化、高速化、耐久化和专用化;售后服务快捷化、专业化和人性化。

面对用户需求的多样性,加上当前市场激烈竞争的影响,起重机械设备生产商开始考虑加速转型升级、加快两化融合、加大创新力度,以便产品能跟上时代发展的步伐。

资料改编来源:《起重运输机械》期刊2020年第17期(节选)。

1. 起重机械设备可以应用于哪些领域?
2. 我国未来起重机械产业发展的主要趋势是什么?

第一节 概述

一、物流装卸搬运的概念

物流装卸搬运是指在同一地域范围内进行的,以改变物品的存放状态和空间位置为主要内容和目的的活动。一般情况下,物品存放的状态和空间位置是密切相连、不可分割的,因此,人们常常用"装卸"或"搬运"来代替装卸搬运的完整意义。

装卸是指物品在指定地点以人力或机械装入运输设备或从运输设备上卸下的活动,即改变物品的存放和支撑状态并且是以物品的垂直移动为主的活动,称为装卸。搬运是指在同一场所内将物品进行水平移动为主的物流作业,即以改变"物"的空间位置的活动称为搬运,两者全称装卸搬运。

物资的装卸搬运是物流的主要功能之一,在整个物流过程中占有很重要的位置。装卸搬运活动渗透到物流的各领域、各环节,成为物流顺利进行的关键。物资的装卸搬运伴随着物流的始终,连接着物流的其他功能,成为提高物流效率、降低物流成本、改善物流条件、保证物流质量重要的环节之一。因此,在这一环节用高端技术装备代替人力,对于推动我国制造业高端化、智能化具有重要意义。

二、物流装卸搬运的特点

物流装卸搬运遵循一定的操作工艺，以货物装卸、搬运、储存为主要内容。为了组织好物流装卸搬运活动，必须充分认识物流装卸搬运的特点。物流装卸搬运的特点表现在以下几个方面。

（1）装卸搬运是衔接性的活动。装卸搬运是物流每一项活动开始及结束时必然发生的活动，时常被认为是其他活动的附属部分。实际上，它是不同物流活动之间互相过渡时能否紧密衔接的关键所在。

（2）装卸搬运作业量巨大。任何产品从制造商到消费者手中，都要经过两个阶段：一是从原材料至产品阶段，在企业内部要进行装卸搬运；二是产品从生产地至消费者手中，要经过运输。在运输的过程中，有货物的集中、疏散、运输方式的变更、仓库的中转、物流的调整等各种作业。

（3）装卸搬运方式复杂。这主要体现在：一是货物的多种多样；二是装卸搬运的目的不同，不同的储存方法和不同的运输方式，决定着装卸搬运用何种设备和何种方式；三是区域的不同，在设施设备比较齐全的场所，可用自动化装卸搬运，而在技术水平比较落后的区域，要用机械甚至人工来装卸搬运。

（4）装卸搬运作业的不均衡性。装卸搬运的不均衡性原因有二：一是因为商流是物流的前提，商流的随机性很大，它是随着商贸活动的变化而变化的，这种随机性决定了货物流动的变化会很大，随之而来的装卸搬运量也是随机的、不均衡的；二是由于各种运输方式的运输量和运输速度有很大差别，这就会造成各个物流枢纽点如车站、码头和港口的货物集中和滞留，从而造成装卸搬运不均衡。但在企业内部，装卸搬运是相对均衡的。

三、装卸搬运的分类

1. 按不同作业对象分

（1）单件作业。现在机械化程度虽然提高了，但单件作业仍然普遍存在，原因之一是在车站、港口等节点之外的场地，缺少应有的设施和设备；原因之二是某些商品体积太大、质量太重，没有办法集装化，即使采用机械也是单件作业；原因之三是某些商品的特殊性决定了它只能采用单件法，如贵重的物品、危险的物品等。

（2）散装作业。矿石、煤炭、建材等大宗物资历来都是采用散装方式装卸和搬运的。后来谷物、化肥、水泥、食糖、原盐等因为它们流量的增大，也多采用散装方式装卸和搬运。散装作业法有以下几种方式。

①倾翻卸货法。将运载工具上的载货部位倾翻，使货物倒出的方法叫倾翻卸货法，如自卸式汽车。

②重力卸货法。重力卸货法是利用货物自重产生的位能来完成卸货的方法，如漏斗车

或底开门车在高架线或卸车坑道上自动开启车门，矿石或煤依靠重力自动卸出。

③机械装货法。机械装货法是采用机械，利用专门的工作机构，如舀、抓斗、铲子等来装货的方法。这样的机械有链斗装车机、单斗或多斗装载机、抓斗机和挖掘机等。

④气力输送法。气力输送法是利用风机在气力输送机的管道内形成单向气流，依靠气体的流动或气压差来输送货物的方法。

（3）集装作业法。从包装学的角度看，集装是一种按一定单元将杂散物品组合包装的形态，如用箱、袋或桶等来集装。集装作业法就是对这些集装件进行装卸搬运的方法。按照方向的不同，集装作业法可分为垂直装卸法和水平装卸法两种。

2．按不同装卸搬运设备特点分

根据设备的不同，装卸搬运可分为连续装卸和间歇装卸两类。

（1）连续装卸是指能连续不间断地装卸和搬运货物。连续装卸的对象主要是同种大批量散装或小件杂货，装货点和卸货点固定的场所运用最多。

（2）间歇装卸是指在一定时间内只能进行一次装卸过程或搬运过程，是周期性的，循环的工作过程，在工作过程中有重程和空程两个阶段。间歇装卸主要适用于货流不固定的各种货物，如包装货物、大件货物等。

3．按不同的地点分

按不同的地点，装卸搬运可分为仓库装卸、铁路装卸、港口装卸、汽车车站装卸和机场飞机装卸等。

第二节 起重设备

起重设备是一种以间歇作业方式对物料进行起升、下降和水平移动的搬运机械，其作业通常带有重复循环的性质。一个完整的作业循环一般包括取物、起升、平移、下降、卸载，然后返回原处，直至下一次取物开始等环节。

根据起升结构的不同，起重设备分为简单起重机和通用起重机。

一、简单起重机

简单起重机一般只做一个直线方向移动，只需要具备一个运动结构，包括千斤顶和葫芦等。

1．千斤顶

千斤顶又称举重器，是一种利用刚性承重件顶举或提升重物的起重设备，如图3-1所示。它靠很小的外力，能顶起很重的货物，又可矫正设备安装的偏差和构件的变形等。千斤顶的高度一般为100～400毫米，自重10～500千克，最大起重量可达500吨。千斤顶按其构造和工作原理不同，可分为齿条式、液压式和螺旋式三种。

（a）齿条式　　（b）液压式　　（c）螺旋式

图3-1　千斤顶

千斤顶在使用时要注意以下事项。

（1）千斤顶不能超负荷使用；不得随意加长手柄或用力过猛；顶升高度不得超过套筒或活塞上的标志线。

（2）放置千斤顶的基础必须平稳可靠，当千斤顶上、下端与设备金属面或混凝土光滑接触时，应垫以坚韧木料，以防止千斤顶倾倒或下陷。

（3）顶升重物前，应使千斤顶位置方正，根据其对象的重心来选择千斤顶着力点的位置，载荷方向要与千斤顶轴线保持一致。

（4）为确保安全，顶升重物前，应另搭保险枕木垛，且随起随落；落下重物时，应随落随抽。枕木垛与重物的距离一般不超过一块枕木厚。

（5）液压千斤顶放低时只能微开回油阀使其缓慢下降，不能突然下降，以免损坏内部皮碗。

2．葫芦

（1）手拉葫芦。手拉葫芦是一种使用简单、携带方便的手动起重机械，也称"环链葫芦"或"倒链"，如图3-2（a）所示。它适用于小型设备和货物的短距离吊运，起重量一般不超过10吨。手拉葫芦具有结构紧凑、手拉力小等特点。

（2）电动葫芦。电动葫芦是一种轻小型起重设备，具有体积小、自重轻、操作简单、使用方便等特点，如图3-2（b）所示。起重量一般为0.1～80吨，起升高度为3～30米，由电动机、传动机和卷筒或链轮组成。

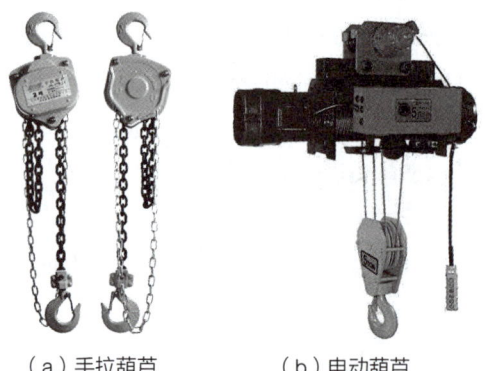

（a）手拉葫芦　　（b）电动葫芦

图3-2　葫芦

二、通用起重机

通用起重机是使物体做水平的直线运动或回转运动的机构，其通用性不仅包括搬运物体的多样性，还包括使用场所的广泛性。

1. 桥式起重机

桥式起重机又称"桥式行车"，俗称"桥塔"或"天车"，其桥架由主梁和端梁构成，沿架设在建筑物的行车轨道上，可分为单梁桥式起重机和双梁桥式起重机两种，如图3-3、图3-4所示。

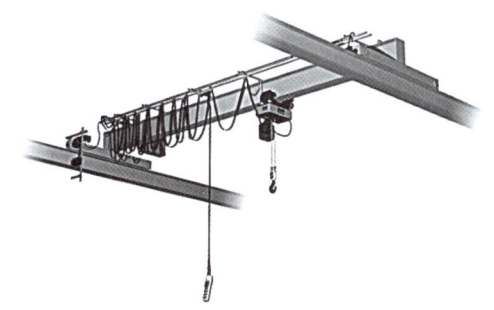

图3-3 单梁桥式起重机

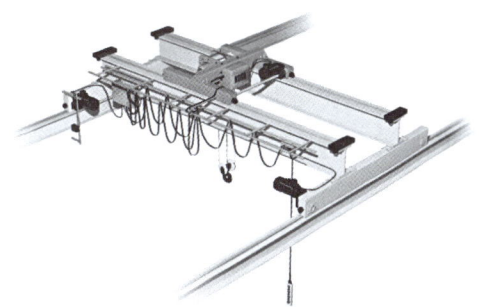

图3-4 双梁桥式起重机

（1）单梁桥式起重机。单梁式起重机分手动、电动两种，手动单梁式起重机各机构的工作速度较低、起重量也较小；但自身重量小、便于组织生产、成本低，适用于无电源或搬运量不大，对速度和生产率要求不高的场合。手动单梁式起重机采用手动单轨小车作为运行小车，用手拉葫芦作为起升机构，梁架由主梁和端梁组成。电动单梁式起重机的工作速度、生产效率较高，起重量较大。它是由梁架、大车运行机构、电动葫芦及电气设备等组成。

（2）双梁桥式起重机。双梁桥式起重机由直轨、起重机主梁、电动环链葫芦和小车、送配电系统和电器控制系统组成，它适合输送大悬挂跨度和大起重量的平面范围物料。

2. 龙门起重机

龙门起重机又称龙门吊或门式起重机，它的外形类似"门"，如图3-5所示。龙门起重机主要用于室外货场的料场货、散货的装卸作业。它的金属结构像门形框架，主梁下安装两条支脚，可以直接在地面的轨道上行走，主梁两端可以具有外伸悬臂梁。

龙门起重机按主梁结构形式可分为单主梁式起重机和双梁门式起重机。一般情况下，起重量在50吨以下，跨度在35米以内，无特殊使

图3-5 龙门起重机

用要求时，宜选用单主梁式起重机。如果要求门脚宽度大，工作速度较快，或经常吊运重物、长大件，宜选用双梁门式起重机。跨度是影响龙门起重机自身重量的重要因素，因此在选择龙门起重机时，在满足设备使用条件和符合跨度系列标准的前提下，应尽量减小跨度。

3. 臂架类起重机

臂架类起重机配有起升机构、旋转机构、变幅机构和运行机构。液压起重机还配有伸缩臂机构。依靠这些机构的配合动作，可在圆柱形场地及场地上空作业。臂架类起重机可装在车辆上或其他运输工具上，构成运行臂架式起重机。这种起重机具有良好的机动性，可适用于码头、货场、工厂等场所。臂架类起重机可分为固定式起重机、移动式起重机和浮式起重机等。

（1）固定式起重机。桅杆式起重机是一种固定式起重机，其臂架下端与桅杆下部铰接，臂架上端通过钢丝绳与桅杆相连。臂架能够绕铰接点实现俯仰运动，整个机构也可进行回转运动，如图3-6所示。

（2）移动式起重机。移动式起重机是在通用或专用移动底盘上，装上起重工作装置及设备的起重机械。它具有通过性好、机动灵活、行驶速度快、可迅速转移作业地点，到达目的地能够快速投入工作等优点，并且制造容易且较经济。它特别适用于作业场所不固定的场合。

图3-6　桅杆式起重机

移动式起重机按运行部分的结构不同，可分为汽车起重机、轮胎起重机和履带起重机，其中汽车起重机、轮胎起重机拥有量大，使用普遍。

①汽车起重机。汽车起重机是安装在标准的或专用的载货汽车底盘上的全旋转臂架起重机，其车轮采用弹性悬挂，形式性能接近于汽车。一般在车头设有司机室，此外绝大多数还在转台（或转盘）上设有司机室，如图3-7所示。汽车起重机行驶速度快，越野性能好，作业灵活，可迅速改变作业场地，特别适合流动性大，不固定的作业场所。由于汽车车身较长，转弯半径较大，且只能在起重机的两侧和后方进行作业，因而它的使用受到限制。

②轮胎起重机。轮胎起重机是将起重工作装置和设备安装在专门设计的自行轮胎底盘上，如图3-8所示。轮胎起重机和汽车起重机的主要不同点是底盘和司机室数量不同。轮胎起重机使用专用底盘，其轮距和轴距配合适当，从而稳定性好；轮胎起重机只有一个司机室，四个机构都由此司机室操纵。由于轮胎起重机起重量大，在一定起重范围内可以不用支腿作业，灵活方便，且能配套双绳抓斗进行散货作业，因而在装卸作业中的应用比汽车起重机广泛。

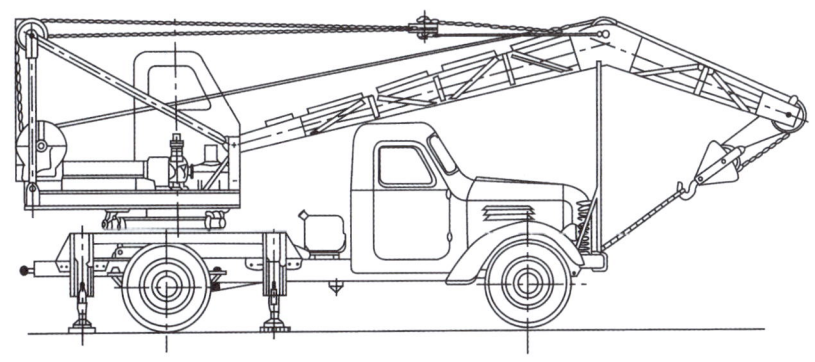

图3-7 汽车起重机

图3-8 轮胎起重机

③履带起重机。履带起重机是将起重工作装置和设备装设在履带式底盘上,靠行走支撑轮在自身封闭的履带上滚动运行的起重机,如图3-9所示。与轮胎起重机相比,履带起重机对地面的平均压力小,可在松软、泥泞的恶劣地面上进行作业。此外,它的爬坡能力强,牵引性能好。

选用移动起重机时,要认真分析它们的主要技术性能和经济性能,并根据技术经济论证结构,综合确定选型方案。一般来说,移动起重机的起重量随着臂架工作幅度的增大而减少,应根据作业需要,确定合理的起重量。另外,还要对工作速度、起升高度进行合理选择。不同的起重机,由于效率、可靠性、功能、能源消耗等的不同,其经济性也不同,一般使用时间较短时,采用汽车起重机和轮胎起重机比较经济。

(3)浮式起重机。浮式起重机是以专用浮船作为支撑和运行装置,浮在水上作业,可沿水道自航或拖航的水上臂架起重机,如图3-10所示。它广泛应用于海河港口,可单独完成船到岸或船到船的装卸作业。浮式起重机根据其工作装置的工作特性可分为全回转浮式起重机、非全回转浮式起重机和非回转浮式起重机三种类型。

图3-9 履带起重机

图3-10 浮式起重机

三、起重机的主要参数及选择

1. 起重机的主要技术参数

起重机的主要参数是表征起重机主要技术性能指标的参数,是起重机设计的依据,也是起重机安全技术要求的重要依据。起重机的主要技术参数有:起重量、工作幅度、起升高度和工作速度。

(1)起重量。起重量是指起重机能吊起重物的质量,其中应包括吊索和铁扁担或容器的质量,它是衡量起重机工作能力的一个重要参数,通常称为额定起重量,用Q表示,起重量单位用吨表示。

起重机的起重量随着工作幅度的变化而变化。因此,额定起重量有最大起重量和最大幅度起重量。最大起重量是指基本起重臂处于最小幅度时所允许起吊的最大起重量;最大幅度起重量是指基本起重臂处于最大幅度时所允许起吊的最大起重量。一般起重机的额定起重量是指基本起重臂处于最小幅度时允许起吊的最大起重量,也就是起重机铭牌上标定的起重量。

(2)工作幅度。工作幅度是指在额定起重量下,臂架类起重机旋转中心线到取物装置中心线的水平距离,通常称为回转半径或工作半径,用R表示,单位为米。幅度表示起重机不移位时的工作范围,它包括最大幅度(R_{max})和最小幅度(R_{min})参数。

对于俯仰变幅的起重臂,当处于接近水平的水平夹角为13°时,从起重机回转中心轴线到吊钩中心线的水平距离最大,为最大幅度;当重臂仰到最大角度(一般水平夹角为78°)时,旋转中心线到取物装置中心线距离最小,为最小幅度。对于小车变幅的起重臂,当小车行到臂架头部端点位置时,为最大幅度,当小车处于臂架根部端点位置时,为最小幅度。

(3)起升高度。起升高度是指自地面到吊钩钩口中心的距离,用H表示,单位米,它的参数标定值通常以额定起升高度表示。额定起升高度是指满载时吊钩上升到最高极限，自吊钩中心到地面的距离。当吊钩需要放到地面以下吊取重物时，地面以下深度叫下放深度，总起升高度为起升高度和下放深度之和。

（4）工作速度。起重机的工作速度包括起升、变幅、回转和行走等速度。

①起升速度。起升速度是指起重吊钩上升或下降的速度，单位为米/分。起重机的起升速度和起升机构的卷扬牵引速度有关，还和吊钩滑轮组的倍率有关。双绳比4绳快一倍，单绳比双绳快一倍。一般表示起升速度参数的时候，应注明绳数。

②变幅速度。变幅速度是指吊钩从最大幅度到最小幅度的平均线速度，单位为米/分。俯仰变幅起重臂的变幅速度也就是起重臂升起和降落的速度，一般落臂速度要快于升臂速度。

③回转速度。回转速度是指起重机在空载情况下，其回转台每分钟的转数，单位为转/分。

④行走速度。行走速度是指起重机在空载情况下，行走时最大的速度，单位为米/分。

2. 起重机的选型

在物料搬运中配备起重机时，主要根据以下参数进行起重机的类型及型号选择。

（1）所需起重物的重量、形态、外形尺寸等。

（2）工作场地条件。

（3）工作级别（工作频繁程度、负荷情况）的要求。

（4）每小时的生产效率要求。

根据上述要求，首先选择起重机的类型，再选择该类型中的某一型号。

第三节 输送设备

输送设备是以连续的方式沿着一定的线路从装货点到卸货点均匀输送货物的机械。与间歇动作的起重机械相比，其工作构件的装载和卸载都是在运动过程中完成的，无须停车，因此具有较高的生产率。在同样的生产率下，自重轻，外形尺寸小，成本低，驱动功率小；传动机械的零部件负荷较低且冲击小；结构紧凑，制造和维修容易；输送货物线路固定，动作单一，便于实现自动化控制；工作过程中负载均匀，所消耗的功率几乎不变。

物料输送是装卸搬运的主要组成部分，在物流各阶段的前后，都必须进行输送作业。输送和装卸是物料的不同运动阶段之间相互转换的桥梁。

一、输送设备的分类

1．按安装方式分

（1）固定式输送机。固定式输送机是指整个设备固定安装在一个地方，不能再移动。它主要用于固定输送场合，如专用码头、仓库、工厂专用生产线等，具有输送量大、效率高、单位电耗低等特点。

（2）移动式输送机。移动式输送机是指整个设备固定安装在车轮上，可以移动，具有机动性强、利用率高和调度灵活等特点，它主要适用于输送量不太高、输送距离不长的中小型仓库。

2．按机械结构特点分

（1）具有挠性牵引构件的输送机械。它的工作特点是物料和货物在牵引构件的作用下，利用牵引构件的连续运动使货物向一个方向输送。牵引构件是往复循环的一个封闭系统，通常是一部分输送货物，另一部分牵引构件返回，常见的有带式输送机、链式输送机、斗式输送机、悬挂式输送机等。

（2）无挠性牵引构件的输送机械。它的工作特点是利用工作构件的旋转运动或振动，使货物向一定方向输送。它的输送构件不具有往复循环形式。常见的有气力式输送机、螺旋式输送机、振动式输送机等。

3．按照输送货物力的形式分

按照输送货物力的形式，可将输送设备分为机械式、惯性式、气力式和液力式设备。机械式设备是指依靠机械完成货物的装卸搬运的设备，如叉车。惯性式设备是指利用货物的惯性完成装卸搬运的设备，如重力式倾斜机。气力式设备是指利用流动的空气裹挟货物完成货物装卸搬运的设备，如气力输送机。液力式设备是指利用流动的液体裹挟货物完成货物装卸搬运的设备，如煤精细化工企业完成粉煤浆搬运的管道。

连续输送机械的形式、构造和工作原理都是多种多样的。由于生产发展的要求，新的机型正在不断增加。

根据输送货物的种类，物流输送设备大致可分为单元物品输送设备和散碎物料输送设备。

二、单元物品输送设备

1．辊道式输送机

这是一种结构比较简单、使用最为广泛的输送机械。它由一系列以一定的间距排列的辊子组成，用于输送成件货物或托盘货物，如图3-11所示。与其他输送成件货物的输送机相比，它的结构简单，运转可靠，布置灵活，输送平稳，使用方便、经济、节能，而且最突出的特点是它能与生产过程和装卸搬运系统很好地衔接和配置，易于组成流水线作业，可并排组成大宽度的输送机，以运送大型成件物品。

2. 滚珠输送机

滚珠输送机采用滚珠来取代辊道的输送机,如图3-12所示。这种输送机结构简单,一般用于无动力驱动。滚珠输送机适用于成件包装货物或者底面物料的短距离搬运。

图3-11　辊道式输送机

图3-12　滚珠输送机

3. 链式输送机

链式输送机的类型很多,用于港口、仓库货物装卸的主要有链板式输送机、刮板式输送机和埋刮板式输送机,如图3-13(a)、(b)、(c)所示。

最简单的链式输送机由两根套筒辊子链条组成,如图3-13(d)所示。链条由驱动链轮牵引,链条下面有导轨,支承着链节上的套筒辊子。货物直接压在链条上,随着链条的运动而向前移动。

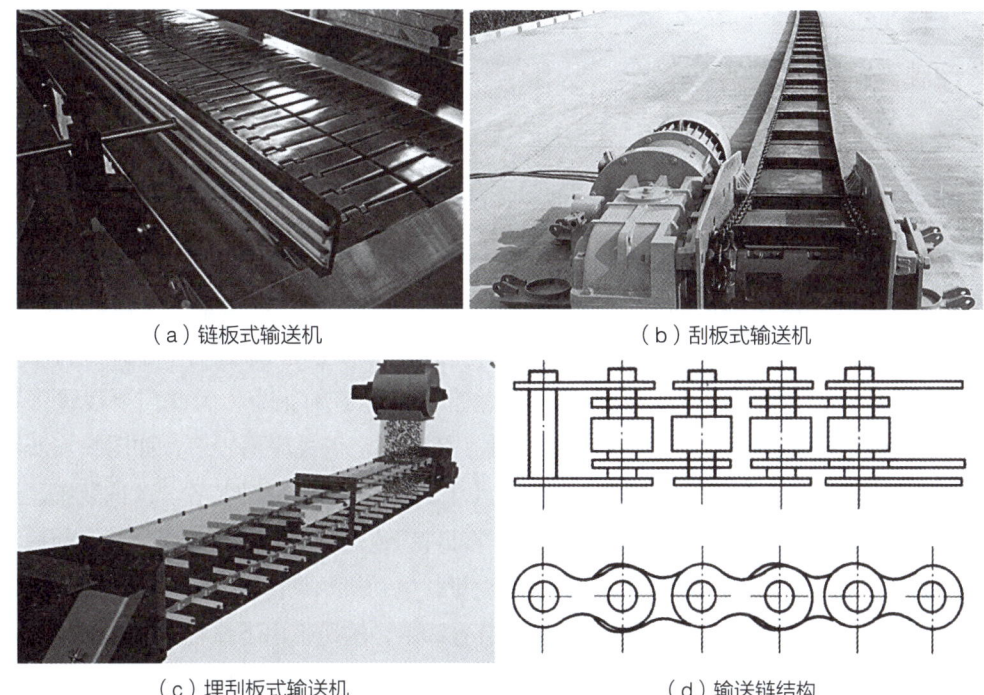

(a) 链板式输送机　　(b) 刮板式输送机

(c) 埋刮板式输送机　　(d) 输送链结构

图3-13　链式输送机

4. 悬挂输送机

悬挂输送机属于链条（也可为钢索）牵引式的连续输送机，如图3-14所示。悬挂输送机是规模较大的工厂综合机械化输送设备，它广泛地应用于大量或者成批生产的工厂，作为车间之间和车间内部的机械化、自动化连续输送设备。悬挂输送机在汽车、家电、服装、屠宰、邮政等方面得到了广泛应用。

5. 单轨电动小车

在特定的空中轨道上运行的电动小车，可组成一个承载的、全自动的物料搬运系统。单轨电动小车广泛应用于汽车、邮电行业，工厂企业的装配线、检测线等，如图3-15所示。

图3-14 悬挂输送机

图3-15 单轨电动小车

三、散碎物料输送设备

散碎物料输送设备主要有带式输送机、斗式提升机、螺旋式输送机和气力输送机等，一般在工厂生产线、港口码头等场所使用。

1. 带式输送机

带式输送机是用连续运动的无端输送带输运货物的机械。输送带既是承载货物的承载构件，又是传递牵引力的牵引构件，依靠输送带与滚筒之间的摩擦力平稳地进行驱动。为了保证在运输过程中带不打滑，必须使运输带保持足够的张力，为此需要设置张紧装置。带式输送机分为固定带式和移动带式两种，其中固定带式应用较广，如图3-16所示。

固定带式输送机由胶带、滚筒、支承装置（上、下托辊）、驱动装置、改向装置、进料装置、卸料装置、制动装置、清扫装置及机架等部件组成。作业时，输送带环绕在前后滚筒之间，下面装有上、下支承装置，以承受物料重量，电动机驱动滚筒，牵引输送带运动，物料由进料斗导入输送带，到达目的地时由卸料装置卸出，输送带由下托辊送回进料处。

一般带式输送机适合在水平输送物料和坡度不大于16°的斜坡段使用，当坡度大于16°的时候，可在输送带上设置一些挡块，阻止物料下滑。

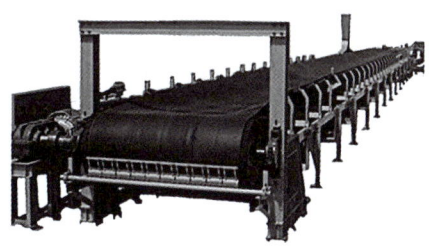
（a）固定带式输送机

（b）移动带式输送机

图3-16　带式输送机

2. 斗式提升机

斗式提升机（简称斗提机）是在垂直或接近垂直的方向上连续提升粉粒状物料的输送机械，如图3-17所示。它的牵引构件（胶带或链条）绕过上部和底部的滚筒或链轮，牵引构件上每隔一定距离装一料斗，由上部滚筒或链轮驱动，形成具有上升的有载分支和下降的无载分支的无端闭合环路。物料从有载分支的下部供入，由料斗把物料提升至上部卸料口卸出，如图3-17所示。

根据斗式提升机的运转速度和载运物料特性的不同，可采用不同的料斗形式。深斗［图3-18（a）］的斗口成65°，深度较大，适用于干燥、流动性好、易倾出的粒状和小块状物料的升送；浅斗［图3-18（b）］的斗口成45°，深度较浅，适合于潮湿、流动性较差的粒状物料。深斗与浅斗在牵引件上均呈疏散式排列，斗距2.3～3.0h（h为斗深）。导槽斗［图3-18（c）］是具有导向侧边的三角形料斗，这种料斗在提升机中采用密集排列，斗间不留间隔。当绕过上滚筒卸料时，前一个料斗的两导向侧边和前壁形成后一个料斗的卸载导槽，它适用于工作速度不高的斗式提升机和运送沉重的块状物料和怕碰碎的物料。此外，还有组合斗，如图3-18（d）所示。

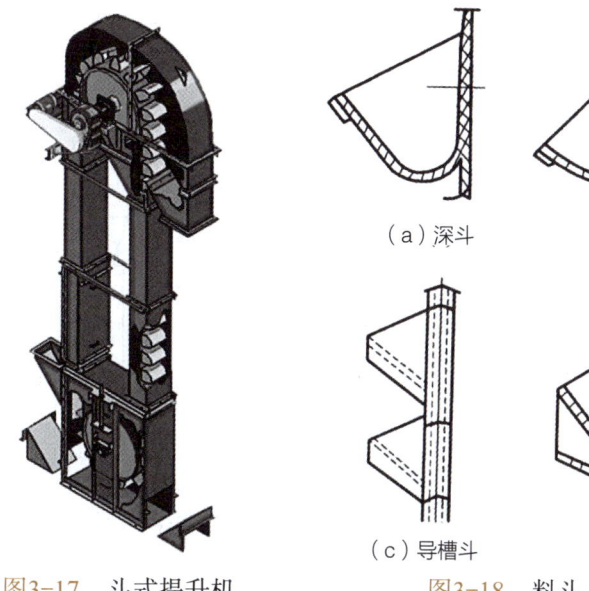

图3-17　斗式提升机　　图3-18　料斗

3. 螺旋式输送机

螺旋式输送机是一种没有挠性牵引构件的输送机。它是依靠带有螺旋叶片的转轴装在封闭的料槽内旋转，利用螺旋面的推力，使散料沿着轴向输送的一种连续输送机械。普通螺旋输送机由一个头节、一个尾节和若干个中间节组成，每节长2~3米，以便于制造和运输，如图3-19所示。中间是由固定的料槽与在其中旋转的、具有螺旋叶片和轴组成的旋转体所构成。轴由两端轴承和中间的悬挂轴承所支承，螺旋体通过传动轴由电动机驱动。当物料由进料口进入机槽后，以滑动方式作轴向运动，直至卸料口卸出。

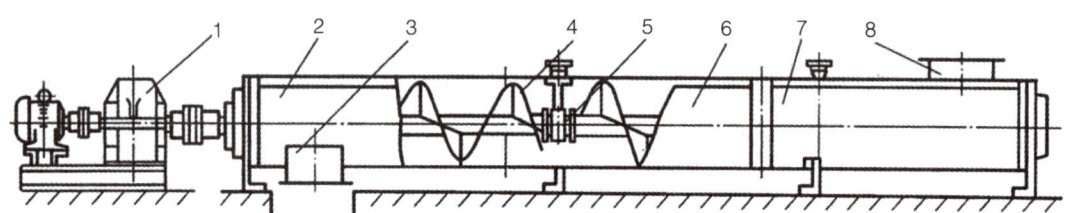

1—驱动装置；2—头节；3—卸料口；4—螺旋轴；5—吊轴承；6—中间节；7—尾节；8—进料口。

图3-19 螺旋式输送机

4. 气力输送机

物料在垂直管道中主要受到重力和空气动力的作用（因空气浮力很小，可忽略）。当气流速度很小时，作用在物料上的空气动力不足以克服重力的作用，物料颗粒将向下沉降；当气流速度逐渐增大，这时物料颗粒就可脱离管壁而在管内处于悬浮状态。在垂直管中，使物料处于悬浮状态的气流最小速度称为悬浮速度。只有当气流速度大于悬浮速度时，物料才能被悬浮输送。因此，悬浮速度是悬浮气力输送的重要参数，它可通过计算求得或由实验测定。

根据气力输送机管路内的空气压力大小，可以将气力输送机分为三种：吸送式气力输送机、压送式气力输送机和混合式气力输送机。

（1）吸送式气力输送机。吸送式气力输送机的主要特点是管路内的空气压力低于大气压，进而形成一定的真空度。如图3-20所示，物料在吸嘴处与空气混合，由于管路内的真空度而被吸入输送管路并沿管路输送，到达卸料点后，经分离器将空气与物料分离，空气经除尘、消声处理后排入大气。

吸送式气力输送机的最大优点是进料方便，可以由一根或几根吸料管组成，从

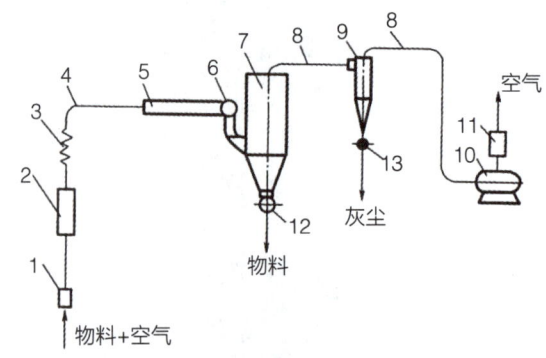

1—吸嘴；2—垂直伸缩管；3—软管；4—弯管；
5—水平伸缩管；6—铰接弯管；7—分离器；
8—风管；9—除尘器；10—鼓风机；
11—消声器；12—卸料器；13—卸灰器。

图3-20 吸送式气力输送机

一个或几个供料点进料,而且粉尘较少,其缺点是输送距离受限制,因为距离一长,阻力上升,对真空度的要求就高,但真空度达到一定值后,空气变得稀薄,输送力下降。保证一定的真空度,对吸送式气力输送机相当重要,除鼓风机外,管路应该严格密封,以免漏气。

(2)压送式气力输送机。与吸送式气力输送机不同,压送式输送机管路内的气压高于大气压,如图3-21所示,空气经鼓风机压缩后进入输送管路,物料由料斗进入,混合后沿管路输送,至卸料点经分离器分离,物料由下方排出,空气经除尘、消声排入大气。

压送式气力输送机的最大优点是长距离输送,其缺点是供料器结构复杂,因为供料器要将物料送入高压管路中,必须防止管路内的高压空气冲出。压送式气力输送机在散装水泥装卸作业中的应用较多。

(3)混合式气力输送机。吸送式或压送式的气力输送机都有一定的局限,而结合两者的优点(吸送式气力输送机进料方便,压送式气力输送机长距离输送)后,混合式气力输送机应运而生,如图3-22所示。混合式气力输送机具有吸送式和压送式的优点,但结构复杂,进入压送部分的鼓风机的空气大部分是从吸送部分分离出来,所以含尘量较高。

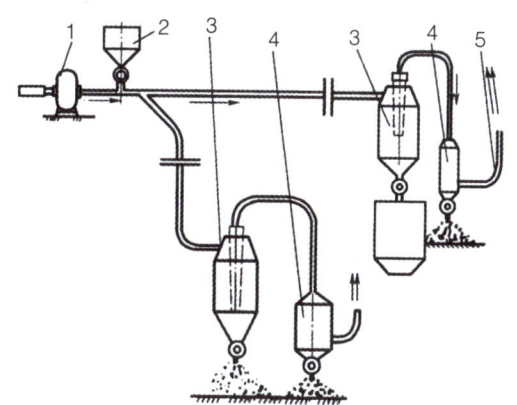

1—鼓风机;2—供料器;3—卸料器;
4—滤尘器;5—排出管。

图3-21 压送式气力输送机

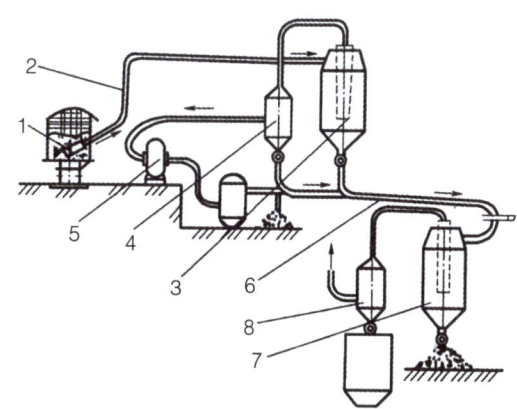

1—吸嘴;2—吸料管;3—分离器;4—滤尘器;
5—鼓风机;6—输料管;7—卸料器;8—滤尘器。

图3-22 混合式气力输送机

第四节 搬运设备

搬运设备是进行搬运作业的物质基础,它的技术水平是搬运作业现代化的重要标志之一。物料搬运设备是物流中心和生产物流系统的重要装备。常用的物流搬运设备有手推车、托盘搬运车和叉车等。

一、手推车

手推车是一种以人力为主,在地面上水平运送物料的搬运车。手推车因为轻巧灵活、回转半径小,易于操作,适合轻型物料的短距离搬运,所以广泛应用于车间、超市、食堂、办公室、仓库等场所。手推车每次运量为5~500千克,搬运速度30米/分以下,水平搬运距离30米以下。

市场上手推车的样式各种各样,类型很多。常见的手推车类型包括杠杆式手推车、手推台车和手动液压升降台车等,如图3-23所示。

在选购和使用手推车时,第一要考虑所选手推车的最大载量,使用过程中不能超载运行,以免出事故;第二要考虑所要搬运货物的品种和类型,品种多时选通用型手推车,品种单一时尽量选专用手推车;第三要考虑搬运量和距离,距离较远时装货要轻,货物较轻时手推车上装货体积不要太大;第四要考虑路面状况,路况较好时可选用小轮子手推车,路况较差时选用稍大轮子的手推车为宜。

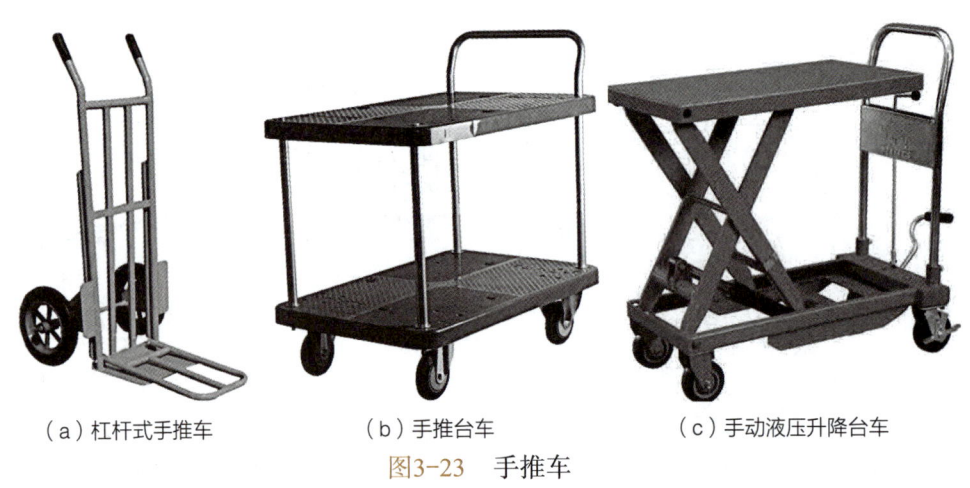

（a）杠杆式手推车　　（b）手推台车　　（c）手动液压升降台车

图3-23　手推车

二、托盘搬运车

托盘搬运车是一种轻小型的搬运设备,它有两个货叉似的插腿,可直接插入托盘底部。货叉可以通过手泵油缸抬起,使托盘或货箱离开地面,然后用手拉或电动驱动使之行走。这种托盘搬运车广泛应用于仓库、商店、码头或车间内各工序间不需堆垛的搬运作业。常见的托盘搬运车类型有手动液压托盘搬运车、电动托盘搬运车和固定平台搬运车等。

1. 手动液压托盘搬运车

手动液压托盘搬运车,如图3-24所示,是由人力驱动液压系统来实现托盘货物的起升和下降,并由人力拉动完成搬运作业,它是托盘运输中最简便、最有效、最常见的装卸搬运工具。

2. 电动托盘搬运车

电动托盘搬运车（图3-25）由外伸在车体前方的、带脚轮的支腿来保持车体的稳定，货叉位于支腿的正上方，并可以作微起升，使托盘货物离地作业。根据司机运行操作的不同可分为步行式、站驾式和座驾式。

图3-24　手动液压托盘搬运车　　图3-25　电动托盘搬运车

3. 固定平台搬运车

固定平台搬运车是具有较大承载物料平台的搬运车（图3-26）。相对承载卡车而言，固定平台搬运车具有承载平台离地低，装卸方便；结构简单、价格低；轴距、轮距较小，作业灵活等优点，一般用于企业内车间与车间，车间与仓库之间的运输。

图3-26　固定平台搬运车

三、叉车

叉车（fork lift truck）是指具有各种叉具及属具，能够对物品进行升降和移动以及装卸作业的搬运车辆（GB/T 18354—2021）。叉车是一种能把水平运输和垂直升降有效结合起来的装卸机械，有装卸、起重及运输等方面的综合功能。叉车具有工作效率高、操作使用方便、机动灵活等优点，其标准化和通用性也很高，被广泛应用于车站、机场、码头、货栈、仓库、车间和建筑工地,对成件、成箱或散装货物进行装卸、堆垛以及短途搬运、牵引和吊装工作。在配备与使用各种工作属具如货叉、铲斗、臂架、串杆、货夹、抓取器、倾翻叉等以后,可以适应各种品种、形状和大小货物的装卸作业,扩大对特定物料的装卸范围,并提高其装卸效率。

(一)叉车类型

叉车按照动力装置的不同,可分为内燃机式叉车和电瓶式叉车;按照结构和用途的不同,可分为平衡重式叉车、插腿式叉车、前移式叉车、侧面式叉车以及其他类型叉车等;按照用途不同,可分为通用叉车和专用叉车,如堆垛式叉车、集装箱叉车、箱内作业叉车等。以下是按照结构和用途的不同所做的分类介绍。

1. 平衡重式叉车

平衡重式叉车(图3-27)用内燃机或电瓶作为动力,其特点在于车体自身较重,依靠自身重量与货叉上的重量相平衡,防止叉车装货后向前倾翻。取货或卸货时,门架可以前移,便于货叉插入。平衡式叉车由于适应性强而成为叉车中应用较广泛的一种,占叉车总数的80%以上。

(a)内燃机式叉车　　　　(b)电瓶式叉车

图3-27　平衡重式叉车

2. 插腿式叉车

插腿式叉车的结构紧凑(图3-28),其特点是叉车前方带有小轮子的支腿能与货叉一起伸入货垛叉货,然后由货叉提升货物。由于货叉在两个支腿之间,叉车的稳定性好。插腿式叉车比平衡重式叉车结构简单,自重和外形尺寸小,适合在狭窄的通道和室内堆垛、搬运,但速度低,行走轮直径小,对地面平整度要求较高。

3. 前移式叉车

前移式叉车的货叉可沿叉车前后移动。它有两条前伸的支腿,与插腿式叉车比较,前轮较大,支腿较

图3-28　插腿式叉车

高，作业时支腿不能插入货物的底部。前移式叉车与插腿式叉车一样，都是货物的重心落到车辆的支撑平面内，因此，稳定性很好。前移式叉车一般由蓄电池作动力，起重量在3吨以下。

前移式叉车分门架前移式叉车[图3-29（a）]和叉架前移式叉车[图3-29（b）]两种。前者的货叉和门架一起移动，叉车驶近货垛时，门架可能前伸的距离要受外界空间对门架高度的限制，因此，只能对货垛的前排货物进行作业。叉架前移式叉车的门架则不动，货叉借助于伸缩机构单独前伸。如果地面上具有一定的空间允许插腿插入，叉车能够超越前排货架，对后一排货物进行作业。

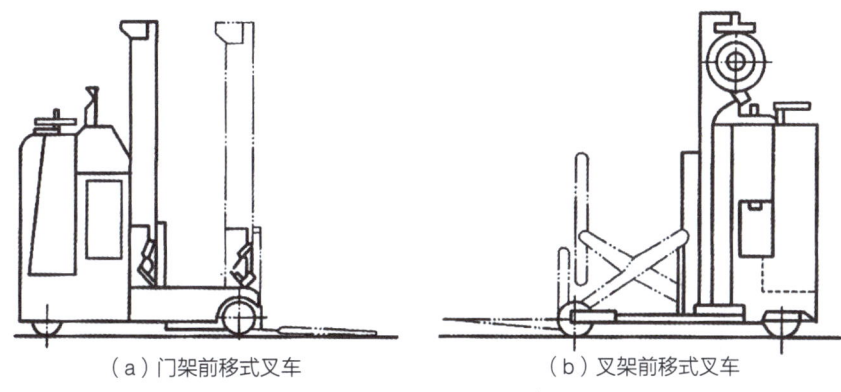

（a）门架前移式叉车　　　　（b）叉架前移式叉车

图3-29　前移式叉车

4．侧面式叉车

侧面式叉车的门架和货叉在车体的侧面，侧面还有一货物平台，如图3-30所示。当货叉叉取货物时，货叉沿门架上升到大于货物平台的高度后，门架沿着导轨缩回，降下货叉，货物便放在叉车的货物平台上。侧面式叉车主要用于搬运长大件货物。

5．其他类型叉车

为了适应各种用途的需要，叉车还有很多其他形式。图3-31是跨车，跨车起重量大，运行速度较高，装卸快，甚至可做到不停车装载，但跨车本身重量集中在上部，重

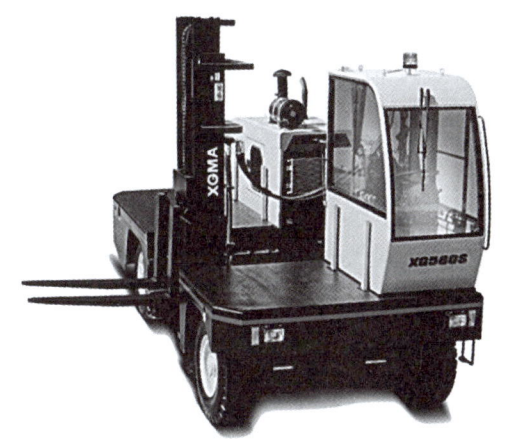

图3-30　侧面式叉车

心高，空车行走时稳定性较差，要求有良好的地面条件。在港口，跨车可用来搬运和堆码钢材、木材和集装箱等。

图3-32是三节门架叉车，它适用于高层货物的装卸堆垛作业，起升高度可达7～8米。

图3-31 跨车

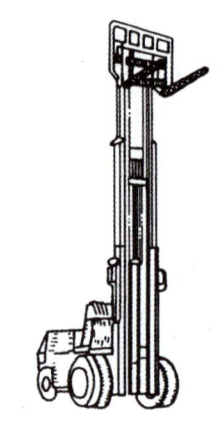

图3-32 三节门架叉车

（二）叉车的主要技术参数

叉车的技术参数主要说明叉车的结构特征和工作性能，主要有额定起重量、载荷中心距、最大起升高度、自由起升高度、门架倾角、最大起升速度、满载最高行驶速度、满载最大爬坡度、最小转弯半径、直角堆垛的最小通道宽度、直角交叉的最小通道宽度、最小离地间隙等。

（1）额定起重量。额定起重量是指门架处于垂直位置时，货物重心位于载荷中心距范围以内时，允许叉车举起的最大货物质量。

（2）载荷中心距。载荷中心距是指设计规定的额定起重量的标准货物重心到货叉垂直段前臂的水平距离。

（3）最大起升高度。最大起升高度是指当门架处于垂直位置，货叉满载起升到最高位置，货叉水平段的上表面距离地面的垂直距离。

（4）自由起升高度。自由起升高度是指不改变叉车的总高时，货叉可能起升的最大高度。

（5）门架倾角。门架倾角是指叉车在平坦、坚实的路面上，门架相对于垂直位置向前或向后的最大倾角。门架前倾是为了便于叉取和卸放货物；后倾的作用是当叉车带货行驶时，防止货物从货叉上滑落，增加叉车行驶时的纵向稳定性。一般前倾角取3°～5°，后倾角取10°～12°。

（6）最大起升速度。最大起升速度是指门架处于垂直位置，货叉满载上升的最大速度。

（7）满载最高行驶速度。满载最高行驶速度指叉车在平直、干硬的路面上满载行驶时所能达到的最高车速。

（8）满载最大爬坡度。满载最大爬坡度是指叉车在正常路面情况下，以低速挡满载匀速行驶时所能爬越的最大坡度，以度表示。

（9）最小转弯半径。最小转弯半径是指在平坦的硬路面上，叉车空载低速前进并以最大转向角旋转时车体最外侧所划出轨迹的半径。

（10）直角堆垛的最小通道宽度。直角堆垛的最小通道宽度是指叉车在路边垂直道路方向堆垛时所需的最小通道宽度。

（11）直角交叉的最小通道宽度。直角交叉的最小通道宽度是指叉车能在直角交叉处顺利转弯时所需的最小通道宽度。

（12）最小离地间隙。最小离地间隙是指除车轮以外，车体上固定的最低点至车轮接地表面的距离。它表示叉车无碰撞地越过地面凸起障碍物的能力。

（三）叉车的型号

根据《起重运输机械产品型号编制方法》，叉车的型号按类、组、型原则编制。叉车的型号标注由七项内容组成：厂牌、叉车代号、结构形式、动力类型（用燃料代号表示）、传动形式、主参数和改进代号。

例如：CPQ10B——表示平衡重式叉车，以汽油机为动力，机械传动，额定起升质量1吨，同类同级叉车第二次改进。

CPCD160A——表示平衡重式叉车，以柴油机为动力，动液传动，额定起升质量为16吨，同类同级叉车第一次改进。

第五节　自动导引车

自动导引车（automated guided vehicle，AGV）是指在车体上装备有电磁学或光学等导引装置、计算机装置和安全保护装置，能够沿设定的路径自动行驶，具有物品移载功能的搬运车辆（GB/T 18354—2021）。如图3-33所示，它具有导向行驶、认址停准和移交载荷的基本功能。

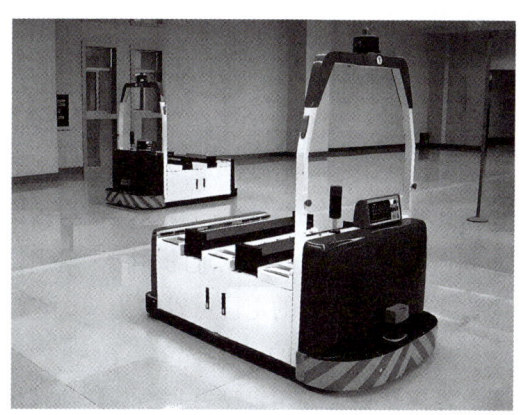

图3-33　自动导引车

一、自动导引车的系统构成

自动导引车是无人驾驶的、能自动导向运行的搬运车辆，大多采用蓄电池供电或直流电动机驱动。自动导引车的承载量一般为50～5000千克，最大承载量可达到100吨。根据用途的不同，自动导引车有多种形式，如自动导向搬运车、自动导向牵引车、自动导向叉车等，其中自动导向搬运车是使用最多的一类，约占85%。

自动导引车的系统以自动导向的无人驾驶搬运小车为主体,由导向系统、寄送系统和数据传输系统等组成。

1. 导向系统

如表3-1所示,根据AGV导向信息的来源,导向方式可分为外导式和内导式。

(1) 外导式。外导式是指在车辆运行路径上设置导向信息媒体(如带有变频感应电磁场的导线、磁带或色带等),由车上的传感器检测导向信息的特性(如频率、磁场强度、光强度等),再将此信息进行处理,控制车辆沿导向路线行驶。

(2) 内导式。内导式是指在车辆上预先设定运行路径坐标,在车辆运行中实时检测车辆当前位置坐标并与预先设定值相比较,控制车辆的运行方向,即采用所谓的坐标定位原理。

另外,根据AGV导向线路的形式,导向方式又可分为有线式和无线式。外导式中的超声导向、激光导向和光学导向可以称为标志反射法,内导式方法可以称为参考位置设定法。

表3-1　AGV的导向方法

分类	按信息的来源		按线路的形式	
方式	外导式	内导式	有线式	无线式
方法	电磁导向 超声导向 激光导向 光学导向	坐标识别 惯性导向 自主导航	电磁线路 磁带线路 色带线路 网格线路	超声导向 激光导向 坐标识别 惯性导向

2. 寄送系统

寄送系统包括认址、定位两部分。

在自动导引车系统中,在车辆停靠地址处设置传感标志,如磁铁、色标等。自动导引车就以相对认址或绝对认址的方式来接受标志信号,使车辆完成认址停靠。

车辆在地址处的定位可以分为一次定位和二次定位。车辆提前减速,在目的地地址处制动停车,是车辆的一次定位。车辆的一次认址定位的停车精度可达±5毫米。二次定位是高精度定位,采用机械方式,其定位精度可达±1毫米。

3. 数据传输系统

在自动导引车系统中,在地面设施之间一般采用有线传输方式,而在流动车辆和地面固定设施之间,有时必须采用无线传输方式。数据感应传输的原理是:沿车辆运行的路线(或在通信段点处)安装数据传输导线(或线圈),以55~95千赫兹频率载波方式传输需要的数据,再由车辆上的调制解调器将数据感应器接收到的信号转换成可以识别的位置信号,完成车辆与地面设施之间的对话。

二、自动导引车的主要参数

1. 额定承载量、牵引质量

额定承载量是指自动导向搬运车、自动导引车叉车在正常使用时可搬运货物的最大质量。牵引质量是指自动导引车在平坦道路上行驶时牵引的最大质量。牵引质量中不包括被牵引的拖挂车质量。

2. 车体尺寸

车体尺寸是指自动导引车的长、宽、高的外形尺寸。该外形尺寸应该适应搬运物品的尺寸、通道宽度以及移载动作要求。

3. 运行速度

运行速度是指车辆正常行驶时的速度。它是确定车辆作业周期或搬运效率的重要参数。

4. 认址精度

认址精度是指一次定位的认址精度，即车辆到达目的地处并准备自动移载时的驻车精度，它是确定移载方式的重要参数。

5. 最小弯道半径

转弯半径是指满足车辆在运行过程中转变时弯道的最小曲率半径，它是确定车辆弯道运行所需空间的重要参数。

6. 蓄电池容量

蓄电池容量是指装载作业器件内进行正常作业时，车辆能够从蓄电池获得的能源供应量。

视野拓展

德马i-G5如何在狭小空间内高效完成大流量输送分拣

如何提升电商仓库大流量订单快速处理的能力？如何在订单量激增时，从容应对大促高峰期的物流挑战？针对这些难题，德马的i-G5模块化智能箱式输送平台对辊筒输送机、皮带输送机、顶升移载机、摆轮分拣机等模块灵活组合，可稳定、准确完成多种规格物料在水平和垂直方向上的输送分拣，解决多环节松散耦合的问题，可在有限的占地面积内实现大流量、高频次货品的出入库周转，以及退货订单的迅速处理，大幅提升系统的效率。

1. 德马i-G5模块化智能箱式输送平台

高速顶升移载机作为独立的运动单元，主要负责将物品从叉道合并汇入或移出输送主线，在货品输送过程中起着至关重要的作用。当输送线体长度无法增加时，顶升移载机可在紧凑的场地或有限的空间内完成90°角换向，快速改变货品的流通方向，在节省空间的同时，实现高效共线分流，提升输送分拣效率。

在德马i-G5模块化智能箱式输送平台下，主要以嵌入式顶升移载机和电辊筒顶升移载机的应用较多，可接受的输送物尺寸范围广，可适配各种箱式输送线体，适用性强，可根据业务场景和现场情况进行拓展布局，扩大库内空间利用率的同时，给系统部署带来更多可能。

2. 德马i-G5顶升移载机的功能

当输送物通过感应光电，可编程逻辑控制器（programmable logic controller，PLC）延时控制顶升移载机停转，输送物暂停，输送单元上下顶升交替运动，使物品换向垂直输送，在底部联动升降的作用下，可连续高效作业，防止碰撞、挤压等现象产生，实现双/三平行线间移载、T型线直角双向移载和斜轮分路等功能。

（1）平行线间移载。当平行输送机之间要求紧密排布时，一般输送机之间最小保留60毫米间隙，留出一个维护或安装过渡电动辊筒的空间。

（2）T型线间移载。仅用于主线向支线移载。支线为动力线或无动力下滑辊道，为对应支线输送机的宽度，也可将移载机作为输送线改向使用。

3. 德马i-G5的移载效率和稳定性

（1）移载效率。移载机的移载效率与其运行速度成正比，与物品节距（物品长度与物品间隙之和）成反比。物品长度确定，欲提高设备的移载效率，可通过提高设备运行速度、减小物品间隙和提高上下顶升的动作响应速度来实现。

（2）稳定性。德马i-G5移载机采用四支点平衡顶升，即使物品摆放不正，导致设备侧边或一角受力，依然能顺利升降，无阻滞或卡死情况发生。凸轮顶升的轮廓轨迹为正弦加速度曲线，按这一规律运动时，全程没有速度和加速度的突变，因此不产生冲击，设备运行高速平稳，适用于底面平整的规则箱式输送物的变向。

资料改编来源：德马科技官网。

本章小结

本章主要介绍了装卸搬运的基础知识，几种典型的起重设备、输送设备、搬运设备以及自动导引车，分为五节。第一节主要介绍了物流装卸搬运的概念、特点、分类。第二节主要介绍了几种起重设备及起重机的主要参数及选择。第三节主要介绍了常见的几种输送设备。第四节主要介绍了手推车、托盘搬运车和叉车等几种常见的物流搬运设备等内容。第五节主要介绍了自动导引车的系统构成和主要参数。

思考与练习

一、单项选择题

1. 起重机械工作机构是实现升降及运移货物的机构，它有起升、运行、（　　）和回转四大机构。

  A．前移　　　　B．变幅　　　　C．后退　　　　D．旋转

2. 关于起重设备的参数，下列说法错误的是（　　）。

  A．回转速度的单位是转/分

  B．当取物装置深入到地面以下工作，其起升总高度应为起升高度+下放深度

  C．额定起重量是指起重机能吊起的物料连同可分吊具或属具质量的总和

  D．额定起重量随着幅度的加大而加大

3. （　　）气力输送机主要特点是通过鼓风机从整个管路系统中抽气，使管路内的空气压力低于大气压，形成一定的真空度。

  A．吸送式　　　B．压送式　　　C．混合式　　　D．单元式

4. 目前，市场上应用最广泛的叉车类型是（　　）。

  A．平衡重式叉车　B．插腿式叉车　C．前移式叉车　D．侧面叉车

5. 只能在垂直方向输送的设备是（　　）。

  A．带式输送机　B．气力输送机　C．斗式提升机　D．螺旋输送机

二、多项选择题

1. 以下哪几种AGV导引形式为外导式（　　）。

  A．电磁导向　　B．坐标识别　　C．惯性导向　　D．激光导向

2. 以下哪几种叉车对路面条件要求较高，更适合用于室内作业（　　）？

  A．平衡重式叉车　　　　　　B．插腿式叉车

  C．前移式叉车　　　　　　　D．侧面叉车

3. 叉车在地面上的通过性主要与以下哪几个技术参数相关（　　）？

  A．起升高度　　B．外形尺寸　　C．离地间隙　　D．驱动轮牵引力

4. 下列属于臂架类起重机的是（　　）。

  A．汽车起重机　B．履带式起重机　C．龙门起重机　D．千斤顶

5. 下列关于装卸搬运活动，说法正确的是（　　）。

  A．装卸搬运是衔接性的活动

  B．大件货物适合用连续装卸的方式进行作业

  C．装卸搬运作业具有不均衡性

  D．贵重物品在进行装卸搬运时需要进行单件作业

三、判断题

1．电瓶式叉车与内燃机式叉车相比，无污染，无噪声，爬坡能力更强，比较适用于室内。（　　）

2．斗式提升机的顺向进料形式适用于块度较大且比重大的物料。（　　）

3．混合式气力输送机是指物料从进口至分离器是吸送，从分离器到卸料口是压送。（　　）

4．在物流过程中，装卸活动是不断出现和反复进行的，它出现的频率高于其他各项物流活动，每次装卸活动都要花费很长时间，所以往往成为决定物流速度的关键。（　　）

5．刮板式输送机在输送黏性较大的物料时，适合用结构较复杂的刮板类型。（　　）

四、简答题

1．什么是装卸搬运？其特点有哪些？

2．装卸搬运设备是如何分类的？

3．起重设备的特点是什么？有哪些主要类别？

4．使用带式输送机时应注意哪些问题？

5．叉车的特点及类型是什么？

6．自动导引车系统由哪些部分构成？

五、综合能力训练

线上、线下调研起重机械十大品牌都是哪些企业，从中选取一家企业深入调研其主要产品和创新技术，并形成调研报告。

第四章 集装器具

学习目标

● 知识目标

掌握集装化的意义、原则及集装器具的主要类型,理解集装化系统的概念及基本要素,重点掌握集装箱、托盘等集装器具的构造、种类及特点。

● 能力目标

初步具备根据货物特性选用合适集装器具的能力,掌握各类集装器具的运用场合与选用要求。

● 素质目标

通过本章知识的学习,提升物流包装方面的专业技能,培养安全意识、环保意识以及创新意识,以适应物流行业的快速发展和变化。

教学引入

习近平总书记在党的二十大报告中指出:"加快发展物联网,建设高效顺畅的流通体系,降低物流成本。"这是党中央着眼于提升经济运行的连接能力、流通效率,畅通国内国际经济循环的一项战略性举措,对于推动构建新发展格局具有重要现实意义。

高效顺畅的流通体系能够在更大范围内把生产和消费联系起来,扩大交易范围,推动分工深化,提高生产效率,促进财富创造。高效顺畅的流通体系离不开物流设施设备的发展,物流设施和设备的先进性和高效性对于提高产业生产效率和降低成本具有重要意义。

作为运输和装卸货物的重要载体,集装器具对物流效率产生了深远影响,提高了货物运输的速度和安全性,使得物流网络更加高效、快速和可靠。

> **思考**
> 1. 什么是集装器具?
> 2. 集装器具是如何影响物流效率的?

第一节 概述

在货物的储运过程中,为便于装卸和搬运,用集装器具或采用捆扎方法将物品组成标准规格的单元货物,称为货物的集装化。用于集装货物的工具称为集装器具,它必须具备两个条件:一是能使货物集装成为一个整体、统一的重量或体积单元;二是具有便于机械装卸搬运的结构。

一、集装化的意义

集装化就是以集装单元为基础而组织的装卸、搬运、储存和运输等物流活动一体化运作的方式。集装化是物流现代化的基础建设内容,其实质是要形成集装化系统,即由货物单元、集装器具、物料搬运设备和输送设备等组成的高效、快速的物流运作系统。集装化有效地将各项分散的物流活动连接成一个整体,是物流系统合理化的核心内容和主要方式,在现在物流运输中起着重要的作用,体现在以下方面。

(1)规格化的集装单元具有一定的体积和重量,有利于实施机械化、自动化作业,可以有效地提高作业效率,并且可以降低劳动强度、改善劳动条件。

(2)通过集装器具的标准化、规格化,进而推动运输设备、搬运设备和仓储设备的标准化,使物流系统各环节设备规格协调和谐,大大提高全系统的作业效率。

(3)集装化使物流各功能环节便于衔接,能减少重复堆码和重复搬运等无效劳动,简化物品的数量检验和清点交接、减少差错,提高供应链物流的运行速度。

(4)储存过程中,增加货物堆积高度、便于货架存储,从而减少物品堆码存放的占地面积,充分利用作业空间。

(5)通过集装单元的使用,可以简化货物包装,节省包装费用。同时能够有效地保护货物,防止货物的破损和丢失。集装器具可以循环使用,从而减少包装器材的损耗。

(6)集装化可以提高作业机械效率、降低能耗,能够有效地利用地面与空间资源,为绿色物流理念的实现提供保障。

二、集装化的原则

集装化的推行一般遵循以下原则。

1. 标准化原则

集装单元标准化是物流系统中各相关设备标准规格制定的依据,集装器具标准化是物流合理化的重要问题之一。集装器具的材质、性能的标准化有利于集装器具的大量生产、维修、管理,并保证其通用性。

2．系统化原则

集装化作业涉及网络系统各环节，所以必须有系统观念，合理解决物流系统各环节间"二律背反"问题，从全局考虑获得系统整体的效益与成本方面的最佳效益。

3．一贯化与直达化原则

集装单元一旦形成，不宜随便分拆，应该尽可能保持原状并送达最终用户。

4．综合效益最大化原则

推广应用集装化作业，将给物流系统带来巨大的综合效益。需要注意的是，在实施的过程中必须注意尽可能实现集装器具的循环使用，组织集装箱和托盘等集装器具的回流与回收，这样才能充分发挥集装化的最大优势。

三、集装器具的类型

集装器具有若干种类型，常用的主要有以下几种。

（1）集装箱。它是由大型容器发展而来，从配置半挂车逐渐演变成配置大型的台车。集装箱是当前集装器具发展的最高阶段。

（2）托盘类。它以平托盘为主体，从平托盘发展到柱式托盘、箱式托盘、轮式托盘和专用托盘等。它是集装化的两大支柱之一。

（3）捆扎型。它是用绳索、钢丝或打包铁皮把小件的货物扎成一捆或一叠，这是一种简单的集装化。

（4）容器类。它包括柔性集装袋、集装网和罐式集装箱等。

四、集装化技术

要实现集装化必须具备一定的技术，即集装化技术。它是指实施集装化作业系统所涉及的各种技术，其中有硬技术和软技术。

硬技术包括集装器具的制作、检测和维修技术，以及物流设备如运输工具、装卸机械以及货架等的生产、检测、维修有关技术。

软技术包括实施集装化有关的作业方法、作业流程、管理程序和系统的规划与设计等。

集装化作业的实施使物流系统的相关技术发生很大变化。例如，集装箱联运系统的应用推动了各种大型集装箱起重机械、专用的集装箱货轮和公、铁路运输工具的制造与使用，同时也出现了用于装箱的小型叉车，所以完善集装化技术是提高物流合理化水平和改善物流系统综合机能的有效途径。

第二节 集装化系统

一、集装化系统的概念

集装化系统是以集装方式进行全物流过程各项活动，并对此进行综合、全面管理的物流形式，是许多物流作业活动的总称。

集装化系统既是一种包装形式，又远远超出包装的范畴；既是一种运输或储存形式，又不完全只起运输或储存的作用。集装化贯穿了物流的全过程，在全过程中发挥作用。它有效地将分散的物流各项活动联结成一个整体，是物流系统化中的核心内容和主要方式。

在集装化系统中，首要的问题是将货物形成集装状态，即形成一定大小和重量的组合体，这是集零为整的方式。将零散货物集中成一个单元，称单元组合，又称集装。这样形成的货载叫单元组合货载，又称集装货载。

二、集装化系统的基本要素

集装化系统的基本要素包括器具要素、管理要素和社会环境支撑要素。器具在诸要素间是最主要、最基本的组成部分。

1. 器具要素

集装化系统的器具主要是各种集装器具及配套工具，如集装箱、托盘、集装袋、散装罐等。这些器具的主要作用是将零散货物组合成单元货物，并以这些器具为撑托物，以单元货物为整体进行物流。

这些器具以不同形式集装，适用于不同性质的货物，同时各集装器具有不同的类型和尺寸，所以基本上可以覆盖全部物质资源。与这些集装器具配套的还有一些辅助工具，主要有以下几类。

（1）集装站、场站、码头。它们是衔接集装运输的节点，在这些场所的活动主要是集装的存放及装卸。

（2）集装装卸设施。它主要包括集装箱吊车、托盘叉车、集装箱半挂车、散装管道装卸设施、散装输送传送设备等。

（3）集装运输设备。它主要包括集装箱船、集装箱车、散装罐车等。

（4）集装存储设施。它主要包括集装箱堆场、托盘货架、集装货载、立体仓库等设施。

2. 管理要素

集装化系统的管理和一般工厂的管理、商业管理区别很大，由于集装的范畴很广，从地域上讲，集装运输能遍布全国甚至全球。因此，集装管理有很强的特殊性，管理的内容主要包括以下几点。

（1）托盘、集装箱的周转管理。托盘、集装箱等集装器具一旦发运，如何回收、复用、返空等是管理中的一个重大问题。因此，管理上采用集装箱网络、托盘联运等方式，可以有效地解决管理问题。

（2）集装联运经营管理。集装的整个物流过程涉及若干种运输方式、若干部门和场站，因此，必须进行一种有效的协作才能使集装箱联运顺利实现。

（3）集装信息。集装信息是管理中的重要部分，也是集装系统的独立要素。

3．社会环境支撑要素

集装系统的社会环境支撑要素主要包括相关体制、法律、制度等。

第三节　集装箱

一、集装箱概述

集装箱是指具有一定规格和强度，可以进行周转用的大型货箱，是一种综合性运输工具。根据货物特性和运输需要，集装箱可以用钢、铝、塑料等各种材料制成。根据国家标准化组织的要求，凡具备下列条件的货物运输容器，都称为集装箱。

（1）能长期反复使用，具有足够的强度。

（2）各种运输方式、联运或中途中转时，箱内货物无须倒装。

（3）具有便于快速装卸和搬运的装置，可以以一种运输方式比较方便地直接换装到另一种运输方式。

（4）便于货物装满与卸空，能充分利用箱内容积。

（5）箱内几何容积在1立方米以上。

1．集装箱运输的特点

（1）简化包装，大量节约包装费用。集装箱具有坚固、密封的特点，其本身就是一种极好的包装。使用集装箱可以简化包装，有的甚至无须包装，实现件杂货无包装运输，可大大节约包装费用。

（2）减少货损货差，提高货运质量。货物装箱并铅封后，途中无须拆箱倒载，即使经过长途运输或多次换装，也不易损坏箱内货物。集装箱运输可减少受潮、污损等引起的货损和货差。

（3）减少营运费用，降低运输成本。由于集装箱的装卸基本上不受恶劣气候的影响，船舶非生产性停泊时间缩短，又由于装卸效率高，装卸时间缩短，运输成本大大降低。

（4）投资大。集装箱运输虽然是一种高效率的运输方式，但是它同时又是一种资本高度密集的行业。首先，集装箱的投资相当大，开展集装箱运输所需的高额投资，使得造船公司的总成本中固定成本占有相当大的比例，高达三分之二以上。其次，集装箱运输中的港口的投资也相当大。专用集装箱泊位的码头设施包括码头岸线和前沿、货场、货运站、维修车间、控制塔、门房，以及集装箱装卸机械等，耗资巨大。

2. 集装箱的结构

集装箱的结构不同于大型包装箱，它的主要特点是有8个角件，依靠这些十分简单、但结构尺寸和定位尺寸都很精确的角件，可以完成集装箱的装卸、拴固、堆码、支承等工作。集装箱的结构如图4-1（a）、图4-1（b）所示。

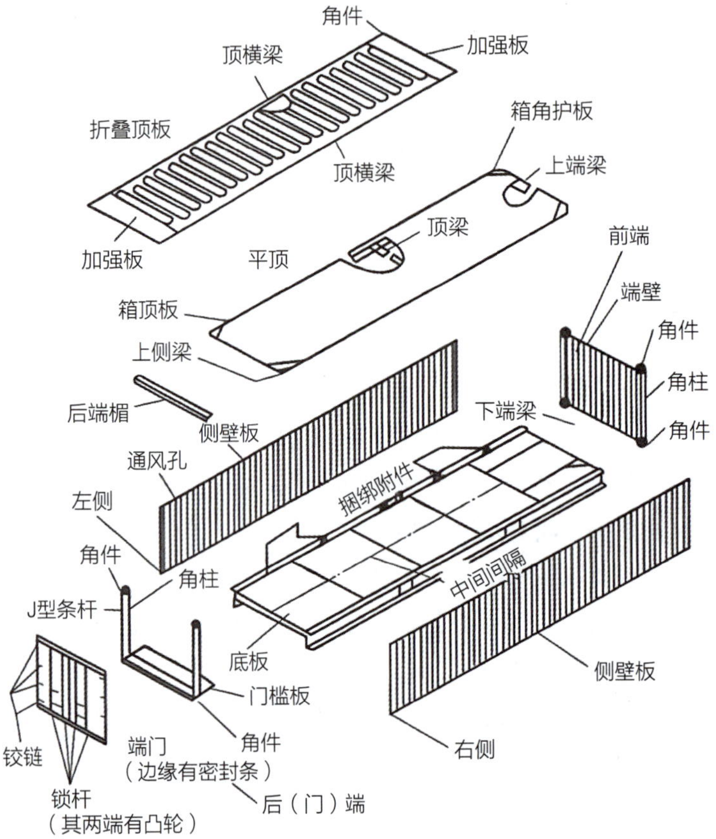

（a）集装箱结构

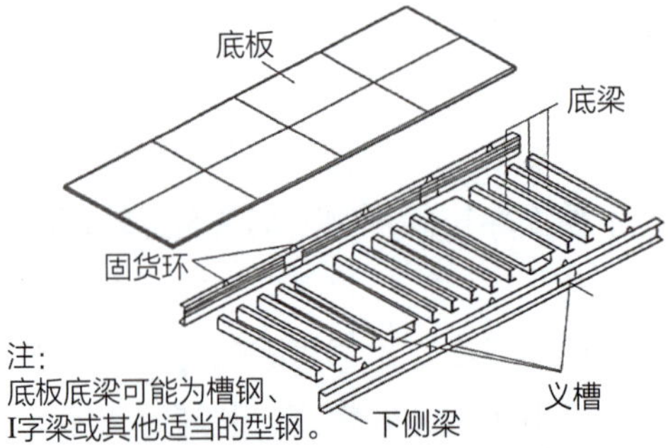

（b）集装箱底框架和底板的结构

图4-1 集装箱的结构

3. 集装箱的规格

为了便于集装箱在国际上流通，必须加强集装箱标准化。国际集装箱分为国际标准集装箱和非国际标准集装箱。现行国际标准为第Ⅰ系列共13种，国际标准集装箱规格第Ⅰ系列如表4-1所示。目前，在海上运输中常用的集装箱规格为ⅠAA型和ⅠCC型。

表4-1　国际标准集装箱规格

箱型	长/毫米	宽/毫米	高/毫米	总质量/千克
ⅠAA	12192	2438	2591	30480
ⅠA	12192	2438	2438	30480
ⅠAX	12192	2438	<2438	30480
ⅠBB	9125	2438	2591	25400
ⅠB	9125	2438	2438	25400
ⅠBX	9125	2438	<2438	25400
ⅠCC	6058	2438	2591	24000
ⅠC	6058	2438	2438	24000
ⅠCX	6058	2438	<2438	24000
ⅠD	2991	2438	2438	10160
ⅠDX	2991	2438	<2438	10160
ⅠAAA	12192	2438	2896	30480
ⅠBBB	9125	2438	2896	25400

二、集装箱分类

随着集装箱运输的发展，为适应装载不同种类货物的需要，出现了不同种类的集装箱。这些集装箱不仅外观不同，而且结构、强度、尺寸等也不相同。集装箱一般按以下几种方式进行分类。

1. 按结构的不同分

（1）柱式集装箱（图4-2）。柱式集装箱分内柱式和外柱式两种。内柱式集装箱的侧柱（或端柱）位于侧壁或端柱之内，优点是外表平滑，外板与内衬板之间留有空隙，防热效果好。

外柱式集装箱的侧柱（或端柱）位于侧壁或端柱之外，故受外力时外板不易损伤，主要为铝合金集装箱。

（2）折叠式集装箱。折叠式集装箱是指集装箱的所有主要部件（侧壁、端壁、箱顶等）能简单地折叠或分解，再次使用时可以方便地再组合使用。但由于各主要部件是用铰链连接的，其强度会受到影响，折叠式集装箱如图4-3所示。

图4-2　柱式集装箱

图4-3　折叠式集装箱

（3）薄壳式集装箱。薄壳式集装箱是把所有构件结合成一个刚体，优点是重量轻，受扭力作用时不会引起永久变形，所以集装箱的结构一般或多或少都采用薄壳理论进行设计。

2. 按箱内适装货物分

（1）通用干货类集装箱。这种集装箱也称为杂货集装箱，用来运输无须控制温度的件杂货，其使用范围极广。这种集装箱通常为封闭式，在一端或侧面设有箱门。这种集装箱通常用来装运文化用品、化工用品、电子机械、工艺品、医药、日用品、纺织品及仪器零件等，是平时最常用的集装箱。不受温度变化影响的各类固体散货、颗粒状或粉末状的货物都可以由这种集装箱装运。

（2）保温类集装箱。它们是为了满足运输需要，进行冷藏或保温的货物。保温类集装箱的所有箱壁都采用导热率低的隔热材料制成，可分为以下三种。

①冷藏集装箱。它是以运输冷冻食品为主，能保持所定温度的保温集装箱。它是专为运输如鱼、肉、新鲜水果、蔬菜等食品而特殊设计的。目前国际上采用的冷藏集装箱基本上分两种：一种是集装箱内带有冷冻机的，叫机械式冷藏集装箱；另一种是箱内没有冷冻机而只有隔热结构，即在集装箱端壁上设有进气孔和出气孔，箱子装在舱中，由船舶的冷冻装置供应冷气，这种叫作离合式冷藏集装箱（又称外置式或夹箍式冷藏集装箱）。

②隔热集装箱。它是为载运水果、蔬菜等货物，防止温度上升过快，以保持货物鲜度而具有充分隔热结构的集装箱。通常用冰作为制冷剂，保温时间为72小时左右。

③通风集装箱。它是为装运水果、蔬菜等不需要冷冻且具有呼吸作用的货物，在端壁和侧壁上设有通风孔的集装箱，如将通风口关闭，同样可以作为杂货集装箱使用。

（3）框架类集装箱。框架类集装箱没有箱顶和两侧，箱端壁也可以卸掉，只靠箱底和四角柱来承受载荷，故又称为平台或平板集装箱，货物从集装箱侧面进行装卸。这类集装箱以超重货物为主要运载对象，还用于装载牲畜，以及诸如钢材之类可以免除外包装的裸装货。

3．按制造材料分

（1）铝合金集装箱。它是由铝合金板材和型材构成的，其特点是重量轻、箱体尺寸不大，但造价高。它在航空集装箱领域中应用较多。

（2）钢质集装箱。它是用钢材制成的集装箱，优点是强度大、价格低，但重量大、防腐性能差。钢质集装箱是目前采用较多的一种类型。

（3）玻璃钢集装箱。它是用玻璃纤维和合成树脂混合在一起制成较薄的加强材料，用黏合剂粘在胶合板的表面上形成玻璃钢板材而制成的集装箱。它具有隔热性好、易清扫等特点。

（4）不锈钢集装箱。它与钢质集装箱相比，重量轻、防腐蚀性能好。

4．按运输方式分

集装箱按运输方式可分为联运集装箱、海运集装箱、铁道集装箱、空运集装箱等。

三、集装箱的标志

国际标准化组织（ISO）规定的标记有必备标记和自选标记两类，每一类标记中又分为识别标记和作业标记。具体来说，集装箱上有箱主代号，箱号或顺序号、核对号，集装箱尺寸及类型代号。

1．必备标记

（1）识别标记。它包括箱主代号、顺序号和核对数字。

①箱主代号。国际标准化组织规定，箱主代号由四个大写的拉丁文字母表示，前三位由箱主自己规定，第四个字母一律用表示国际标准中海运集装箱代号的U表示。

②顺序号。顺序号又称箱号，由6位阿拉伯字母组成。如数字不足6位时，则在有效数字前用"0"补足6位。

③核对数字。核对数字是用来核对箱主代号和顺序号记录是否准确的依据。

（2）作业标记。它包括额定重量和自重量标记、空陆水联运集装箱标记和登箱顶触电警告标记。

①额定重量和自重量标记。额定重量即集装箱总重，自重即集装箱空箱质量（或空箱重量），国际标准化组织规定应以千克（kg）表示。

②空陆水联运集装箱标记。此种集装箱的强度仅能堆码两层，因而国际标准化组织为该集装箱规定了特殊的标志，该标记为黑色，位于侧壁和端壁的左上角，并规定标记的最小尺寸为：高127毫米，长355毫米，字母标记的字体高度至少为76毫米。

③登箱顶触电警告标记。该标记为黄底黑框三角形，一般设在罐式集装箱和位于登顶

箱顶的扶梯处，以警告有触电危险。

2. 自选标记

（1）识别标记。它包括国家和地区代号、尺寸和类型代号。

①国家和地区代号。例如，中国用CN，美国用US。

②尺寸和类型代号（箱型代码）。箱形代码用四位阿拉伯数字表示，前两位数字表示集装箱尺寸，后两位数字表示集装箱箱型。00~09为通用箱，30~49为冷藏箱，50~59为开顶式集装箱。

（2）作业标记。它包括超高标记和国际铁路联盟标记。

①超高标记。该标记在黄色底上标出黑色数字和边框，贴在集装箱每侧的左下角，距箱底约0.6米，同时是在集装箱主要标记的下方。凡高度超过2.6米的集装箱都应贴上此标记。

②国际铁路联盟标记。凡符合《国际铁路联盟条例》规定的集装箱，可以获得此标记。该标记是在欧洲铁路上运输集装箱的必要通行标志。

3. 通行标记

集装箱在运输过程中能顺利地通过或进入其他国境，箱上必须贴有符合规定要求的各种通行标志。否则，必须办理烦琐证明手续，这样就延长了集装箱的周转时间。

集装箱上主要的通行标记有：安全合格牌照、集装箱批准牌照、防虫处理牌、检验合格徽及国际铁路联盟标记等。

第四节 托盘

一、托盘概述

为了使物品能有效地装卸、运输、保管，将其按一定数量组合放置于一定形状的台面上，这种台面有供叉车从下部叉入并将台板托起的叉入口。以这种结构为基本结构的台板和各种在这种基本结构基础上所形成的各种形式的集装器具都可称为托盘。

托盘最早产生于美国、日本等发达国家。初期它是作为叉车的附属装卸工具来使用的，后来渗透到物流系统的各个环节，成为一种不可缺少的装卸、搬运、运输、储存和销售工具。托盘的发展可以说是与叉车同步。叉车与托盘的共同使用，形成的有效装卸系统大大地促进了装卸活动的发展，使装卸机械化水平大幅度提高。长期以来，在运输过程中的装卸问题得以解决。所以，托盘的出现有效地促进了物流全过程水平的提高。

托盘的出现促进了集装箱和其他集装方式的形成和发展。现在，托盘已经是和集装箱一样重要的集装器具了，二者成为集装系统的两大支柱。托盘以简单、方便的特点在集装领域中颇受人们青睐。

采用托盘集装方式来保管物料的自动仓库，是自动仓库最广泛的使用形式，通常所说的"自动仓库"，指的就是托盘单元式自动仓库。

为了消除转载时码盘、拆盘的工序，出现了托盘联运，即托盘港内、站内、企业内部使用发展为随车运输，成为一种运输工具；或者从托盘装卸—托盘搬运—托盘存储—托盘运输—托盘售货，连贯发展为托盘物流。

托盘的主要缺点是：保护性比集装箱差，露天存放困难，需要仓库等配套设施。

二、托盘的材料

托盘大多为木制、塑料制、钢制、纸制以及复合材料制五种。

木制托盘制造方便，便于维修，质量轻，使用广泛，如图4-4所示。

塑料制托盘是一个整体、平整美观、无钉无刺、无毒无味、不腐烂、不助燃、无静电火花、易冲洗消毒、质轻，且有着各种颜色分类区分、可回收等特点，使用寿命是木托盘的5~7倍。塑料制托盘是现代化运输、包装、仓储的重要工具，是国际上规定的用于食品、水产品、医药、化学品等各行业储存的必备器材，但其承载能力不如钢、木制托盘，如图4-5所示。

图4-4 木制托盘

图4-5 塑料制托盘

钢制托盘强度高，不易损坏和变形，不需要熏蒸、高温消毒或者防腐处理，可以回收再利用，若制成翼形平托盘，不仅可用叉车装卸，也可利用两翼套吊吊具进行吊装作业，如图4-6所示。

纸制托盘具有质轻，可回收利用等优点，用于质轻且干燥的货物的集装，如图4-7所示。

图4-6 钢制托盘

图4-7 纸制托盘

复合材料制托盘具有抗高压、承重性能好、成本低的优点,避免了木制托盘的木结、虫蛀、色差、湿度高等缺点,适用于各类货物的运输,是木制托盘的最好替代品。

三、托盘的分类

托盘是两层铺板之间夹以纵梁,或单层铺板加装支腿组成的一种平面结构,如果在其上面加装立柱、挡板便构成货箱。托盘的最小高度以能够使用叉车和搬运车进行作业为宜。一般按结构可分为平托盘、柱式托盘、箱式托盘、轮式托盘和特种专用托盘等。

(1)平托盘。由于平托盘使用范围最广,利用数量最大,通用性最好,所以平常所说的托盘大多数是指平托盘。

(2)柱式托盘。柱式托盘的基本结构是托盘的4个角上有钢制立柱,柱子上端可用横梁连接,形成框架型,如图4-8所示。柱式托盘按柱子固定与否可分为固定式和可卸式两种。柱式托盘的主要作用:一是利用立柱支撑承重,往高叠放不用担心压坏托盘上的货物;二是可防止托盘上放置的货物在运输和装卸过程中发生塌垛现象。

(3)箱式托盘。箱式托盘是四面有侧板的托盘,有的箱体上有顶板,有的没有顶板,如图4-9所示。箱板有固定式、折叠式、可卸下式三种。四周栏板有板式、栅式和网式,因此,四周栏板为栅栏式的箱式托盘也称为笼式托盘或仓库笼。箱式托盘防护能力强,可防止塌垛和货损,可装载异型不能稳定堆码的货物,应用范围很广。

(4)轮式托盘。下面装有四个小轮的托盘称为轮式托盘,如图4-10所示。它在行包、邮件的装卸作业中得到广泛的应用。

图4-8 柱式托盘　　　　　图4-9 箱式托盘　　　　　图4-10 轮式托盘

(5)特种专用托盘。如平板玻璃集装托盘、轮胎专用托盘、长尺寸物托盘、油桶专用托盘等。平板玻璃集装托盘也称平板玻璃集装架,有L型单面装放平板玻璃单面进叉式,有A型双面装放平板玻璃双向进叉式,还有吊叉结合式和框架式等,玻璃顺着车辆的前进方向,以保持托盘和玻璃的稳固;轮胎专用托盘,可多层码放,不挤不压,解决了轮胎怕挤、怕压的问题,大大提高了装卸和储存效率;长尺寸物托盘,是一种专门用来码放长尺寸物品的托盘，有的呈多层结构，物品堆码后，就形成了长尺寸货架；油桶专用托盘，是专门存放、装运标准油桶的异型平托盘，双面均有波形沟槽或侧板，以稳定油桶，防止滚落，优点是可多层堆码，提高仓储和运输能力。

由于托盘适用范围的扩大和数量的快速增长，托盘的种类和形式也在不断变化，以适应不同的要求。除了上述分类外，托盘按使用次数可分为一次性使用托盘、反复使用托盘、管内托盘、可交换托盘和共用托盘等。

四、托盘的尺寸

托盘的规格尺寸与货架、运输车辆以及集装箱的尺寸等有制约关系，其主要技术参数有五个，即长度、宽度、总高度、叉孔高度和插口高度。

在确定物流系统各种设备的基本参数时，所选用的托盘规格是首先要考虑的因素。其他设备的规格也要与托盘的规格匹配才能协调，从而提高物流系统的整体效率。所以，托盘标准化在物流标准化中起到了纽带作用，具有重要地位。

国际标准化组织根据世界各国具体情况，于2003年制定了新的ISO托盘国际标准，共有6种托盘规格被承认为国际标准，如表4-2所示。

表4-2　托盘规格

规格尺寸	普遍使用地区	备注
1200毫米×1000毫米	欧洲	长方形
1200毫米×800毫米	欧洲	长方形
1140毫米×1140毫米	澳大利亚	正方形
1067毫米×1067毫米	澳大利亚	正方形
1100毫米×1100毫米	日本、韩国	正方形
1219毫米×1016毫米	北美	长方形

我国联运托盘的规格尺寸与国际标准化组织规定的通用尺寸基本一致，主要有三种规格：1200毫米×1000毫米、1200毫米×800毫米、1000毫米×800毫米。由于托盘统一规格涉及各国的经济利益、社会习惯和传统，很难在短时间内统一。

五、托盘的选择原则

（1）应尽量采用标准托盘。在托盘作业普及的基础上逐步实现企业间的托盘交换，最终实现托盘流通社会化。

（2）应尽量选用通用托盘，选用的通用托盘种类和尺寸尽量少，便于维修和管理。

（3）要考虑货物的性质、尺寸、强度，托盘的搬运方式、适用范围，搬运设备、运输工具和卸载工具的规格、性能及物流作业场地的条件。

（4）对于生产企业，其物流在储运过程中，托盘应能够适应工艺和物流作业的要求，因此托盘既是生产过程中的装卡器具又是储运工具。

（5）托盘应尽量结构简单、刚性好、重量轻及便于维修。

（6）同托盘配套使用的包装和容器的尺寸与托盘尺寸应有模数关系，提高托盘的满载率。

（7）考虑托盘构件（脚、立柱或侧栏板、框架等）标准化及托盘尺寸模数化，支撑结构实现组装化，以减少类型，提高托盘的使用范围。

（8）应尽量使用塑料合成材料或再生材料，最大限度地保护环境，实现绿色物流。

第五节　其他集装器具

除了集装箱和托盘这两种主体集装器具外，还有若干种对某些物、在某些领域能发挥特殊作用的集装器具。

一、集装袋

集装袋又称柔性集装箱，是集装器具的一种，配以起重机或叉车，就可以实现集装单元化运输。它的主要特点是柔软、可折叠、密封隔绝性强、自重轻。集装袋一般是由橡胶、塑料或帆布制成，如图4-11所示。

集装袋的种类比较多，可按以下方式分类。

（1）按集装袋形状可分为圆筒形和方形两种，一般以圆筒形居多。

（2）按适装物品形状可分为粉粒体集装袋和液体集装袋两种，两种集装袋在材质和构造上均有区别。

（3）按吊带设置方式可分为有顶部吊带、底部托带和无吊带三种。顶部吊带集装袋和底部托带集装袋在装卸时可叉可吊，而无吊带集装袋只能依靠叉车装卸。

（4）按装卸方式可分为上部装料下部卸料两个口、上部装料并卸料一个口两种。

图4-11　集装袋

集装袋使用领域广泛,目前主要用于水泥、粮食、石灰、化肥、树脂等易变质、易受污染并容易污染别的物品的粉粒状物的装运。在液体物品方面,适用于装运液体肥料、表面活性剂、动植物油、酱油、醋等。

二、集装网络

集装网络是用高强度纤维材料制成的集装器具。集装网络比集装袋更轻,因而运输中的无效运输更少,可节省集装费用。集装网络主要运输块状货物,每网络通常一次装运500~1500千克,在装卸中采用吊装方式。集装网络的缺点是对货物防护能力差,因而对应用范围有较大的限制。

三、罐体集装设备

罐体集装设备和罐式集装箱类似,但不属于集装箱系列,而单独构成专用系列,其集装能力有时超过罐式集装箱,其形式主要有集装罐和集装桶两种,如图4-12所示。这种集装方式的典型代表是水泥散装和油类集装。

（a）集装罐

（b）集装桶

图4-12　罐体集装设备

四、货捆绳索

货捆是依靠捆扎将货物组合成大单元的集装方式,许多条形、柱形材料强度比较高,如钢材、木材、各种建材等不宜于全部集装,可采用两端捆扎或四周捆扎等方式组合在一起。货捆绳索与集装网袋有共同的优点,即它们结构简单、自重轻、可以折叠、回空所占空间小、价格低廉。

五、滑板

滑板是被称为薄板托盘的滑片,是托盘的一种变形体,其结构只是一片无支撑的薄板,也可以用叉车插入板底,对滑板连同滑板上货物一起进行装卸作业。滑板由于减少了一个盘面和纵梁、垫块,所以无效操作减少。

六、半挂车

半挂车是一种集装与运输工具一体的集装器具,主要用于集装方式联运,如图4-13所示。

这种集装方式是以半挂车与车载的货物或车载集装箱为一个单元组合体进行物流活动,在途中连同半挂车一起进行装卸、换载。因此,半挂车可以使整个物流过程浑然一体,充分利用了联合运输的优势。

图4-13 半挂车

视野拓展

中国远洋海运集团的智能化集装箱管理系统

中国远洋海运集团是中国领先的综合性航运和物流服务提供商,拥有完善的全球航运网络和物流服务体系。集团业务涵盖集装箱运输、港口经营、物流服务等多个领域,致力于为全球客户提供高效、安全、可靠的物流解决方案和服务。

中国远洋海运集团致力于在集装箱管理领域引入先进的信息技术和数字化解决方案,以提升集装箱运输和物流管理的效率和可靠性。集团实施了一系列智能化的集装箱管理系统,旨在优化其全球航运网络的运营和服务。该集装箱管理系统的主要特点包括以下几点。

(1)实时追踪与监控。通过物联网技术和全球定位系统(GPS),实现对集装箱运输过程中的实时追踪与监控,确保货物的安全和可靠运输。

（2）数据分析与优化。利用大数据分析和人工智能技术，对集装箱运输数据进行深度挖掘和分析，优化运输路线和计划，提高运输效率和准确性。

（3）数字化协作平台。构建了一个数字化协作平台，促进了公司内部和外部各环节之间的信息共享和协作，提高整体物流管理的协同效率和服务质量。

通过实施智能化的集装箱管理系统，中国远洋海运集团不断提升了其全球航运和物流服务的竞争力和市场地位。集团将继续致力于创新技术和服务，为客户提供更优质的全球物流解决方案。

资料改编来源：中国远洋海运集团股份有限公司官网。

本章小结

本章主要介绍了集装器具的相关知识，集装化系统的基本要素以及集装箱、托盘等集装器具的特点及应用，分为五节。第一节首先介绍了集装化的意义和原则，然后介绍了集装器具的类型、集装化技术。第二节主要介绍集装化系统的概念，集装化系统的基本要素。第三节、第四节和第五节主要介绍了集装箱、托盘等集装器具的类型与应用。

思考与练习

一、单项选择题

1. 集装化就是以（　　）为基础而组织的装卸、搬运、储存和运输等物流活动一体化运作的方式。

    A．集装箱　　　　B．集装单元　　　　C．托盘　　　　D．集装系统

2. （　　）是当前集装器具发展的最高阶段。

    A．集装箱　　　　B．托盘　　　　C．集装袋　　　　D．集装系统

3. （　　）是指集装箱的所有主要部件（侧壁、端壁、箱顶等）能简单地折叠或分解，再次使用时可以方便地再组合使用。

    A．柱式集装箱　　　　　　　　B．折叠式集装箱

    C．薄壳式集装箱　　　　　　　D．钢制集装箱

4. （　　）具有质轻，可回收利用等优点，用于质轻且干燥的货物的集装。

    A．木制托盘　　　　　　　　　B．钢制托盘

    C．塑料制托盘　　　　　　　　D．纸制托盘

5. （　　）使用领域广泛，目前主要用于水泥、粮食、石灰、化肥、树脂等易变质、易受污染并容易污染别的物品的粉粒状物的装运。

    A．集装箱　　　　B．托盘　　　　C．集装网络　　　　D．集装袋

二、多项选择题

1. 集装化的推行需要遵循的原则有（　　）。

    A．标准化原则　　　　　　　　B．系统化原则

    C．一贯化与直达化原则　　　　D．综合效益最大化原则

2. 集装化系统的基本要素包括（　　）。

    A．器具要素　　　B．管理要素　　　C．社会环境支撑要素　　　D．人才要素

3. 集装箱运输的特点有（　　）。

    A．简化包装，大量节约包装费用　　　B．减少货损货差，提高货运质量

    C．减少营运费用，降低运输成本　　　D．投资大

4. 选择托盘时，需要考虑的因素有（　　）。

    A．货物的性质、尺寸、强度

    B．托盘的搬运方式、适用范围

    C．搬运设备、运输工具和卸载工具的规格

    D．性能及物流作业场地的条件

5. 集装袋的主要特点是（　　）。
   A. 柔软　　　　　B. 可折叠　　　　C. 密封隔绝性强　　　　D. 自重轻

三、判断题
1. 储存过程中，集装化可以增加货物堆积高度、便于货架存储。　　　　　（　　）
2. 通过集装单元的使用，可以简化货物包装，但不会节省包装费用。　　　（　　）
3. 集装化系统既是一种包装形式，又远远超出包装的范畴。　　　　　　　（　　）
4. 集装箱的材料可以自由选择，不需要考虑货物特性和运输需要。　　　　（　　）
5. 集装箱能长期反复使用。　　　　　　　　　　　　　　　　　　　　　（　　）

四、简答题
1. 集装化的基本概念、基本类型和主要特点分别是什么？
2. 简述集装系统的概念及基本要素构成。
3. 集装箱应具备哪些功能？
4. 简述托盘的种类、标准和特点。

五、综合能力训练
1. 生活中你见过哪些集装器具？它们在物流活动中分别适用于哪些货物？
2. 实地调研某企业，根据其货物特点为其选择合适的集装器具。

第五章 仓储设施与设备

📖 学习目标

● **知识目标**

了解货架的分类，堆垛机的分类及作用，装卸堆垛机器人的分类和特点，自动化立体仓库的管理控制技术及工作原理；掌握仓库的功能，几种常用的货架类型及其应用，自动化立体仓库的概念、优点和适用条件；熟悉仓库的分类及主要性能指标，自动化立体仓库的基本构成，自动分拣系统的概念及组成，各种分拣设备类型及应用，仓储辅助设备的类型及其作用。

● **能力目标**

具备分析仓储作业中遇到的问题并提出解决方案的能力；具有创新思维和批判性思维，使其能够在复杂多变的仓储环境中做出合理的决策。

● **素质目标**

通过本章知识的学习，提升仓储管理职业素养，培养安全意识；通过渗透绿色仓储作业的理念和方法，注重仓储设备运作对环境的影响，培养环保意识。

📖 教学引入

京东物流集团地狼搬运系统及天狼货到人系统简介

京东物流集团（以下简称"京东"）成立于2017年4月，是我国领先的以技术驱动的供应链解决方案及物流服务商，截至2023年9月30日，京东运营的仓库数量超过1600座，在仓储配送领域拥有众多技术专利，其研发的地狼搬运系统及天狼货到人系统已广泛应用于京东诸多仓储配送中心。

地狼搬运系统是京东自研自产的产品，可以根据不同物流场景提供定制化解决方案，有效提升物料搬运效率、降低自动化转运成本，解决目前物流行业搬运成本高以及人员效率低等问题，实现物料智能搬运。地狼系统主要由"搬运机器人+容器及货架+充电桩+地狼工作站"组成，机器人可分为D600、D1000、D1000CE三种型号。利用地狼系统，可以降低成本提高效率，搬运人效提升50%，投资运营成本可降低20%，能耗降低30%，实现柔性搬运和精益管理。

天狼货到人系统是京东自研自产的产品，可以根据不同的仓储场景提供定制化解决方案，有效提升存储能力和拣货人效，解决目前仓储物流行业存储能力不足以及出入库效率不高等问题,并缓解仓储占地以及人力问题。天狼系统主要由"天狼穿梭车+立体货架+提升机+拣选工作站+输送系统"组成。利用该系统,分拣准确率高达99.99%,存储密度提升300%,拣选效率提升300%~500%。天狼系统应用场景主要有三个:①小件货到人拣选:适用于周转箱存储的小件商品,由"天狼"配合调度算法精准实现"万里挑一"的货到人拣选场景。②分区拣货合流:适用于多SKU和多库区,采取并行拣选模式以提高拣货效率,利用"天狼"高密度、高流量的特点实现集货缓存场景。③原箱与周转箱存拣合一:适用于原箱与周转箱商品共库存储,利用可自调节尺寸的"天狼"实现货到人的存拣合一的场景。

资料改编来源:京东物流集团官网。

1. 什么是搬运机器人?
2. 现代仓储配送中心配置需要哪些设施、设备?

第一节 仓库

一、仓库的概念

人类社会自从有剩余产品以来,就产生了储存。在原始社会末期,当某个人或者某个部落获得的食物自给有余时,就会把多余的产品储藏起来,同时,也产生了如"窑穴"等专门储存产品的场所,在仰韶遗址可以看到仓库的雏形。西汉时建立的"常平仓"是我国历史上最早的、由国家经营的仓库。在我国古代,"仓"是指储藏粮食的场所,而"库"则是指储存物品的场所。后人逐渐将"仓"和"库"两个字连在一起用,把储存和保管物品的建筑物和场所统称为"仓库"。国家标准《物流术语》(GB/T 18354—2021)对仓库(warehouse)的定义是:"用于储存、保管物品的建筑物和场所的总称。"

随着商品经济的飞速发展,现代意义上的仓库已不完全是古代的意义了,它的含义要广泛得多。无论生产领域还是流通领域都离不开仓库,它不仅是指用来存放货物包括商品、生产资料、工具或其他财产、对其数量和价值进行保管的场所或建筑物等设施,还包括用于防止或减少损伤货物而进行作业的土地或水面。

二、仓库的功能

仓库最基本的功能是储存货物,并对货物实施保管与控制。随着现代物流业的发展,人们对仓库概念的理解也日益深入，仓库的功能也在不断扩大，包括流通加工、配送、信息服务等，其含义远远超出了单一的存储功能。

一般来说，仓库具有以下功能。

1．储存与保管

这是仓库最基本的功能。仓库具有一定的空间，用于储存货物，并且通过相应的仓储设备，保证货物的完好性。例如，储存精密仪器的仓库需要配备防潮、防尘、恒温设备等；在仓库作业中，需配备相应的搬运机具，防止搬运和堆放时碰坏和压坏货物，使仓库真正起到储存和保管的作用。

2．调节供需

仓库在物流中起着"蓄水池"的作用，它可以调节生产与消费的关系，使它们在时间和空间上得到协调，以保证社会再生产的顺利进行。众多的产品具有季节性销售的特性，在销售高峰前才组织大批生产显然不经济，也不可能，只有通过一定时间持续的经济生产，将产品通过仓库进行储存，在销售旺季集中向市场供货，并通过仓储点的妥善分布实现及时向所有市场供货。同样，部分集中生产而常年销售的产品，也需要通过仓库稳定持续地向市场供货。

3．流通加工

流通加工是将产品加工工序从生产环节转移到物流中进行的作业安排。货物在仓库中处于停滞状态，因此适合对其进行流通加工，这样既不影响货物的流通速度，同时又能使产品及时满足市场消费变化和不同客户的需要。流通加工作业包括产品包装、装潢包装、贴标签、改型、上色、定量、组装、成型等。虽然仓库中的流通加工往往比在生产地加工成本高一些，但却能够及时满足销售需要，促进销售，进而降低整体物流成本。

4．货物集散

仓库可以把生产单位的产品征集起来，形成规模，然后根据需要分散发送到各消费地。通过一集一散，一方面可以连接产需，均衡运输，提高物流速度；另一方面还可以实现对运输的调节。因为产品从生产地向销售地的流转主要需要依靠运输完成，但不同的运输方式在运向、运程、运量及运输线路和运输时间上存在差距，不同运输方式一般不能直达目的地，需要在中途改变运输方式、运输线路、运输规模、运输方法和运输工具，为了协调运输时间和完成产品倒装、转运、分装、集装等物流作业，货物就需要在仓库中进行停留或换载。

5．配送和加工

现代仓库的功能已由保管型向流通型转变，即仓库由原来的储存、保管货物的中心向流通、销售的中心转变。仓库不仅具有仓储、保管货物的设备，而且还增加了分袋、配套、捆装、流通加工、移动等设施。这样既扩大了仓库的经营范围，提高了物资的综合利用率，又方便了消费者，提高了服务质量。因此，配送服务是现代物流中仓库的重要职能之一，也是现代配送中心与传统仓库的一个重要区别。

6. 信息传递

信息传递是伴随着上述作用而发生的。在处理有关仓储配送管理的各项业务时，需要及时而准确的信息传递作为保证，仓库利用水平、进出货频率、仓库的地理位置、仓库的发货情况、顾客需求状况以及仓库人员的配置等因素，这些对一个仓库管理能否取得成功至关重要。目前，越来越多的仓库依赖于计算机、互联网技术及云计算技术，通过使用现代信息技术来提高仓库中有关货物的信息传递速度和准确性，实现仓库管理和物流过程现代化。

三、仓库的分类

根据不同的分类标准，仓库有多种分类方式。

（一）按所处的领域分类

1. 生产领域仓库

生产领域仓库是为保证企业生产的顺利进行而在生产领域内建立的仓库，包括生产用原料仓库，半成品、在制品和产成品仓库。这类仓库主要用于储备生产准备和生产周转用的各种原料、材料、设备、工具，存放在生产过程中处于各生产阶段之间的半成品和在制品，以及存放生产企业已经制成并经检验合格的产成品。

2. 流通领域仓库

流通领域仓库分为中转仓库和国家储备仓库。中转仓库又称储运仓库，是专门从事物资储存和中转运输业务的仓库，是专业储运公司所属仓库。国家储备仓库是指中央和地方物资供销机构所属的仓库，存放国家储备机构所掌握的主要用于调控国家经济计划执行过程中可能出现的重大比例失调或重大变更，以及国家应急需要的某些储备物资。

（二）按用途分类

1. 自营仓库

自营仓库（private warehouse）是由企业或各类组织自主经营和自行管理，为自身的物品提供储存和保管的仓库（GB/T 18354—2021）。自营仓库的建设、物品的管理以及进出库作业均属本公司的管理范畴。采用自营仓库的一个重要因素就是固定成本。因为自营仓库的固定成本与仓库的使用无关，所以企业就必须拥有足够的存储量来分摊固定成本，从而使采用自营仓库的平均成本低于采用公共仓库的平均成本。采用自营仓库的另一个原因就是稳定的需求和市场的集中度以及企业对安全、冷藏、客户服务等方面的控制能力。

2. 营业仓库

营业仓库是指按照相关管理条例取得营业许可，向一般企业提供保管服务的仓库，是一种社会化的仓库。营业仓库通常是由企业或个人拥有和管理，面向社会，以经营为手段，以盈利为目的。与自营仓库相比，营业仓库的使用效率较高。企业采用营业仓库的首要原因在于资金，在采用公共仓库时不需或只需投放较少的资金，这样公司可以避免自己经营仓库带来的经济上的风险。企业采用营业仓库的第二个理由是利用它的灵活性优势，营业仓库使公司可以快速进入或退出市场。

3．公共仓库

公共仓库（public warehouse）是指面向社会提供物品储存服务，并收取费用的仓库（GB/T 18354—2021）。公共仓库由政府或第三方机构拥有和管理，属于公共物流服务的配套设施，主要用作暂时性物品的中转存放，如铁路车站的货场仓库、港口码头仓库、公路货场的货栈仓库等。

（三）按仓库功能分类

1．储备仓库

储备仓库是指专门长期存放各种储备物资，以保证完成各项储备任务的仓库，如战略物资储备、季节物资储备、备荒物资储备、流通调节储备等。储备仓库的功能是较长时间储存保管，主要追求储存效益。

2．周转仓库

周转仓库的主要功能是物资周转，主要用于暂时存放待加工、待销售、待运输的物资，包括生产仓库、流通仓库、中转仓库、集配仓库、加工仓库等。它的储存时间短，主要追求周转效益，为生产、流通或运输服务。

3．保税仓库

保税仓库（bonded warehouse）是指经海关批准设立的专门存放保税货物及其他未办结海关手续货物的仓库（GB/T 18354—2021）。在一些特殊情况下，货物可能进口后再出口而没有进入"商流"。这时，如果仓库以契约形式存储这些货物，商家就能避免交关税了。

（四）按建筑结构和保管条件分类

1．库房

库房（storehouse）是指在仓库中，用于储存、保管物品的封闭式建筑物（GB/T 18354—2021）。一般分为平房、楼房、立体仓库等。

2．货棚

货棚指有棚顶盖，一面、两面或三面有围墙或矮墙，能防风雨的建筑物。货棚的建筑简单，优点是通风良好，一般分为固定货棚和活动货棚两种，常用来储存需要遮阳或防止雨淋的货物，如煤炭、木材等。

3．货场

货场（freight yard）是指用于储存和保管货物、办理货物运输，并具有货物进出通道和装卸条件的场所（GB/T 18354—2021）。货场适合存放不怕风吹、雨淋、日晒的物品，一般用来堆放集装箱或大宗散货如矿石等。

（五）按保管商品的特性分类

1．通用仓库

通用仓库一般用来保管没有特殊要求的商品，设备和构造都比较简单，使用范围广。

2. 专用仓库

专用仓库是专门用于存放某一类商品的仓库。由于某类商品的特殊性质，或易于对其他商品产生不良影响，所以要专库储存，以确保该类商品的质量安全。

3. 特种仓库

特种仓库主要用于储存具有特殊性能、特别要求保管条件的商品，如化工产品、危险品、易腐蚀品、石油及药品等。特种仓库主要有冷藏仓库、保温仓库、危险品仓库等。

（六）按仓库设备分类

1. 平房仓库

这类仓库是指货物直接堆放在地上，如图5-1所示，而没有使用任何固定式货架设施设备，或者是仅使用托盘来储存货物的仓库。一般的老旧仓库都是平房仓库。

图5-1　平房仓库

2. 货架仓库

这是指仓库内设置各种货架设施，以多层方式储存货物的仓库（图5-2）。现代化的仓库一般都是货架仓库。

3. 多层仓库

这是指在多层楼房仓库内设置垂直式输送机或提升机的仓库（图5-3）。这类仓库一般由之前做别用的楼房改造而来，暂时作为仓库使用。

图5-2　货架仓库

图5-3　多层仓库

4. 立体仓库

立体仓库（stereoscopic warehouse）是指采用高层货架，可借助机械化或自动化等手段立体储存物品的仓库（GB/T 18354—2021）。现代化的立体仓库一般是指自动化立体仓库，货物的出入库采用自动化设备，可以实现高效率、无人化作业，将在本章第六节做具体介绍。

关键概念延伸

云仓库及云仓储

"云"原意为天上水汽形成物,在此是指网络平台,云仓库即是指基于互联网的大数据平台。云仓库通过构建在线互联网平台,联通全国各大仓库管理系统后台端口,实现仓库数据及时上传至云仓库平台,即时共享仓储信息。云仓库通过整合所有仓库的信息,对物资和信息进行大数据处理分析,使实体仓库所有的货源得到很好的分流和整合。云仓库最终的目标是整合社会资源,真正实现物流、商流、资金流、信息流的合一。

在云仓库概念加持下,仓储物流界将受到新的冲击和改革。传统的仓储物流已经慢慢被互联网大数据所改变,以前的仓储物流仅为客户提供存储货物等低层次服务。在云仓储的环境下,所有的仓库将掌握所有客户的资源流通、货物进出、财务进账等信息,而通过这些信息,云仓储可以通过大数据计算分析得出客户货物的进出仓规律、销售规律、资金规律、现金流规律等,甚至也能反映出全国产品市场变化和行业兴衰规律。

资料改编来源:百度百科。

四、仓库性能及仓库经营效率的主要参数

(一)仓库性能参数

仓库最基本的两个性能参数是库容量和出入库频率。

1. 库容量

库容量是指仓库内除去必要的通道和间隙后所能存放物品的最大数量。在规划和设计仓库时首先要确定其库容量,单位可用"吨(t)""立方米(m³)""货物单元"来表示。库容量的计算,与库内货物存放形式、装卸搬运机械的类型以及通道等有关,在设计时,应根据实际情况具体计算。库容量的大小,一般运用库容量利用系数来计算。

2. 出入库频率

仓库出入库频率是指单位时间内仓库内物品的出入库次数,简单说就是仓库物品在一定时间内进出仓库的频次,用来衡量出入库的频繁程度。它的大小决定了仓库内搬运设备的规格和数量,可用"吨/时"或"拖盘/时"来表示。

库容量的大小,首先取决于生产、经营的需要。过去,库容量越大证明仓库越有实力,仓库经营者越能多赚钱。但是在如今物流时代,以销定产,"零库存"成为企业追逐的目标,物品流动的速度也越来越快。因此库容量这个指标已经变得不是衡量仓库性能的最重要因素,而出入库频率变得越来越重要。一个仓库的出入库频率越高,说明仓储作业效率和经济效益都越高,资金周转越快。

（二）仓库经营效率参数

评价仓库经营效率的主要指标有以下几个。

1．库容量利用率

库容量利用率是指实际库存量与库容量之比。这个参数是一个随机变动量，一般取它的年平均值作为考核指标。

2．库存周转次数

库存周转次数是指年入库总量或年出库总量与年平均库存量之比。对于生产性和经营性仓库，库存周转次数越多说明资金周转越快，经济效益越好，经营好的仓库，库存周转次数可达每年24次以上，不到半月就周转一次。对于储存性仓库，库存周转次数不是一个重要指标。

3．单位面积的库容量

单位面积的库容量是指总库容量与仓库占地面积之比。在土地紧缺、征用费用高的地方，这是一个很重要的指标。

4．全员平均劳动生产率

全员平均劳动生产率是指仓库全年出入库总量与仓库总人数之比。它取决于仓库的作业机械化、自动化、智能化程度。

5．机械设备的利用系数

机械设备的利用系数是指机械设备的全年平均小时搬运量与额定小时搬运量之比，此指标用来评价机械设备配置的合理性。

第二节 货架

一、货架的概念

货架（rack）是由立柱、隔板或横梁等结构件组成的储物设施（GB/T 18354—2021）。货架在物流领域中占有非常重要的地位，随着物流业的飞速发展，为满足物流量大幅度增加的需要，实现仓库的现代化管理，改善仓库的功能，不仅要求有足够多的货架数量，而且要求货架要具有多种功能，并能满足机械化、自动化的要求。

二、货架的作用及功能

货架在现代物流活动中起着相当重要的作用。仓库管理能否实现现代化，与货架的种类、功能有直接的关系。货架的作用及功能有如下几方面。

（1）货架是一种架式结构物，可充分利用仓库空间，提高库容量利用率，扩大仓库储存能力。

（2）存入货架中的货物，互不挤压，物资损耗小，可完整保存货物本身的功能，减少货物的损失。

（3）货架中的货物，存取方便，便于清点及计量，可做到先进先出。

（4）为保证存储货物的质量，可以采取防潮、防尘、防盗、防破坏等措施，以提高物资存储质量。

（5）很多新型货架的结构及功能有利于实现仓库的机械化及自动化作业，进而实现智慧仓储。

三、货架的分类

（1）按照货架的发展，可将货架分为传统式货架和新型货架。

①传统式货架。传统式货架包括层架、层格式货架、抽屉式货架、橱柜式货架、U形货架、悬臂架、栅架、鞍架、气罐钢筒架和轮胎专用货架等。

②新型货架。新型货架包括旋转式货架、移动式货架、装配式货架、调节式货架、托盘式货架、驶入式货架、高层式货架、阁楼式货架、重力式货架和臂挂式货架等。

（2）按照货架的适用性，可将货架分为通用货架和专用货架两种。

（3）按照货架的制造材料，可将货架分为钢货架、钢筋混凝土货架、钢与钢筋混凝土混合式货架、木质货架和钢木复合制货架等。

（4）按照货架的封闭程度，可将货架分为敞开式货架、半封闭式货架和封闭式货架三种。

（5）按照结构特点，可将货架分为层架、层格架、橱架、抽屉架、悬臂架、三角架和栅型架七种。

（6）按照货架的可动性，可将货架分为固定式货架、移动式货架、旋转式货架、组合货架、可调式货架和流动储存货架六种。

（7）按照货架结构，可将货架分为整体结构式货架和分体结构式货架。

①整体结构式货架。货架直接支撑仓库屋顶和围墙。

②分体结构式货架。货架与建筑物分为两个独立系统。

（8）按照货架的载货方式，可将货架分为悬臂式货架、橱柜式货架和棚板式货架三种。

（9）按照货架的构造，可将货架分为组合可拆卸式货架和固定式货架。

①组合可拆卸式货架。货架各部件可拆可装，不是用焊接形式组成。

②固定式货架：固定式货架又可分为单元式货架、一般式货架、流动式货架和贯通式货架。

（10）按照货架的高度分，可将货架分为低层货架、中层货架和高层货架。

①低层货架：高度在5米以下。

②中层货架：高度在5～15米。

③高层货架：高度在15米以上。

（11）按照货架的重量分，可将货架分为轻型货架、中型货架和重型货架。

①轻型货架：每层货架载重量在150千克以下。

②中型货架：每层货架（或隔板）载重量在150～500千克。

③重型货架：每层货架载重量在500千克以上。

四、几种常用的货架

（一）托盘式货架

1. 结构

托盘式货架（图5-4）采用自由组合方式，易于拆卸和移动，可按物品堆码的高度，任意调整横梁位置，又称为可调式托盘货架。托盘式货架所用材质多为钢材结构，也可用钢筋混凝土结构。托盘式货架可做单排型连接，也可做双排型连接。托盘式货架的尺寸大小，视仓库的大小及托盘尺寸的大小而定。在托盘式货架仓库中，低、高位仓库大多用前移式电瓶叉车、平衡重电瓶叉车、三向叉车进

图5-4　托盘式货架

行存取作业，货架较矮时也可用电动堆高机、超高位仓库用堆垛机等进行存取作业。

2. 特点及用途

用托盘装载货物，如将托盘直接堆码，存在如下问题。

（1）用平托盘直接堆码，两盘之间及最下层的货物会受到挤压，甚至造成货物损坏，这种堆码方法也不能做到先进先出。

（2）当各个托盘装载不同货物时，只能单摆，不能堆码，造成库容率降低。

（3）如使用立柱式托盘或框架式托盘时，虽然可以堆码，使货物不受挤压，但堆码不能太高，太高后稳定性差，不安全。

这些问题，通过使用托盘货架即可得到解决。使用托盘货架，提高仓库空间利用率，方便灵活存取，如果再辅以计算机管理或控制，就可成为现代化物流系统最常用的货架类型。

（二）悬臂式货架

1. 结构

悬臂式货架又称悬臂架，由3～4格塔形悬臂和纵梁相连而成（图5-5），分单面和双面两种。悬臂架用金属材料制造，为防止材料碰到货物产生刻痕，可在金属悬臂上垫上木质衬垫，也可用橡胶带保护。悬臂式货架立柱多采用H型钢或冷轧型钢，悬臂采用方管、冷轧型钢或H型钢，悬臂与立柱间采用插接式或螺栓连接式，底座与立柱间采用螺栓连接式，底座采用冷轧型钢或H型钢。悬臂架的尺寸不定，一般根据所放长形材料的尺寸大小而定其尺寸。

图5-5　悬臂式货架

2. 特点及用途

悬臂式货架悬臂架为边开式货架的一种，可以在架子两边存放货物，适用于存放长物料、环型物料、板材、管材及不规则货物。货物存取由侧面式叉车、行车或人工进行。悬臂式货架的空间利用率低，在35%～50%。

（三）驶入式货架

1. 结构

驶入式货架又称进车式货架，特点是叉车直接驶入货架进行作业。这种货架采用钢质结构，钢柱上一定位置有向外伸出的水平突出构件（图5-6）。当托盘送入时，突出的构件将托盘底部的两个边拖住，使托盘本身起架子横梁作用。当架上没有放托盘货物时，货架正面便成了无横梁状态，这时就形成了若干通道，可方便地出入叉车等作业车辆。叉车从与架子的正面成垂直角度的方向驶入，从最内部设有卸放托盘货载的位置开始装载直至装满，取货时再从外向内顺序取货。

图5-6　驶入式货架

2. 特点及用途

驶入式货架是一种不以通道分割、连续性的整体性货架，采用托盘存取模式，能起保管场所及叉车通道的双重作用，因此仓库利用率可达80%以上，与托盘货架相比提高了30%，是空间利用率较高的货架之一。驶入式货架的缺点是很难实现先进先出。该类货架多用于储存储备物资，适合存放品种单一、大批量的货物，可用于冷库、食品、烟草等存储空间成本较高的仓库。

（四）移动式货架

1. 结构

这种货架又叫动力式货架，通过货架底部的电动机驱动装置，可在水平直线导轨上移动（图5-7）。一般是两排背靠背货架组成一组安装在一个移动底盘上，呈多组排列，每个底盘附设多个滚轮和驱动电机，通过按动控制按钮，由驱动电机通过链条传动带动整个底盘及其上货架货物，沿铺于地面上的两条或多条轨道移动（或无轨—磁条导引），从而让叉车进入已移动开的场地进行存取货。此外，这种货架有变频控制功能，可控制驱动和停止时的速度，以防止货架上的物品抖动、倾斜或倾倒。另外，在其适当位置还安装有定位用的光电传感器和可刹车的齿轮马达，提高了定位精度。

图5-7　移动式货架

2. 移动式货架的特点及应用

（1）比一般固定式货架储存量大很多，节省空间。

（2）适合保管品种少、批量大、进出频率低的货物。

（3）移动式货架仓库通常只需要一个作业通道，节省仓库内面积，地面使用率达80%。

（4）可直接存取每一项货品，不受先进先出的限制。

（5）高度可达12米，单位面积的储存量可达托盘式货架的2倍左右。

（6）成本高、施工慢。

基于这些特点，移动式货架适用于库存品种多，但出入库频率较低的仓库，或者库存频率较高，但可按巷道顺序出入库的仓库，如传媒、图书馆、金融、食品等行业的仓库。

（五）重力式货架

重力式货架又称重力自滑式货架、流动式货架。有的重力式货架在导轨上配有辊筒装置，又叫辊道式货架。重力式货架是现代物流系统中的一种应用广泛的装备，其原理是利用货体的自重，使货体在有一定高度差的通道上，从高向低处运动，从而完成进货、储存、出库的作业（图5-8）。

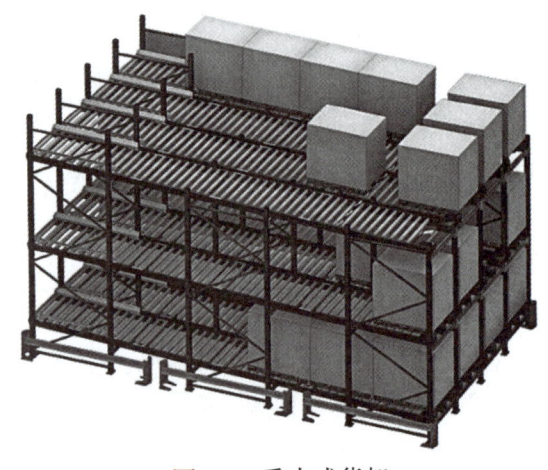

图5-8　重力式货架

1．结构

重力式货架和一般层架从正面看基本相似，但是其深度比一般层架深得多，类似许多层架密集靠放。每一层隔板具有前端（出货端）低、后端（进货端）高的一定坡度。有一定坡度的隔板可制成滑道形式，货体顺着滑道从高端向低端滑动，也可制成滑轨、辊子或滚轮，以提高货体的运动性能，尽量将坡度做得小一些。

2．特点及用途

重力式货架主要有以下特点。

（1）单位库房面积存储量大。重力式货架是密集型货架的一种，能够大规模密集存放货物。与移动式货架密集存放的功能相比，其规模可做得很大，从1千克以下的轻体小件物到集装托盘乃至小型集装箱都可以采用重力式货架。

重力式货架由于密集程度很高，减少了通道数量，有效节约了仓库的面积。由普通货架改为重力货架后，仓库面积可节省近50%。

（2）固定了出入库位置，减少了出入库工具的运行距离。采用普通货架出、入库时，搬运工具如叉车、作业车需要在通道中穿行，如此易出差错且工具运行线路难以规划，运行距离也长，采用重力货架后，叉车运行距离可缩短1/3。

（3）由于入库作业和出库作业完全分离，两种作业可各自向专业化、高效率方向发展，而且在出入库时，工具不互相交叉，不互相干扰，事故率降低，安全性增加。

（4）和进入式货架等密集存储方式不同，重力式货架绝对保证先进先出，因而符合仓库管理现代化的要求。

（5）重力式货架和一般货架比，大大缩小了作业面，有利于进行拣选活动。

基于上述特点，重力式货架主要应用在需大量储存货物或有拣选作业要求的场合，如用于配送中心、转运中心、仓库、商店的拣选配货操作中，也用于生产线的零部件供应线上。大型重力式货架储存量较大，是以储存为主的货架，轻型、小型重力式货架则属于拣选式货架。

（六）旋转式货架

旋转式货架又称回转式货架，货架可以水平、垂直、立体方向回转，货物随货架移动到操作者面前，而后被操作者选取。它是为适应目前生产及生活资料由少品种、大批量向多品种、小批量发展趋势而发展起来的一类现代化保管储存货架。这种货架的出现，可以解决由于货物品种的迅猛增加所带来的拣选作业工作量大、劳动强度高、系统日益复杂的问题。

1．垂直旋转式货架

（1）结构。这种货架类似垂直提升机，在提升机的两个分支上悬挂有成排的货格，提升机可正转，也可以反转。货架的高度2~6米，10~30层不等，正面宽2米左右，单元货位载重100~400千克，回转速度6米/分左右，其结构示意图如图5-9所示。

（2）特点及用途。垂直式旋转货架属于拣选型货架，占地空间小，存放的品种可达1200种左右。另外，货架的货格小，隔板可以拆除，这样可以灵活地存储各种长度、尺寸的货物。在货架的正面及背面均设置拣选台面，可以方便地安排出入库作业。在旋转控制上用编号的开关按键即可以轻松地操作，也可以利用计算机操作控制，形成联动系统，将指令要求的货层经最短的路程送至挑选的位置。

垂直旋转式货架主要适用于多品种、拣选频率高的货物。如取消货格，改成支架可用于成卷的货物，如地毯、纸卷、塑料布等的存取。

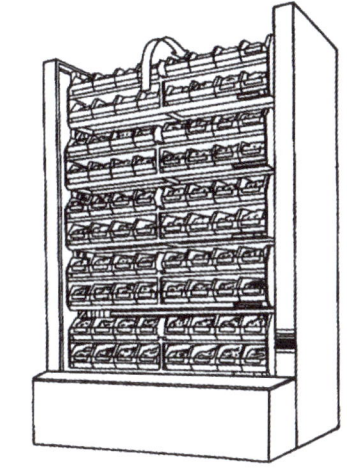

图5-9　垂直旋转式货架

2．水平旋转式货架

（1）结构。此种货架的最佳长度为10~20米，高度2~3.5米，单元货物载重200~250千克，回转速度20~30米/分。

（2）特点及用途。多层水平旋转式货架是一种拣选型货架。这种货架各层可以独立旋转，每层都有各自的轨道，用计算机操作时，可以同时执行几个命令，使各层货物从远到近，有序地到达拣选点，拣选效率很高。

此外，这种货架储存货物品种多达2000种以上，主要用于出入库频率高、多品种拣选的配送中心等场所。

3．整体旋转式货架

这种货架有多排货架连接，每排货架又有若干层货格，货架做整体水平式旋转，每旋转一次，便有一排架到达拣货面，可对这一排的各层进行拣货，其结构如图5-10所示。

（七）阁楼式货架

1．结构及分类

如图5-11所示为阁楼式货架，其结构有的是由低层货架承重上部搭置楼板，形成一层新的库面；有的是由立柱承重，上部搭置楼板形成库面。

图5-10 整体旋转式货架

图5-11 阁楼式货架

2. 特点及用途

阁楼式货架是在已有的仓库工作场地上面建造楼阁，在楼阁上面放置货架或直接放置货物，或将原有的平房库改为两层的楼库，货物提升可用输送机、提升机、电葫芦，也可用升降台。在阁楼上面可用轻型小车或托盘牵引车进行货物的堆码。这种货架的特点是可充分利用空间，一般用于旧库改造。

一般的旧库，库内有效高度在4.5米以上，如果安装一般货架或者就地堆放货物，在操作上受人的高度所限，只能利用2米左右。采用阁楼式货架后，可几乎成倍地提高原有仓库利用率，缺点是存取作业效率低。阁楼式货架主要用于存放储存期较长的中小件货物。

（八）层架

1. 结构及种类

层架（图5-12）由主柱、横梁、层板构成，架子本身分为数层，层间用于存放货物。层架应用广泛，种类繁多，一般可进一步划分。

（1）按层架存放货物的重量级，可将层架分为重型层架、中型层架和轻型层架三种。

图5-12 层架

（2）按货架结构方式，可将层架分为装配式、固定式和半固定式三种。装配式多用于轻型货架，采用轻钢结构，较机动灵活；固定式层架坚固、结实，承载能力强，用于重、中型层架。

（3）按货架封闭程度，可将层架分为开放型、半开放型、金属网型和前挡板型等若干种。

（4）按层板安装方式，可将层架分为固定层高及可变层高两种方式。

层架的尺寸规格可在很大范围内变动。一般而言，轻型层货主要是人工进行存、取货操作，规格尺寸及承载能力都和人的搬运能力相适应，高度一般在2.4米以下，厚度在0.5米以下。中、重型货架尺寸则要大得多，高度可达4.5米，厚度可达1.2米，宽度可达3米。几种常见轻型货架如图5-12所示，其尺寸规格及最大允许荷重见表5-1，可供参考。

表5-1 轻型货架尺寸允许荷重（单位：千克）

厚/毫米	宽/毫米			
	900	1200	1500	1800
300	150	150	100	100
150	150	150	150	150
600	150	150	150	200

2．特点及用途

层架具有结构简单、省料、适用性强等特点，便于货物的收发。但层架的存放物资数量有限，是人工作业仓库的主要储存设备。轻型层架多用于小批量、零星收发的小件物资的储存。中型和重型货架要配合叉车等工具储存大件、重型物资，所以其应用领域广泛。

（九）层格式货架

1．种类及结构

层格式货架的种类和结构与层架类似，区别在于某些层甚至每层中间隔板分成若干个格，如图5-13所示。

2．特点及用途

一般来说，层格式货架每格原则上只能放一种物品。物品不易混淆，但存放数量不大，其缺点是层间光线暗，存放数量少。主要用于规格复杂多样、必须互相间隔开的物品。

图5-13 层格式货架

（十）抽屉式货架

1. 结构

抽屉式货架与层格式货架类似，区别在于层格中有抽屉，如图5-14所示。

2. 特点及用途

此类货架属于封闭式货架的一种，具有防尘、防湿、避光的作用。用于比较贵重的小件物品的存放，或用于怕尘、怕湿等贵重物品的存放，如刀具、量具、精密仪器、药品等。

（十一）橱柜式货架

1. 结构

在层格式货架或层架的前面装有橱门，上下左右及后面均封闭起来，门可以是开关式，也可以是左右推拉或卷帘式。门的材质一般有木质、玻璃质、钢质，也可用各种纱门。

2. 特点及用途

橱柜式货架也属于封闭式货架的一种，其特点与用途和抽屉式货架相似，用于存放贵重物品、文件、文物及精密配件等物品。

（十二）U形架（H形架）

1. 结构

外形呈"U"字形，组合叠放后呈H形。为使其重叠码放和便于吊装作业，在架的两边上端做成吊钩形角顶，如图5-15所示。

2. 特点及用途

U形架结构简单，但强度很高，价格较低，码放时可较高叠放，因而可提高仓库的利用率。此外，可随货收发，因而节省收发时的倒装手续，可实现机械化操作，做到定量存放。U形架主要用于存放量大的管材、型材、棒材等大型长尺寸金属材料、建筑材料等。

图5-14 抽屉式货架

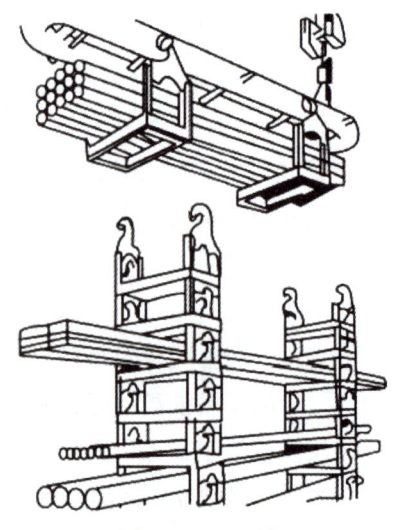

图5-15 U形架

（十三）栅架

1. 结构

栅架（图5-16）分固定式和活动式两种，材质有用钢材焊接或铆接而成的，也有用钢质与木质混合的钢木结构的，规格尺寸有多种。

2. 特点及用途

此种货架存取材料方便，可实现机械化作业，缺点是占地面积大，库容利用率低。主要用于存放长条形金属材料。

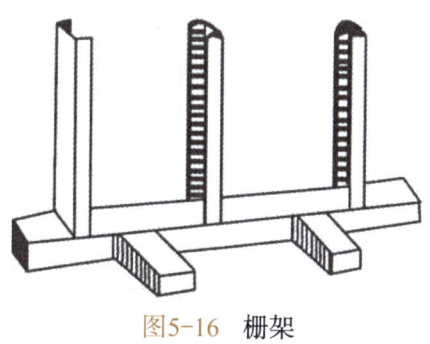

图5-16　栅架

五、储存设备的选用

一般储存设备的选用应按照系统化的原则，从经济及效率的观点，综合考虑各项因素，选择最适用的类型。选用储存设备的考虑因素如图5-17所示。

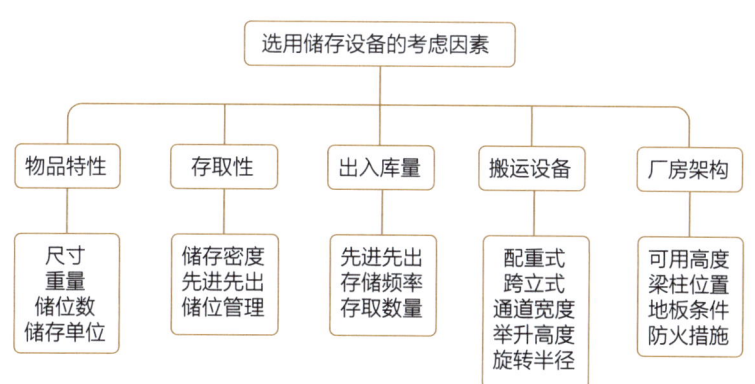

图5-17　选用储存设备的考虑因素

1. 物品特性

储存物品的外形、尺寸直接关系到货架规格的选定，而储存物品的重量大小则直接影响到选用何种强度的货架。不同的储存单位，如托盘、容器或单品均有不同的货架选用类型。在预估总储位数的数量时，必须考虑到企业未来两年的成长需求。

2. 存取性

一般存取性与储存密度是相对的，也就是说，为了得到较高的储存密度，则必须相对牺牲物品的存取性。虽然有些型式的货架可得到较佳的储存密度，但相对其储位管理较为复杂，也常无法做到先进先出的管理。立体自动仓库的存取性与储存密度俱佳，但相对投资成本较为昂贵。因此选用何种型式的储存设备，可说是各种因素的折中，也是一种策略的应用。不同储存设备特性比较见表5-2。

表5-2　不同储存设备特性比较

比较项目	托盘货架	驶入式货架	驶出式货架	流动式货架	移动式货架	自动化立体仓库
货架占用面积	大	小	小	小	小	小
存储密度	低	高	高	高	高	高
空间利用	普通	很好	很好	非常好	非常好	非常好
存取性	非常好	差	差	普通	好	非常好
先进先出	可	不可	不可	可	可	可
通道数	多	少	少	少	少	多
单位纵深货位数	1	最多15	最多10	最多15	1	2
堆叠高度/米	6	10	10	10	10	14
出入库能力	中	小	小	大	小	大

3．出入库量

某些型式的货架虽有很高的储存密度，但出入库量却不高，适合于低频率的作业。出入库量高低是非常重要的数据，也是货架设备型式选用的考虑重点。不同的存储单位、出入库频度与其相适应的储存设备类型的参考数据见表5-3。

表5-3　储存设备以出入库量区分

存储单位	高频度	中频度	低频度
托盘	托盘式流动货架（20～30托盘/时） 立体仓库（30托盘/时） 水平旋转自动仓库（10～60秒/单位）	托盘式流动货架 （10～15托盘/时）	驶入式货架（10托盘/时以下） 驶出式货架 移动式货架
容器	容器流动货架 轻负载自动仓库（30～50箱/时） 水平旋转自动仓库（20～40秒/单位） 垂直旋转自动仓库（20～30秒/单位）	轻型货架（中量型）	抽屉式流动货架
单品	单品自动拣取系统	轻型货架（轻量型）	抽屉式货架

4．搬运设备

仓库的存取作业是用搬运设备来完成的。叉车是一般的通用搬运设备，而货架的通道宽度会直接影响到叉车的选用型式，所以货架通道宽度的选择，应该根据叉车的作业通道的宽度来选择。

与仓库建筑相比，仓库通常使用的货架结构简单、制造容易且灵活性很大，所以是很容易采用的。现代仓库中的某些货架已逐渐向高科技发展，货架的地位也由从属于仓库，变成了领导仓库。当前使用的货架，从技术水平最低的一般层架到自动化货架，涉及各行各业，应用领域极广。

第三节 自动分拣系统及装置

一、分拣作业概述

（一）分拣的概念

近年来，随着经济和生产的发展，商品趋于"短小轻薄"，流通趋于小批量、多品种和准时制（just in time，JIT），各类配送中心的货物分拣任务十分艰巨，分拣作业已成为一项重要的工作环节，我国目前多数配送中心和物流企业都在包裹的分拣环节实现了自动分拣。自动分拣系统已和自动导引车、自动化立体仓库成为当代物流科技发展的三大标志。

分拣（sorting and picking）是指将物品按一定目的进行分类、拣选的相关作业（GB/T 18354—2021）。物品分拣的关键是对物品去向的识别、识别信息的处理和对物品的分流处理。

（二）分拣的分类

按照分拣手段的不同，分拣可分为人工分拣、机械分拣和自动分拣三大类。

1. 人工分拣

人工分拣的主要缺点是劳动量大，效率低，差错率高。目前在我国大多数的以多品种、小批量配送为主的城市配送中心，均在按订单分拣环节时采用人工分拣，也有的采用电子辅助拣货系统进行人工分拣。电子辅助拣货系统是一套安装在储位上的电子装置，由计算机上安插的界面卡或控制器连接并控制这些装置，信号灯与数字显示作为辅助工具，引导拣货人员正确、快速、轻松地完成拣货工作，降低拣货错误率。

2. 机械分拣

机械分拣以机械为主要输送工具，具体的分拣作业有两种情况：一种是用设置在地面上的输送机传送货物，在各分拣位置配置作业人员，当看到标签、色标、编号等分拣标志信号时，便进行拣选，再放到手边的简易传送带或场地上。这种分拣方式投资不多，可以减轻劳动强度，提高分拣效率；另一种是人工操作高位拣选叉车从托盘货架上整托盘拣选，这种情况一般用在以多品种、大批量配送为主的区域配送中心。

3. 自动分拣

自动分拣是指利用自动分拣系统，自动处理物流分拣、分类、打包、输送等作业，全程基本不需要人工参与。自动分拣系统可以连续、大批量地分拣货物，分拣误差率极低。目前自动分拣系统主要应用在自动化立体仓库和城市配送中心的包裹分拣环节。对于快递送达时间越来越短的今天来说，自动分拣系统已成为配送中心不可或缺的一部分。

（三）分拣作业的基本环节

从实际运作过程来看，分拣作业是在拣货信息的指导下，通过行走和搬运拣取货物，再按一定的方式将货物分类、集中，因此分拣作业的主要过程包括以下四个环节，如图5-18所示。

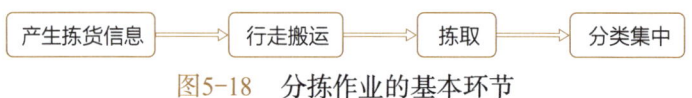

图5-18　分拣作业的基本环节

（四）分拣作业的功能

分拣作业在配送中心内部完成，是配送中心的核心工作环节。从物流实践来看，由于大体积、大批量需求多采用直达、直送的供应方式，因此配送的主要对象是中、小件货物，即配送多为多品种、小体积、小批量的物流作业。这使得分拣作业工作量占配送中心作业量的比重非常大，而且工艺复杂，特别是对于客户多、商品品种多、需求批量小、需求频率高、送货时间要求高的配送服务，分拣作业的速度和质量不仅对配送中心的作业效率起决定作用，而且直接影响到整个配送中心的服务水平和信誉。因此，迅速并准确地将顾客所要求的商品集合起来，并且通过分类配装及时送交客户，是分拣作业最终的目的及功能。

二、自动分拣系统的特点

1. 分拣误差率低

自动分拣系统的分拣误差率大小取决于所输入分拣信息的准确性程度，这又取决于分拣信息的输入机制。如果采用人工键盘或语音识别方式输入，则误差率在3%以上，但目前自动分拣系统主要采用条码技术来识别货物，其误差率极低。

2. 能连续、大批量地分拣货物

由于采用大生产中使用的流水线自动作业方式，自动分拣系统不受气候、时间、人的体力等条件的限制，可以连续运行100个小时以上。同时，自动分拣系统单位时间分拣件数多，每小时可分拣7000件包装商品。而如果用人工进行分拣作业，分拣人员最多在这种劳动强度下连续工作8个小时，每小时只能分拣150件左右。

3. 分拣作业基本实现无人化

建立自动分拣系统的目的之一就是减少人员的使用，减轻员工的劳动强度，提高人员的使用效率。因此自动分拣系统能最大限度地减少人员的使用，基本做到无人化。分拣作业本身并不需要使用人员，人员的使用仅局限于以下工作。

（1）送货车辆抵达自动分拣线的进货端时，由人工接货。

（2）由人工控制分拣系统的运行。

（3）分拣线末端由人工将分拣出来的货物进行集载、装车。

（4）自动分拣系统的经营、管理与维护。

三、自动分拣系统的主要组成和分拣原理

自动分拣系统一般由分拣输送系统、分拣指令设定装置、合流输送机、送喂料输送机、分拣输送机、分拣卸货道口和计算机控制系统七部分组成。

1．分拣输送系统

国家标准《物流术语》（GB/T 18354—2021）对分拣输送系统和分拣设备分别下了定义。分拣输送系统（sorting and picking system）是指采用分拣设备、输送机等机械设备实现物品分类、输送和存取的系统。分拣设备（sorting and picking equipment）是指用于完成物品分类、拣选等相关作业的设备。在比较大型的物流配送中心里，往往采用多条输送带组成分拣输送机系统，以供几辆、几十辆乃至几百余辆卡车同时卸货，以此达到吞吐量大的要求。这些输送机多是辊柱式和带式输送机，特别是辊柱输送机，具有积放功能，即当前面的货物遇阻时，后继货物下面的辊道会自动停转，使货物得以在辊道输送机上暂存，解除阻力后自动继续前进。

2．分拣指令设定装置

设定装置通常是在待分拣货物的外包装上贴上或打印上表明货物品种、规格、数量、货位、货主、到达目的地等内容的标签。货物在进入分拣机前，先由信号设定装置把分拣信息（如配送目的地、客户户名等）输入计算机中央控制器，再由控制装置根据标签上的代码，在货物到达分叉处时，正确引导货物流向；堆垛机则按照代码把货物送到指定位置。在自动分拣系统中，分拣信息转变为分拣指令的方式有以下几种。

（1）人工键盘输入。由操作者一边看着货物包装上粘贴的标签或书写的号码，一边在键盘上输入信息。一般键盘为十码键，键盘上有0~9数字键和重复、修正等键。键盘输入方式操作简便，费用低，限制条件少，但劳动强度大，易出错（看错、键错，据国外研究资料，差错率为1/300），而且键入的速度一般只能达到1000~1500件/时，所以操作员必须注意力集中。

（2）声音控制输入。首先需将操作者的声音预先输入控制器电脑，当货物经过设定装置时，操作员将包装上的标签代码依次读出，计算机将声音接收并转为分拣信息，发出指令，传动到分拣系统的各执行机构。

声音输入法与键盘输入法相比速度要快些，可到3000~4000件/时，操作人员较省

力，双手空出来，可手口并用。但声控输入方式事先需要储存操作人员的声音，当操作人员偶尔咳嗽声哑时，就会发出差错。从国外物流企业实际使用情况来看，声音输入方式并不十分理想。

（3）条码扫描输入。被拣商品包装上贴（或印）上代表物流信息的条码，在输送带上通过激光扫描器自动识别条码上的分拣信息，并输送给控制器。由于激光扫描器的扫描速度极快，达100～120次/秒，来回对条码扫描，故能将输送机上高速移动货物上的条码正确读出。

激光扫描条码方式分拣商品费用较高，商品需要物流条码配合，但输入速度快，可与输送带同步，达5000件/时以上，差错率极小，规模较大的物流中心都采用这种方式。

（4）计算机程序控制。根据客户需要商品的品种和数量，预先编好程序，把全部分拣信息一次性输入计算机，控制器即按程序执行。计算机程序控制方式是最先进的方式，它需要与条码技术结合使用，而且还需置于整个企业计算机经营管理之中。一些大型的现代化配送中心把各个客户的订货单一次输入计算机，在计算机的集中控制下，货箱从货架被拣选取下，在输送带上由条码喷印机喷印条码，然后进入分拣系统，全部过程实现自动化。

3．合流输送机

大规模的分拣系统因分拣数量较大，往往由2～3条传送带输入被拣商品。商品在分别经过各自的分拣信号设定装置后，必须经过辊柱式输送机组成的合流装置，该装置能让到达回合处的货物依次通过。通常，A、B、C三条输送机上的商品，在经过合流交汇处计算机的"合流程序控制器"时，按照谁先到达谁先走的原则控制，若同时到达，按"A→B→C"的程序原则控制。

4．送喂料输送机

货物在进入分拣机之前，先经过送喂料机构。它的作用有两个：一是依靠光电管的作用，使前后两货物之间保持一定的间距（最小为250毫米），均衡地进入分拣传送带；二是使货物逐渐加速到分拣机主输送机的速度。

第一阶段输送机是间歇运转的，它的作用是保证货物上分拣机时，保持货物间的最小间距。由于该段输送机的传送速度一般为35米/分左右，而分拣机传送速度的驱动均采用直流电动机无级调速，为保证货物在第二阶段输送机上的速度与分拣机上输送的速度完全一致，由速度传感器将输送机的实际带速反馈到控制器，进行随机调整，这是自动分拣成败的关键。

5．分拣输送机

它是自动分拣机的主体，包括两个部分：货物传动装置和分拣机构。前者的作用是把被分拣的货物送到设定的分拣道口位置；后者的作用是把被分拣的货物推入分拣道口。各种类型的分拣机，其主要区别就在于采用不同的传送工具（如钢带输送机、胶带输送机、托盘输送机、辊柱输送机等）和不同的分拣机构（如推出器、浮出式导轮转向器、倾盘机构等）。

6．分拣卸货道口

它是用来接纳由分拣机构送来的被分拣货物的装置，它的形式各种各样，主要取决于分拣方式和场地空间。一般采用斜滑道，其上部接口设置动力辊道，把分拣商品"拉"入斜滑道。

7．计算机控制系统

它是向分拣机的各个执行机构传递分拣信息，并控制整个分拣系统的指挥中心。自动分拣的实施主要靠它把相应的分拣信号传送到相应的分拣道口，并指示启动分拣装置，把被分拣商品推入道口。

四、常见的自动分拣机

1．钢带推出式分拣机

钢带推出式分拣机的主体是整条的钢带输送机，如图5-19所示。按钢带的设置形式，可分为平钢带式和斜钢带式两种。

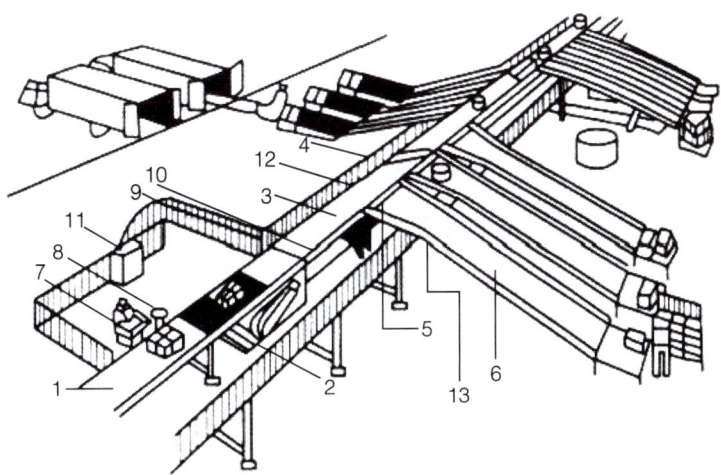

1—编码带；2—缓冲存储器；3—平钢带；4—导向接板；5—过渡板；
6—滑槽；7—编码键盘；8—监视器；9—货物检测器；10—消磁、冲磁装置；
11—控制柜；12—信息读出装置；13—满量检出器。

图5-19 钢带推出式分拣机

2．胶带浮出式分拣机

这种分拣机的主体是分段的胶带输送机。在传送胶带的下面，设置有两排旋转的滚轮，每排由8～10个滚轮组成，滚轮的排数也可设置为单排，主要是根据被分拣货物的质量来决定滚轮的排数。

这种类型的分拣机由于分拣滑道多，输送带长，一般有五条以上料输送带同时上料。主传送带的速度为100～120米/分，比输送带的速度快得多，分拣能力达7500箱/时。该类型分拣机对货物的冲击小，适合分拣底部平坦的、包装质量较高的纸制货箱，一般不允许在纸箱上使用包装带，不能分拣很长的货物或底部不平的货物。

该类分拣机的优点是可以在两侧分拣；冲击小，噪声低；运行费用低，耗电少；可设置较多的分拣道口。缺点是对被分拣货物的包装质量和包装形状要求较高，对重物或轻薄货物不能分拣，同时也不适宜木箱、软性包装货物的分拣。

3．翻盘式和翻板式分拣机

（1）翻盘式分拣机。翻盘式分拣机的传送装置是一排由链条拖行的翻盘，翻盘到设定的分拣道口时，向左侧倾斜，被分拣货物依靠重力滑入分拣道口。

（2）翻板式分拣机。翻板式分拣机与翻盘式分拣机类似，均属"倾翻型"。它的传送部分是由并列的窄状翻板所组成，翻板可向两侧倾翻30°，如图5-20所示。在分拣货物时，每一承载单元前后的翻板陆续倾翻，使长件货物能平稳地转向翻入分拣道口。这类分拣机的特点是能分拣长件货物，分拣传送线也能转弯和倾斜。

4．滑块式分拣机

滑块式分拣机的传动装置是一条板式输送机，其板面由金属板条或管子组成，每块板条或管子上各有一枚导向块，能做横向滑动。导向块靠在输送机的一侧边上，当被分拣的货物到达指定道口时，控制器使导向块顺序地向道口方向移动，把货物推入分拣道口，滑块式分拣机局部图如图5-21所示。

图5-20　翻板式分拣机

图5-21　滑块式分拣机局部图

5．托盘式分拣机

托盘式分拣机是一种应用十分广泛的机型，它主要由托盘小车、驱动装置、牵引装置等组成，其中托盘小车型式多种多样，有平托盘小车和交叉带式托盘小车等。

传统的平托盘小车利用盘面倾翻，重力卸载货物，结构简单，但存在着上货位置不稳、卸货时间过长的缺点，结果造成高速分拣时不稳定以及格口宽度尺寸过大。交叉带式托盘小车的特点是取消了传统的盘面倾翻，利用重力卸落货物的结构，而在车体上设置了一条可以双向运转的短传送带（又称交叉带），用它来承接上机货物，并由牵引链牵引运行到格口，再由交叉带运送，将货物强制卸落到左侧或右侧的格口中。交叉带式托盘分拣机如图5-22所示。

交叉带式托盘小车有两个显著的优点，一是能够按照货物的质量、尺寸、位置等参数来确定托盘承接货物的启动时间、运转速度的大小和变化规律，从而摆脱了货物质量、尺寸、摩擦因数的影响，能准确地将各种规格的货物承接到托盘的中部位置。交

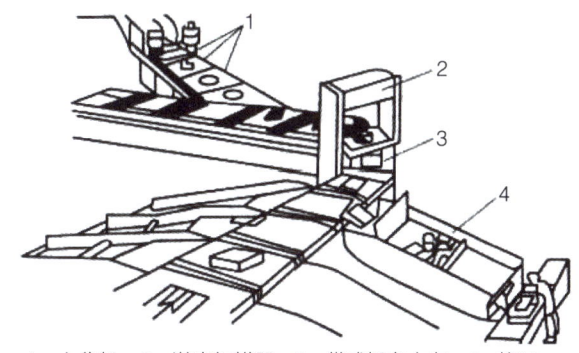

1—上货机；2—激光扫描器；3—带式托盘小车；4—格口。

图5-22　交叉带式托盘分拣机

叉带式托盘小车的使用扩大了上机货物的规格范围，在业务量不大的中小型配送中心，可按不同的时间段落处理多种货物，从而节省了设备的数量和场地。二是货物卸落时，同样可以根据货物质量、尺寸及在托盘带上的位置来确定托盘的启动时间、运转速度，可以快速、准确、可靠地卸落货物，能够有效地提高分拣速度、缩小格口宽度，从而缩小机器尺寸，有明显的经济效益。

托盘分拣机的使用范围比较广泛，它对货物形状没有严格限制，箱类、袋类甚至超薄形的货物都能分拣，分拣能力达10000件/时。

6．悬挂式分拣机

悬挂式分拣机是用牵引链（或钢丝绳）作牵引件的分拣设备，按照有无支线，可分为固定悬挂和推式悬挂两种机型。图5-23为固定悬挂式分拣机示意图，用于分拣、输送货物，它只有主输送路线，吊具和牵引链是连接在一起的，后者除主输送线路外还具备储存支线，并有分拣、储存、输送货物等多种功能。

7．滚柱式分拣机

滚柱式分拣机（图5-24）是用于对货物输送、存储与分路的分拣设备，按处理货物流

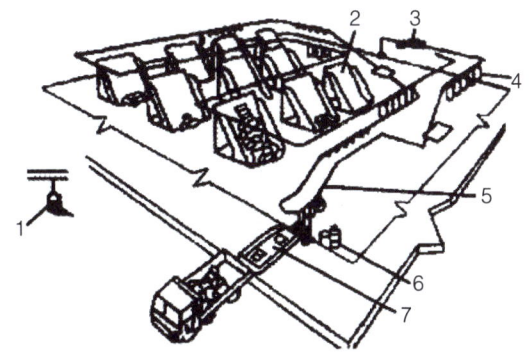

1—吊挂小车；2—格口；3—张紧装置；4—货物；
5—输送轨道；6—编码台；7—传送带。

图5-23　固定悬挂式分拣机示意图

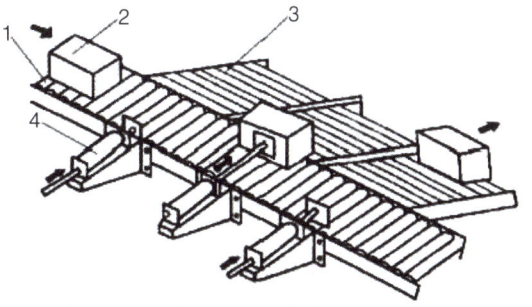

1—滚柱机；2—货物；3—支线滚柱机；4—推送器。

图5-24　滚柱式分拣机

程需要，可以布置成水平形式，也可以和提升机联合使用构成立体仓库。

五、自动分拣设备的选型原则

现代化分拣装置是配送中心的重要生产工具，它的正确选用和合理使用，不仅能提高货物分拣和整个配送系统自动化程度，而且也是实现物流现代化和社会化的重要标志之一。因此，要根据配送中心的分拣方式、使用目的、作业条件、货物类别、周围环境等条件慎重认真地选用。一般来讲，应考虑以下几个原则。

1．设备的先进性

在当前高新技术不断发展的条件下，设备先进性是选用时必须考虑的因素之一，只有先进的分拣设备，才能很好地完成现代化配送任务。否则，使用不久就要更新换代，就很难建立起行之有效的配送作业体系。因此在选用分拣设备时，要尽量选用能代表该类设备发展方向的机型。同时，设备的先进性是相对的，选用先进设备不能脱离国内外实际水平和自身的现实条件，具体问题具体分析，选用有效、能满足用户要求的设备。实际上，选用分拣设备就是选用那些已被实践证明技术成熟、技术规格和指标明确，并能在性能上满足要求的分拣设备。

2．经济实用性

选用的分拣设备应具有操作和维修方便、安全可靠、耗能小、噪声低、成本低，能保证人身健康及货物安全，并具有投资少、运转费用低等优点。只有这样，才能节省各种费用，做到少花钱、多办事，提高经济效益。

3．兼顾上机率和设备技术经济性

上机率是上机分拣的货物数量与该种货物总量之比。追求高的上机率，必将要求上机分拣的货物的尺寸、重量、形体等参数尽量放宽，这将导致设备的复杂化，技术难度及制造成本增加，可靠性降低。反之，上机率过低，必将影响设备的使用效果，增加手工操作的工作量，既降低了设备的性能价格比，也使分拣作业的效益降低。因此，必须根据实际情况，兼顾上机率和设备技术经济性两方面因素，确定较为合理的上机率和允许上机货物参数。

4．符合所分拣货物的基本特性

货物的物理、化学性质及其外部形状、重量、包装等特性千差万别，必须根据这些基本特性来选用分拣设备，这样才能保证货物在分拣过程中不受损失，保证配送作业的安全。

5．适应分拣方式和分拣量的需要

分拣作业的生产效率取决于分拣量大小及设备自身的分拣能力，也与分拣方式密切相关。因此，在选择分拣设备时，首先要根据分拣方式选用不同类型的分拣设备。其次要考虑分拣货物批量大小，若批量较大，应配备分拣能力高的大型分拣设备；而对于批量较小的货物，宜采用分拣能力较低的中小型分拣设备。

总之，在选用分拣设备时，要做好技术经济分析，尽量达到经济合理的要求，同时，还要考虑分拣作业方式、作业场地以及与系统匹配等综合因素，以保证分拣工作正常、安全运行，提高经济效益。

第四节　装卸堆垛机器人

一、机器人概述

机器人是一种自动化的机器，这种机器具备一些与人或生物相似的智能，如感知能力、规划能力、动作能力和协同能力，是一种具有高度灵活性的自动化机器。机器人技术综合了多学科的发展成果，代表了高技术的发展前沿，它在人类生活应用领域的不断扩大，正引起国际上重新认识机器人技术的作用和影响。

物流机器人（robot for logistics）是指具有一定程度的自主能力，能代替人执行物流作业预期任务，可重复编程的自动控制操作机（GB/T 18354—2021）。物流机器人主要应用于仓库、分拣中心以及运输途中等场景，完成装卸、搬运、存储、分拣和运输等相关工作。物流机器人从工作类别上大概可以分成自动导引车（AGV）、装卸堆垛机器人和分拣机器人三类。在此主要介绍的是装卸堆垛机器人。

二、装卸堆垛机器人的分类

根据码垛机构的不同可将装卸堆垛机器人分为多关节型和直角坐标型。如图5-25所示为京东物流的垂直多关节机器人。

根据抓具形式的不同可将装卸堆垛机器人分为侧夹型、底拖型和真空吸盘型。

此外，装卸堆垛机器人还可分为固定型和移动型等。

三、装卸堆垛机器人的主要技术参数

1. 抓取重量

抓取重量也称为负荷能力，是指机器人处于正常运行速度时所能抓取的重量。当机器人运行速度可调时，随着运行速度的增大，其所能抓取的工件的最大重量将减小。

图5-25　垂直多关节机器人

为安全起见，也有将高速时的抓重作为指标的情况。

2．运行速度

运行速度与机器人的抓重、定位精度等参数有密切关系，同时也直接影响机器人的运动周期。目前机器人的运行速度在1500毫米/秒左右，回转速度在20转/分左右。

3．自由度

自由度是指机器人的各个运动部件在三维空间坐标轴上所具有的独立运动的可能状态，每个可能状态为一个自由度。机器人的自由度越多，其动作越灵活，适应性越强，结构越复杂。一般情况下，机器人具有3～5个自由度即可满足使用上的要求。

4．重复定位精度

重复定位精度是衡量机器人工作质量的一个重要指标，是指机器人的手部进行重复工作时能够放在同一位置的准确程度。它与机器人的位置控制方式、运动部件的制造精度、抓取的重量和运行速度有密切的关系。先进的设计令机器人能够高速、精确、稳定地运行，并易于维护。目前机器人运动的轨迹十分精确，重复定位精度小于0.35毫米。

5．程序编制与存储容量

程序编制与存储容量代表着机器人的控制能力，用存储程序的字节数或程序指令数表示。存储容量大，机器人的适应性强，通用性好，从事复杂作业的能力强。

四、装卸堆垛机器人的主要结构

机器人是机电一体化的系统，它主要由以下几个部分组成。

1．执行系统

执行系统的功能是可以抓取货物，并按照规定的运动速度、运动轨迹将货物送到指定的位置，然后放下货物。它由以下几个部分组成。

（1）手部。手部是机器人用来握持货物或工具的部位，直接与货物或工具接触。有一些机器人将工具固定在手部，便无须再安装手部了。

（2）腕部。腕部是将手部和臂部连接在一起的部件。它的主要作用是调整手部的位置和姿态，并扩大手部的活动范围。

（3）臂部。臂部支撑着手腕和手部，使手部的活动范围扩大。在多关节机器人中，大臂和小臂两者由肘关节连接。

（4）机身。机身又称立柱，是用来支承臂部，安装驱动装置和其他装置的部件。

（5）行走机构。行走机构是扩大机器人活动范围的机构，被安装于机器人的机身下部，有多种结构形式，可以是轨道和车轮式，也可以模仿人的双腿。

（6）头部。有一些机器人具有头部，用来安装视觉装置和天线。

2．驱动系统

驱动系统是为机器人提供动力的装置。一般情况下，为机器人的每一个关节设置一个驱动系统，它接受动作指令，准确控制关节的运动位置。

3. 控制系统

控制系统控制着机器人按照规定的程序运动，它可以记忆各种指令信息，同时按照指令信息向各个驱动系统发出指令。必要时，控制系统还可以对机器人进行监控，当动作有误或者发生故障时发出报警信号，同时还实现对机器人完成作业所需的外部设备进行控制和管理。

4. 检测传感系统

检测传感系统主要是检测机器人执行系统的运动状态和位置，并随时将执行系统的实际位置反馈给控制系统，并与设定的位置进行比较，然后通过控制系统进行调整，使执行系统以一定的精度达到设定的位置。

5. 人工智能系统

人工智能系统赋予机器人类似人类五官的功能，具有学习、记忆、逻辑判断能力。

五、装卸堆垛机器人的应用

当下，我国的物流行业正在积极地从劳动型向技术型转变，由传统模式向现代化、智能化升级，随之而来的就是各种各样先进的技术装备的运用和普及。如今，具有搬运、码垛、分拣等功能的智能机器人的运用，已经成为物流行业中的一种普遍现象。在立体仓库装卸搬运区，机械手搬运机和装卸搬运机器人能按照预先设定的指令完成上料、装配、装卸、码垛等作业，其作业速度高，作业准确，尤其适合有污染、高温、低温等特殊环境和反复单调作业场合。

机器人在仓库中的主要作业是码盘、搬运、堆垛和拣选。在仓库中利用机器人作业的优点是其能在搬运、拣选、堆码过程中完成决策，起到专家系统的作用。它在自动仓库入库端的作业过程为：被运送到仓库中的货物通过人工或机械化手段放到载货台上，机器人将放在载货台上的货物进行分类。由于机器人具有智能系统，可以根据货箱的位置和尺寸进行识别，将货物放到指定的输送系统上。

视野拓展

京东物流集团亚洲一号仓物流设备简介

京东亚洲一号仓（下称"亚洲一号"）是京东立志将自动化运营中心打造成亚洲范围内B2C行业内建筑规模最大、自动化程度最高的现代化运营中心的一个项目名称。2014年10月，京东上海"亚洲一号"正式投入使用，2023年11月11日，京东物流"亚洲一号"兰州智能产业园正式开仓运营，十年间已有数十座亚洲一号园区遍布全国20余个省市。

亚洲一号主要的物流智能设备系统有以下几种。

1. 货到人系统

货到人系统用于对纸箱、周转箱等容器进行自动化存取、搬运，并可实现货物到人的拣选技术。

2. AS/RS系统

自动化立体仓库系统，高密度存储形式，能够充分利用存储空间。交叉带式分拣机系统，适用于中小件型的包裹分拣，配合全自动供包形式，最大化降低人员投入，提高分拣效率。

3. AGV系统

自动导向小车（AGV）替代了人工模式的搬运重物和重复常规的物料搬运工作，能够和装卸堆垛机器人、自动化立体仓库等联合作业。

4. 阁楼货架系统

阁楼货架系统是一种充分利用空间的由钢结构搭建而成的多层货架系统，员工可在巷道内拣货。亚洲一号的部分项目中，采用四层阁楼货架系统，增加可用拣选面积，同时最大化利用了存储空间。

5. 输送系统

亚洲一号各物流中心内使用了大量的输送线以减少货物搬运量，减轻人员的劳动强度，提升自动化水平。

资料改编来源：百度百科。

第五节 仓储辅助设备

一、计量设备

（一）计量设备的概念与分类

计量设备是对物品的重量、长度、数量、容积等量值进行度量的器材、仪器的总称。在仓库中使用的计量设备种类很多，根据计量方法的不同可以分为：重量计量设备，如各种磅秤、地重衡、轨道衡、电子秤；流体容积计量设备，如液面液位计；长度计量设备，如检尺器、长度计量仪；个数计量设备，如自动计数器、自动技术显示装置。

在仓库内接收、分发等作业中，最广泛使用的是重量计量设备。重量计量设备是统计货物进出量、储存量的基础，也是计算仓库损耗量、作业能力与作业效率的基础。重量计量设备按机构原理可分为以下几种。

1．机械秤

这种秤是机械杠杆秤，是利用杠杆原理进行称重的秤。这种秤的优点是结构简单，维修方便；准确度高，性能稳定；安全可靠，经济耐用；操作技术要求不高。缺点是体积大，效率低，不适宜于自动化生产线上连续称重。

2．电控机械秤

电控机械秤是机电结合的半自动秤。该秤的承重装置由机械杠杆组成，待杠杆承受力后，杠杆再将受力后的位移通过光栅装置转换成数字信号送入电子线路，最后用数字显示出重量值。该秤与机械秤相比称量效率较高，但称量准确度有所降低。

3．电子秤

电子秤以称量传感器为基础，以传感器为承重元件，把被称的物体重量按一定的比例关系转换成信号，然后通过二次仪表显示出重量。该秤体积小，称量效率高，适用于动态称量和在工作条件差的环境中工作，能做到自动化和远距离控制。

（二）计量设备的特点

仓库中广泛应用各种不同的计量设备，不同的计量设备虽说有不同的特点，但从总体上看，计量设备具有一定的共性。下面以衡器为例介绍计量设备的共同特点。

1．稳定性

稳定性是指计量设备的计量感应部分在受力后，离开平衡位置，但是在所受的力撤销以后能够回到原来平衡位置的性能。

2．灵敏性

灵敏性即衡器的灵敏度，是指衡器能感应出来的最小荷重变化。灵敏性高的计量设备，当荷重略有变化就能反映出来。

3．不变性

不变性是指对同一物体连续称重，每次所计量的结果应该在误差所允许的范围内。

4．正确性

正确性是指衡器每次对不同物品的计量结果应该在误差所允许的范围内。

上述特点之间是相互联系、相互制约的关系，因此，在使用时，应根据具体使用要求，选择合适的衡器。

（三）主要计量设备

1．地重衡和轨道衡

地重衡是一种地下磅。将磅秤的台面安装在车辆行驶的路面上，使通过的车辆能够迅速称重。地重衡一般由称重台板、钢梁、称重杠杆、传力杠杆和计量杠杆等组成。

轨道衡是有轨式的地下磅秤。在有轨车辆通过时，称出车辆的总重量。

地重衡和轨道衡都包括机械式和电子式两类，机械式地重衡和轨道衡需要人工参与操作，计量的误差较大，计量的误差为0.5%左右。电子式地重衡和轨道衡带有自动显示装置，误差较小，准确度较高，其误差为0.1%～0.2%。

2. 电子秤

电子秤是一种自动称量的衡器。各种电子秤的基本结构和工作原理大致相同，都是通过力传感元件来实现力和电信号的转变，再通过仪器实现电信号与可识别的数字信号的转变。

（1）一般电子秤。电子秤的主要结构由三部分组成，即传力系统、信号转换系统和信号处理系统。

传力系统的作用是将重力传给传感元件，主要包括称重平台、传感器连接件和防止称台水平移动的水平限位器。称重平台为焊接钢结构，以保证足够的强度和刚度。传感器安装大多采用双弧面或球弧面两种结构形式，以保证传感器的自动对中，能在活动台面上保证传力正确。水平限位器用来限制称重平台的水平位移，它对水平方向的作用力有很强的抵抗作用，对垂直方向的作用力影响很小。

信号转换系统又称为传感器。传感器的作用是将力信号转换成电信号。将力信号转换成电信号的装置很多，目前制造技术最成熟的是电阻应变式传感器。

信号处理系统的作用是将电信号转变成人们所能识别的信号。传感器输出的电压，经滤波单元，送至测量桥路，使测量桥路具有不平衡的电压，此电压经过放大器放大，放大的电压使小电机转动，小电机带动仪表转动。同时，小电机也带动测量桥路的滑线电阻滑臂的移动，使滑线电阻改变，输出一个相反的电压，使测量桥路的电压趋于平衡，于是小电机停转，仪表盘也停止转动，指针的位置便是被称物品的质量。

（2）小车式电子吊秤。小车式电子吊秤由称重台面、称重传感器、称重仪表、打印机和信号传输电缆等组成，如图5-26所示。

小车式电子吊秤是将起重卷扬机构转配在称重台面上，用四支压式称重传感器将称重台面支承在小车上，称重仪表放置在行车控制室内，称重传感器受载荷后，按比例输出电信号，并由传输电缆送至称重仪表进行显示和打印。

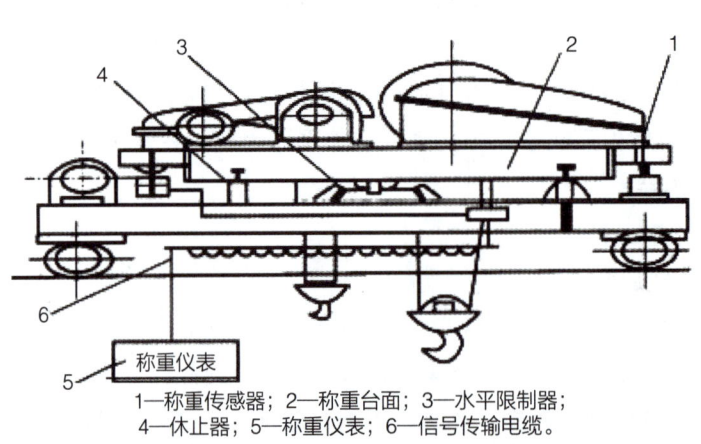

1—称重传感器；2—称重台面；3—水平限制器；
4—休止器；5—称重仪表；6—信号传输电缆。

图5-26 小车式电子吊秤结构图

（3）电子吊钩秤。电子吊钩秤具有使用方便、可随用随挂、灵活性强等优点，一般分为整体式和分离式两种形式。整体式电子吊钩秤的数字显示部分与秤体装在一起，数字在秤体上显示，如图5-27所示。分离式电子吊钩秤的数字显示部分与秤体分开，采用无线数据传输方式将信号传输到地面，由地面接收后并显示出质量数字，如图5-28所示。

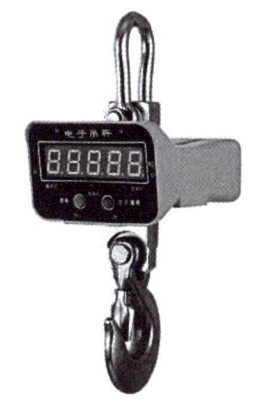

图5-27　整体式电子吊钩秤

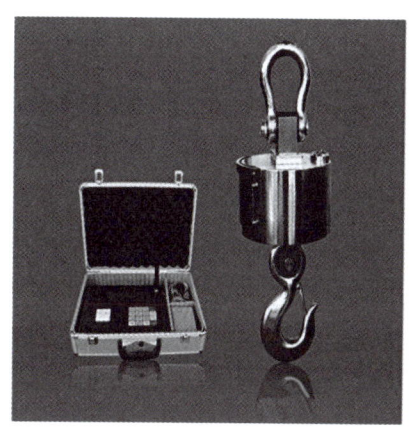

图5-28　分离式电子吊钩秤

3. 非连续累加自动秤

它是对散料进行称量并自动累加总重量的一种集机、电、仪、计算机为一体的技术含量较高的计量设备，具有自动化程度高、称量精度高等优点，既能满足连续输送动态的要求，又能满足静态称量的要求。

（1）非连续累加秤的基本结构。

①称量斗及称量传感器系统。它是非连续累加自动秤的核心部分，其任务是把落入称量斗的物料的重量信号，通过称量传感器，变成电信号，便于控制系统和运算系统去处理这些信号。

②进放料系统。即进料门、放料门，它使连续物料变成断续的一份份的物料，便于称量斗称量。

③缓冲系统。即上下缓冲斗，它利用自己的空间暂时存储被连续输送的物料，以便给称量斗留下足够的时间来进行静态计量。

④控制及运算系统。它由各种称量仪表及计算机组成，一方面处理各种重量信号，如累加、存储、运算、打印等，另一方面可根据一定的程序控制各个门的开闭及完成设定的各种任务。

⑤框架系统。它使各个系统连接为一体，是非连续累加自动秤最基本的框架。

⑥校秤系统。由于是计量设备，它必须有与标准相校验的功能及设施。

（2）非连续累加自动秤的工作特点。将连续输送的动态物料的重量信号，经缓冲分割后由称量斗的传感器转变为电信号，再由控制部分将其运算处理后，得出准确的重量信号,并输出或储存在储器中。

(3)非连续累加自动秤的主要技术性能指标。

①计量能力。指在单位时间内设备的正常工作能力,一般以吨/时或立方米/时为单位来表示。

②单斗量最大称量值。指计量斗最大的单斗量能力,一般以立方米、吨等计量单位来表示。

③显示分度值。指显示器上相邻两个显示值之差。

④准确度。指显示值与实际值之差,应在有关标准规定的准确度等级范围之内。

(4)非连续累加自动秤的应用。主要用于对连续输送散料的计量,特别是广泛用于粮食搬倒工艺流程中对粮食的计量。

二、商品保管养护设备

(一)商品保管养护设备的概念与分类

商品保管养护是指根据商品自身的自然属性及商品在储存期间质量变化规律对仓库内储存的商品进行保管与维护,以创造适宜的商品储存条件,维护商品在储存期的安全,保护商品的质量,降低商品的损耗。而要做好这些工作,离不开商品保管养护设备。

商品保管养护设备是指在仓库中完成商品保管养护作业所需要的各种机械设备。根据商品保管养护的种类和性质,商品保管养护设备常分为温度湿度测量与控制设备,如通风机、去湿机、冷冻机等;除锈机械,如板材除锈机、管材内外壁除锈机、槽钢除锈机等。

(二)常用的保管养护设备

1. 测湿仪器

在进行商品保养时,只有通过准确的测量,求得库房内外空气湿度的具体量值,才能采取可靠的措施来控制仓库湿度,常见的测湿仪器有以下几种。

(1)干湿球湿度传感器。干湿球湿度传感器的构造如图5-29所示。它由两支相同的微型套管式热电阻、微型轴流通风机和塑料水杯等组成。一支热电阻上包有潮湿纱布作为湿球温度计,另一支热电阻为干球温度计,两者都垂直安装在湿度传感器的中间,并正对侧面空气吸入口。传感器的顶部有一个微型轴流通风机,以便在热电阻周围造成恒定风速的气流。此恒定气流速度一般在2.5米/秒以上。干湿球湿度传感器有电动通风装置,可以减小空气流速对测量的影响。同时,也由于在热电阻周围加大了气流速度,使热湿交换

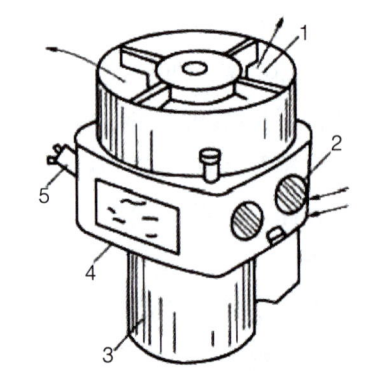

1—轴流通风机;2—热电阻吸风口;3—水杯;
4—外壳;5—引线。

图5-29 干湿球湿度传感器

速度加快,因而减小了仪表的时间常数。当测量空气湿度时,把电源接通,轴流通风机起动,空气从吸入口进入湿度传感器,通过干、湿球热电阻周围后,被轴流通风机排出。当湿球热电阻表明水分蒸发达到稳定状态时,干、湿球热电阻同时发送出相对于干、湿温度的电阻信号,将这信号输入空气相对湿度显示仪表或控制系统,就可进行空气相对湿度的远距离测量与控制。

(2)自动干湿湿度计。它是利用干湿球温度差效应来测量空气相对湿度的仪表,一般由干湿球湿度传感器、干球温度测量桥路与湿球温度测量桥路连接成复合电桥、补偿可变电阻、电子放大器及可逆电机等组成。自动干湿湿度计能在显示装置上指示出所测空气的相对湿度,并能自动记录测量结果。

(3)氯化锂电阻式测湿传感器。它是利用氯化锂在空气中有较强的吸湿能力、吸湿后其电阻减小的特性来测量空气湿度的仪表,其基本结构如图5-30所示。它是用梳状的金属箔制在绝缘板上,外面再涂上氯化锂溶液,形成氯化锂薄膜层。两组平行的梳状金属箔本身并不接触,仅靠氯化锂盐层导电而构成回路。将测湿传感器置于被测空气中,当相对湿度改变时,氯化锂中含水量也改变,随之湿度传感器的两梳状金属箔片间的电阻也发生变化,将此随湿度变化的电阻值输入显示仪表,就能显示相应的相对湿度值。这种测湿传感器的量程较窄,一般相对湿度在5%~95%测量范围之内,需制成几种不同氯化锂浓度涂层的测湿传感器。因此,应根据具体测量要求选择合适的测湿传感器。一般将相对湿度分成四种:5%~38%、15%~50%、35%~75%、55%~95%。最高工作温度为55℃。使用时按需要选择测湿传感器,应遵守其使用要求,并需要定期更换。

(4)氯化锂露点式测量传感器。它是利用氯化锂溶液吸湿后电阻减小的基本特性来测量空气湿度的仪表,主要由氯化锂露点传感器、空气温度传感器等组成。氯化锂露点式测量传感器的构造如图5-31所示。

在薄壁铜管的外面包一层塑料薄膜,其外有玻璃丝套管。在套管外表面上绕有平行的两根加热金丝,玻璃丝套管上的加热金丝间涂以氯化锂溶液。金属管内插入热电阻,用来

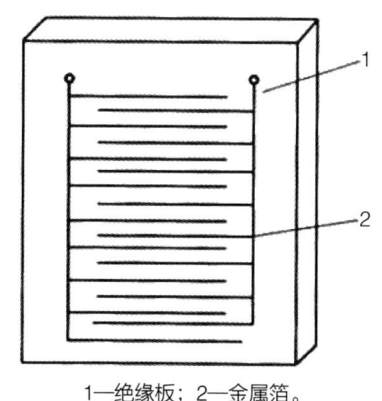

1—绝缘板;2—金属箔。

图5-30 氯化锂电阻式测湿传感器

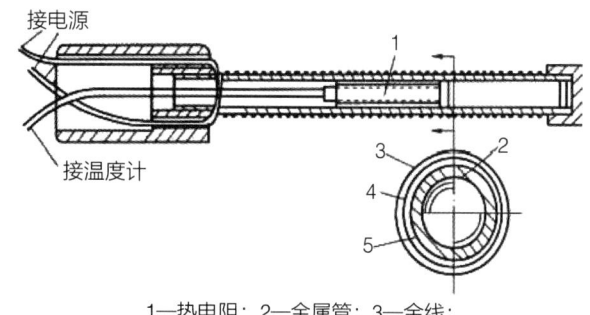

1—热电阻;2—金属管;3—金线;
4—玻璃丝管套;5—绝缘涂层。

图5-31 氯化锂露点式测量传感器

测量氯化锂盐液被加热到的平衡温度。

2. 去湿机

去湿机是仓库中用于吸湿的设备，主要有以下几种。

（1）空气去湿机。空气去湿机的工作原理是利用制冷装置，将潮湿空气冷却到露点温度以下，使水气凝结成水滴被排出；被冷却干燥的空气再送入仓库内。这种不断循环排除大量水分后，即可使室内空气相对湿度不断下降。去湿机在室温27℃、相对湿度在70%时，吸水量可达6千克/时。有的空气去湿机上还装有电加热器，当库温低于15℃时，可利用外温来降低空气的相对湿度。有的空气去湿机还配有自控装置，只要将库内所需相对湿度的上限或下限事先选定，当库内相对湿度超过上限时，自控装置能自动关机。使用去湿机吸湿、吸潮效率高，去湿快，效果显著，成本低，操作简单，无污染。

（2）氯化钙动态除湿器。氯化钙动态除湿器是在通风机的强制作用下，使含湿量大的空气通过氯化钙吸湿层，以降低空气中水分的一种装置，主要由轴流通风机、骨架、吸湿层容器等组成。以风叶直径400毫米、风量2880立方米/时的轴流通风机作风源，温度在20℃左右、相对湿度在80%的条件下每小时吸湿率为4%。如果用60千克无水氯化钙做吸湿层，开机10小时，可吸湿20千克。

（3）氯化锂转轮除湿机。氯化锂转轮除湿机利用嵌固在石棉纸上的氯化锂晶体做吸湿剂。它的特点是吸湿和再生能连续进行。这种除湿机的特点是温度控制简单、除湿能力大、操作方便。作为吸湿剂的氯化锂结晶，虽然吸附着水分，但通过除湿再生机构的空气加热作用会被再生。此机可以很容易取得低露点、低湿度的空气。另外，氯化锂转轮除湿机的使用寿命也较长，维护相当简便。

3. 通风机

通风机是将发动机的机械能转换为其他的动能和压力能的机械设备，是对仓库湿度进行控制的设备。

（1）通风机的分类和特点。通风机种类很多，仓库中常用的通风机有离心通风机和轴流通风机，分别如图5-32、图5-33所示。

①离心通风机。气体进入旋转的叶片通道，在离心力作用下气体被压缩并沿着半径方向流动的通风机。离心通风机的产量大，应用范围广，这是因为其有明显优点：流量和压

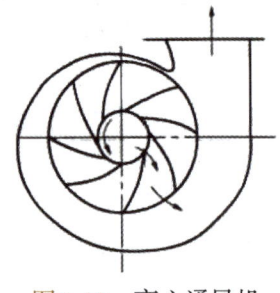

图5-32　离心通风机

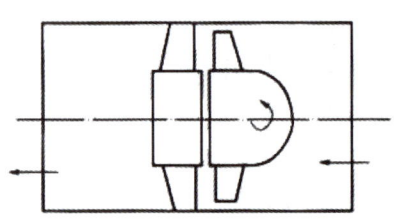

图5-33　轴流通风机

力稳定；传动结构简单；维修费用低。

②轴流通风机。气流轴向进入风机叶轮后，在旋转叶片的作用下沿着轴线方向流动的通风机。相对于离心通风机，轴流通风机具有流量大，体积小，压力低的特点，用于有灰尘和腐蚀性气体场合时应特别注意。

（2）通风机的选型。通风机对其安全、可靠、合理运行以及仓库效益都有重大的影响。选择通风机时，首先应根据性能参数、工艺要求、使用场合等，选择通风机的种类、机型以及结构材质等以符合所需的工作条件；其次应尽量选用高效率的通风机，力求使通风机的额定流量和额定压力尽量接近要求的流量和压力，使通风机运行时使用工况点接近通风机特性的高效率；最后应充分考虑环保的要求，通风机应适合现场安装及安全运行。

4．除锈机

除锈机是指对储存的金属商品进行除锈作业的机械设备，它主要是利用机械力去冲击、摩擦、敲打金属以除去表面的锈层和污物。除锈机种类很多，主要有板材除锈机、管材内外壁除锈机和槽钢除锈机。不管是哪类除锈机，其除锈方法主要有以下几种。

（1）抛光除锈法。采用软质的棉布、帆布涂上各种抛光磨料制成抛光轮，利用电机带动，在高速旋转下，把锈除去。在抛光轮上涂有抹光膏，效果更好。

（2）抛丸除锈法。依靠高速旋转（2000转/分）的抛丸器叶轮，抛出贴丸和钢丸，以一定角度冲击金属表面，以摩擦和冲击的方式达到除锈的目的。这种方法自动化程度高，效率高，锈尘少，劳动强度低，表面清理质量好。适用于大面积平板和大型设备的外表面除锈，以及机械零件的清理。

（3）喷射除锈法。将砂粒等强力喷射到金属表面，借其冲击和摩擦的作用将锈除去。

（4）钢丝轮除锈法。用金属制成轮刷，在电机带动下，高速旋转去锈。

三、安全消防设备

（一）安全消防设备的概念与分类

仓库是商品的集聚地，又是仓储作业的劳动场所，具有较大的商品储存量和各种各样的仓储设备，稍有疏忽，就可能发生盗窃、火灾事故，造成严重的损失。因此，按照科学的方法，加强仓储的安全消防管理，确保设备、人员和商品的安全，这对避免损失、保证商品周转和供应工作的顺利进行，有着重要的意义。

为了做好安全消防工作，必须科学合理地配置安全消防设备。随着科学技术的发展，现代仓库一般都配置有自动化程度较高的防盗报警系统、火灾自动报警系统、火灾喷水灭火系统，在这些系统中，应使用各种安全消防设备。

安全消防设备是指用于仓库防盗防火的各种安全消防器材、工具的总称。按照其用途，安全消防设备常分为防盗报警传感器，火灾自动报警设备，灭火器，自动喷水灭火设备，消防车、消防梯、消防水泵，给、蓄、泵水设备，等等。

（二）常用安全消防设备

1. 防盗报警传感器

防盗窃和防破坏是确保仓库安全的重要工作之一，而要做好这项工作，需要用到防盗报警系统。防盗报警系统主要由防盗报警传感器和防盗报警控制器构成，前者设在保护现场，用来对被监视目标进行探测；后者放在值班室，主要接受传感器送来的盗情信息，进行声、光报警。

（1）人体感应传感器。一般设置在门窗附近，当有人靠近即时报警，其容易受环境、气候影响，调整较麻烦，误报也较多。

（2）光电式传感器。光电式传感器分为光束发射和接收两部分。当有物体通过光束之间时，光束被遮挡，即报警。为便于隐蔽，光束多采用激光或红外线，并采用脉冲发射，瞬时功率大，作用距离远，同时也便于排除其他连续光源的干扰。在防范区域四周或主要道口常用其构成封锁线。

（3）微波传感器。利用多普勒效应原理对移动目标进行探测，其类似一个小型简易的多普勒雷达，所防范的区域是一个立体空间，常用于走廊或库房内部。

（4）开关传感器。常用的开关传感器为有触点和无触点两类。有触点的开关传感器多安装在门窗上，当门窗被打开时，有开关动作会报警；无触点开关传感器常用的有接近开关和触摸开关。其中，接近开关主要用来对金属物体进行探测，可以用作触锁报警；触摸开关是利用人手触及其敏感部位时，由人体感应电流，使晶体管由截止变为导通而报警，也可用触锁或触门报警。

2. 火灾自动报警设备

火灾自动报警设备主要由火灾探测器和火灾报警器组成。探测器装在需要监视的现场，报警器装在有人看守的值班室。两者之间用导线或无线方式进行连接。

（1）火灾探测器的概念与种类。火灾探测器是组成各种火灾报警系统的重要器件，它是利用一些敏感元件和电子线路，将火灾初期的各种物理和化学参数转换成电信号，然后送给报警器的一类特殊传感器。火灾探测器主要有以下几种。

①烟感探测器。根据火灾时产生烟雾的特点，利用烟雾检测元件检测发出火警信号。它是世界上应用较普遍、数量较多的探测器，可以探测70%以上的火灾，有离子感烟探测器、光电式感烟探测器和红外激光式感烟探测器。

②感温探测器。根据火灾时温度升高的特点，利用温度检测元件检测并发出火警信号，有定温式、差动式和定温差动式等。

③火焰探测器。它是一种响应火灾发出的电磁辐射的火灾探测器，对快速反应火灾（如易燃、可燃液体火灾等）能及时响应，是对这类火灾早期通报的理想探测器。

④可燃气体探测器。利用气敏半导体元件，检测空气中可燃气体的浓度并发出报警信号。

（2）火灾探测器的选择。常根据火灾的特点、库房的高度、环境条件来选用火灾探测器。

3. 灭火器

（1）灭火器的概念。灭火器是扑救初起火灾的重要消防器材，它轻便灵活、实用，是仓库消防中较理想的第一线灭火工具。

灭火器就其外形而言，结构基本相似，主要由本体和器头组成。灭火器本体为一柱状球形头圆筒，由钢板卷筒焊接或拉伸成圆筒焊接而成；二氧化碳灭火器本体由无缝钢管闷头制成。本体用以盛装灭火剂。灭火器的器头是操作机构，其性能直接影响灭火器的使用效能，由保险装置、启动装置、安全装置、压力反应装置和密封装置等组成。

（2）灭火器的种类及应用范围。由于各种灭火器性能不同，用途各异，使用时应事先了解灭火器的性能和适用范围，临时灭火视灭火具体情况选用。常用的灭火器有以下几种。

①化学泡沫灭火器。它是以化学泡沫剂溶液进行化学反应产生二氧化碳作为释放化学泡沫的驱动气体而进行灭火的灭火器，其主要用于固体物质和可燃液体火灾的扑救，不适用于带电设备、水溶性液体、轻金属火灾等的扑救。

②干粉灭火器。它是以干粉为灭火剂，二氧化碳或氮气为驱动气体的灭火器，其具有无毒、无腐蚀、灭火迅速的优点，适用于扑救石油及其产品，尤其是可燃气体、易燃气体、电气设备的初起火灾。

③1211灭火器。它是以二氟一氯一溴甲烷（CF_2ClBr）为灭火剂，以氮气作驱动气体的灭火器。"1211"是卤化物二氟一氯一溴甲烷的代号。这种灭火器具有灭火效率高、速度快、毒性低、电绝缘性好、对金属无腐蚀、灭火后不留痕迹等优点，适用于油类、电气设备、仪器仪表、图书档案、工艺品等初起火灾的扑救，可设置在贵重物品仓库等场所。

④二氧化碳灭火器。它是以液化的二氧化碳气体本身的蒸汽压力作为喷射动力的灭火器。它不导电，适用于易燃、可燃液体、可燃气体和低压电器设备、仪器仪表等的初起火灾扑救，不可用于轻金属火灾的扑救。扑救棉麻、纺织品火灾时，需注意防止复燃。

⑤酸碱灭火器。其内装碳酸氢钠的水溶液和硫酸，用时将筒身颠倒，两种液体混合产生二氧化碳气体和水，喷射到燃烧物上，使温度降低，直至冷却而灭火。它适用于竹、木、纸张、棉花等普通可燃物初起火灾的扑救。由于灭火器带有酸性，因此，不宜用于忌酸、忌水的化学品以及油类等火灾的扑救。在扑救电器时，应先将电源切断后才能使用。

视野拓展

天泽智联仓储物流消防安全方案简介

天泽智联科技股份公司（以下简称"天泽智联"）是一家专注于火灾风险综合治理的高新技术企业，以消防安全管理为切入点，整合产业链资源，综合运用物联网、大数据、云计算等新兴IT技术，创新运营机制、服务模式和产业业态，构建基于消防工作结果为保证的消防服务体系，提升消防安全综合管理、应急指挥能力。在仓储物流消防安全方面，天泽智联主要构建了以下方案。

1. 构建物联网数字底座

天泽智联根据国家及地方标准对仓储物流场所的消防设施器材进行整改，同时部署智能烟感/温感、摄像头、水位/水压监测、电气火灾监测等物联网感知设备，并将全部数据上传至消防安全云平台，实现状态动态感知和实时预警。

2. 建设早期监测预警能力

将物联网设备进行联动管理，实现烟雾报警、电气报警可视复核、远程消音等功能；提供7×24小时监测服务，对消控室值班、防火巡查、报警处置、隐患整改、设备设施监测等全程跟踪和指导，增强早期火灾监测、报警、处置能力。

3. 打造专业特色服务体系

自主研发的消防管家、维保助手等辅助工具为日常消防管理、维保检测提供有力抓手，全面提升管理效能；"消防安全经纪人"定期开展培训、演练、隐患排查等，提升员工整体安全素质，助推各个环节的规范化、痕迹化管理。

4. 定制开发多层级监管平台

针对集团型、分散型仓储物流企业，开发多层级可视化监管平台，全面分级汇聚消防安全实时数据，做到一目了然，安全态势"一张图"，高效实现集中统一管理，夯实各层级责任链条。

5. 保险保障促进风险减量

提供以损失赔付为兜底的风险减量服务，对服务范围内的设备损坏或火灾事故进行赔付，流程便捷、办理高效，缓解企业经济损失，减轻政府处置压力。

资料改编来源：天泽智联官网。

第六节 自动化立体仓库

自动仓储系统（automated storage and retrieval system，AS/RS）是指不用人工直接处理，能自动存储和取出物料的系统。自动化仓库技术是现代物流技术的核心，它集自动化立体仓库及规划、管理、机械、电气于一体，是一门综合性的技术。

一、自动化立体仓库概述

（一）自动化立体仓库的概念

自动仓储系统是采用高层货架储存货物，用起重、装卸、运输机械设备进行货物出库和入库作业的系统，AS/RS主要通过高层货架充分利用空间进行存取货物，所以又被称为自动化立体仓库系统。

自动化立体仓库的最大高度已超过40米，最大库存量可达数万个甚至10多万个货物单元，可以做到无人操纵按计划入库和出库的全自动化控制，并且对于仓库的管理可以实现计算机网络管理。国内对自动化立体仓库的需求不断增加，自动化立体仓库的建设在我国方兴未艾。

（二）自动化立体仓库分类

1. 按仓库的建筑形式分

（1）整体式。货架既是储存货物的构件，又是建筑承重构件，它上部支承屋盖，四面围上保温墙板就形成了仓库建筑物。这种结构无论在材料消耗、施工量还是仓库空间利用方面，都是比较经济合理的。这种结构重量轻，整体性好，抗震性能高。

（2）分离式。在仓库建筑物内独立地建起货架，货架与建筑物是分开的，这种形式适用于利用原有建筑物作库房的情况。当仓库高度在12米以下和地面荷载不大时，采用这种形式还是比较方便的。由于这种仓库可以先建库房后立货架，所以施工安装比较灵活方便。整体式和分离式的结构如图5-34所示。

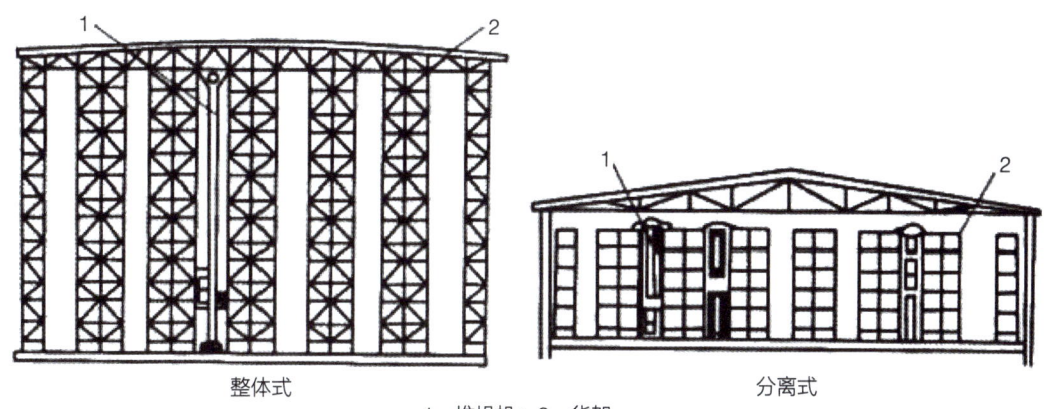

1—堆垛机；2—货架。

图5-34 自动化立体仓库的建筑形式

2. 按库房高层分

按库房高层分，自动化立体仓库可分高层、中层和低层三种。一般5米以下为低层，5~12米为中层，12米以上为高层。

3. 按库房容量分

自动化立体仓库的库容量一般用所能储存货物的单元托盘数表示。一般库容量在2000托盘以下为小型仓库；库容量在2000~5000托盘的为中型仓库；库容量在5000托盘以上的为大型仓库。目前自动化立体仓库的最大库容量已达十多万个托盘。

4. 按仓库作业的控制方式分

按仓库作业的控制方式分，自动化立体仓库可分为手动控制、远距离控制和电子计算机控制。手动控制包括手动和半自动两种；远距离控制包括单机自动和远距离集中控制两种；电子计算机控制包括离线控制、在线控制和计算机在线实时控制三种。

5. 按仓库存取方式分

（1）以货物单元存取的仓库。在这种仓库里，货物存放在标准容器中或在托盘上储存。出库和入库都以整个单元进行。所用的物料搬运机械是适用于整个单元搬运的，例如带伸缩货叉的巷道式堆垛机等。

（2）拣选式仓库。这种仓库里，货物虽以单元化方式入库和储存，但出库时并非整个单元一起出，而是根据出库提货单的要求从货物单元中拣选一部分出库。这种拣选又可分为两种，一种是仓库工人乘坐拣选式堆垛起重机或叉车到需要取货的货格前，从货物单元中拣选必要数量的货出库，这种方式叫作"人到货前拣选"；另一种方式恰好相反，是用一般的巷道式堆垛机或其他搬运机械将所需货物单元整个搬运出巷道到拣选区，由工人选取必要的数量，然后将带有剩余货物的单元重新送回原址，这种方式叫作"货到人处拣选"。

6. 按仓库在生产和流通中的作用分类

（1）单纯储存的仓库。货物以单元化形式入库之后，在货架上储存一定的时间，需要时，出库供使用。绝大多数自动化立体仓库都是这样的。

（2）配送中心式仓库。在这种仓库里，各种货物先是各自以货物单元的形式储存在货架上。出库时，往往需要根据订单的要求将不同货物以不同的数量进行选配，组成新的货物单元，送往需要的地方供使用。典型例子是"配送中心"。这类仓库除了有高货架以外，一般都有比较大的选配作业面积。那里配有许多输送机和拣选作业站以及一系列的配套设备，供进行商品选配之用。

二、自动化立体仓库的主要组成

1. 货架
用于存储货物的钢结构。主要有焊接式货架和组合式货架两种基本形式。

2. 托盘（货箱）
托盘（货箱）是用于承载货物的器具，也称工位器具。

3. 巷道堆垛机
巷道堆垛机是用于自动存取货物的设备。按结构形式分为单立柱和双立柱两种基本形式；按服务方式分为直道、弯道和转移车三种基本形式。

4. 输送机系统
输送机系统是立体库的主要外围设备，负责将货物运送到堆垛机或从堆垛机将货物移走。输送机种类非常多，常见的有辊道输送机、链条输送机、升降台、分配车、提升机和皮带机等。

5．自动导向车系统

自动导向车系统，根据其导向方式分为感应式导向车和激光导向车。

6．自动控制系统

自动控制系统驱动自动化立体库系统各设备的自动控制系统，以采用现场总线方式为控制模式为主。

7．储存信息管理系统

储存信息管理系统又称中央计算机管理系统，是全自动化立体库系统的核心。典型的自动化立体库系统均采用大型的数据库系统来构筑典型的客户机/服务器体系，可以与其他系统（如ERP系统等）联网或集成。

自动化立体仓库的这些组成部分，有的在本章前面已经介绍，如货架；有的属于集装工具，在本书第四章进行介绍；有的属于装卸搬运设备，如AGV、输送机系统，在本书第三章进行介绍，在此重点介绍巷道堆垛机。

三、巷道堆垛机

搬运设备是自动化仓库中的重要设备，它们一般是由电力来驱动的，通过自动或手动控制，把货物从一处搬到另一处。设备形式可以是单轨的、双轨的、地面的、空中的、一维运行（水平直线运行或垂直直线运行）、二维运行、三维运行等。典型设备有升降梯、搬运车、巷道式堆垛机、双轨堆垛机、无轨叉车和转臂起重机等。

1．巷道式堆垛起重机的特点

（1）巷道式堆垛起重机的整机结构和叉车相比显得高而窄。另外，由于采用巷道式堆垛起重机的立体仓库很高，而货架巷道又非常狭窄，故巷道式堆垛起重机的宽度和所搬运的单元货物的宽度相等。

（2）巷道式堆垛起重机金属结构设计除需满足强度要求外，还应有足够的刚性和精度。制动时机架顶端水平位移一般要求不超过20毫米，而且振动衰减时间要短。机架立柱上升降导轨的垂直度应严格控制，一般全长不应超过3～5毫米。

（3）巷道式堆垛起重机配备有特殊的取货装置，常用的有伸缩货叉或者伸缩平板，能向两侧货格伸出存取货物。

（4）巷道式堆垛起重机的电力拖动系统要同时满足快速、平稳、准确和安全四方面要求。

①快速性。工作速度高、启动制动快，尽量缩短搬运时间。

②平稳性。启动制动要平稳，以防止货物单元在货台上发生滑移或者装在托盘上的货物发生倒塌，减少金属结构的动载荷，保证司机舒适和起重机上的电子元件免受冲击震动。

③准确性。起重机的电力拖动系统应能保证起重机与货台准确地停靠在指定的位置，停准偏差一般为5～10毫米。这就要求起重机具有良好的低速特性。

④安全性。必须配备齐全的安全装置,并在电气控制上采取一系列联锁和保护措施。对于自动控制的巷道式堆垛起重机尤其要这样。

2. 巷道式堆垛起重机的分类与作用

巷道式堆垛起重机通常按其金属结构型式、起重机运行支承方式和取货作业方式进行分类,如表5-4所示。

表5-4 巷道式堆垛起重机分类与作用

分类方式	类型	特点	作用
按金属结构型式分类	单立柱型	①金属结构由一根立柱和上、下横梁组成（或仅有下梁） ②自重较轻,但刚性较差	一般用于起重量2吨以下,起升高度不大于16米的仓库
	双立柱型	①金属结构由两根立柱和上、下横梁组成 ②刚性好,自重较单立柱大	①能适用于各种起升高度的仓库 ②起重量可达5吨或更大 ③适用于高速运行,快速起、制动
按起重机运行支承方式分类	地面支承型	①支承在地面轨道上,用下部车轮支承和驱动 ②上部设水平导向轮 ③运行机构布置在下部	①适用于各种起重机和起升高度的仓库 ②使用最广
	悬挂型	①仓库屋架下装设轨道,起重机悬挂于轨道下翼缘运行 ②仓库货架下部设有导轨,起重机下部设有水平导向轮靠在导轨上,防止摆动过大 ③运行机构设在上部	①适用于起重量较小、起升高度较低（不大于15米）的仓库 ②便于转移巷道 ③使用较少
	货架支承型	①巷道两侧货架顶部铺设轨道,起重机支承在两侧轨道上运行 ②仓库货架下部设有导轨,起重机下部设有水平导向轮靠在导轨上,防止摆动过大 ③运行机构设在起重机上部	①适用于起重量和起升高度均较小的仓库 ②使用很少
按取货作业方式分类	单元型	①以整个货物单元出、入库 ②起重机载货台须备有叉取货物的装置 ③自动控制时,机上无司机	①适用于整个货物单元出入库的作业,或者"货到人"的拣选作业 ②使用最广泛
	拣选型	①堆垛机上设司机室,由司机从货物单元中拣选一部分货物出库 ②载货台上可以不设叉取装置,直接由司机手工操作取货 ③全自动拣选式堆垛机用自动取货装置拣选	①适用于"人到货"的拣选作业 ②大多为手动与半自动控制 ③全自动拣选机使用极少

3. 巷道式堆垛起重机结构组成

巷道式堆垛起重机由起升机构、运行机构、载货台及取货装置、机架、电力拖动、控制方式和安全保护装置组成。

（1）起升机构。起升机构由电动机、制动器、减速机、滚筒或链轮以及柔性件组成。常用的柔性件有钢丝绳和起重链两种。除了一般的齿轮减速机外，由于需要比较大的速比，因而蜗轮蜗杆减速机和行星减速机的使用也不少。起重链传动装置多数装在上部，通常配有平衡重块，以减小提升功率。为了使起升机构结构紧凑，常常使用带制动器的电动机。起升机构的工作速度一般经常用15～25米/分，最高可达45米/分。但不管选多大的工作速度，都应备有一慢速挡（一般3～5米/分），主要使运动机构能平稳准确地停在规定位置，以便存取货物。

（2）运行机构。运行机构由电动机、联轴节、制动器、减速箱和行走轮组成。按运行机构所在位置的不同可以分为地面运行式、上部运行式、中间运行式等，其中地面运行式使用最广泛。这种方式一般用两个或四个车轮，沿铺设在地面上的单轨运行。在起重机的顶部有两组水平轮沿着固定在屋架下弦上的轨道导向。如果起重机车轮与金属结构通过垂直小轴铰接，起重机就可以走弯道，从一个巷道转移到另一个巷道工作。上部运行式起重机又可分为支承式和悬挂式两种，前者支承在货架顶部敷设的两条轨道上运行，起重机下部有两组水平轮导向。悬挂式的起重机则是悬挂在位于巷道上方的工字钢下翼缘上运行，下部同样有水平轨导向。

（3）载货台及取货装置。载货台是货物单元承接装置，通过钢丝绳或链条与起升机构连接。载货台可沿立柱导轨上升下降。取货装置安装在载货台上，司机室一般也装在载货台上，随载货台一同升降。对只需要拣选一部分货物的拣选式堆垛机，载货台上不设取货装置，只有平台供放置盛货容器之用。

（4）机架。机架由立柱和上、下横梁连接而成，是堆垛机的承载构件。机架有单立柱和双立柱两大类。单立柱结构的机架只有一根立柱和一根下横梁。这种结构重量比较轻，制造工时和消耗材料少，起重机运行时，司机的视野比双立柱好得多，但刚度较差，一般适应于高度不到10米的轻载荷堆垛机。双立柱的机架由两根立柱和上、下横梁组成一个长方形框架。这种结构强度和刚性都比较好，适用于起重量较大或起升高度较高的起重机。

（5）电力拖动。巷道式堆垛起重机的电力拖动除极个别外，都采用变速的电力拖动系统，常用的有以下几种：晶闸管供电直流调速系统、交流变极电动机换速、交流双电动机变速、晶闸管交流定子调压调速、涡流制动器调速、变频调速等。

（6）控制方式。

①手动控制方式。手动控制是堆垛机最基本的控制方式。这种方式是由操作人员在司机室内，用手柄或按钮来操作纵横运行、起升、货叉伸缩等动作。认址、变速、对准等全部靠司机来完成。该方式控制设备简单、经济，司机劳动强度较大，作业效率较低，适用

于出入库频率不高，规模不大的仓库。

②半自动控制方式。这种控制方式是由手动控制方式改进而成的，不同型号的半自动控制巷道堆垛机自动化程度也各不相同，但基本功能是：机构所配置的检测装置自动发出该机构停车信号，控制堆垛机自动停准。这种方式可显著提高堆垛机的作业效率，减轻司机的劳动强度。自动停准功能是半自动控制方式的主要功能，除自动停准功能外，有的堆垛机还有自动换速、自动认址、自动完成货叉伸缩存取货物的功能。这种控制方式，其控制设备除手动操纵盘外，一般还设有简单的继电器逻辑控制装置。它具有经济实用、便于维修等优点，适用于出入库比较频繁，规模不大的仓库。

③全自动控制方式。这种方式的主要特点是堆垛机上不需要司机。在机上便于地面操作的部位装有设定器，操作人员站在巷道口的地面上，通过机上设定器，设定出入库作业方式和地址等数据。机上装有自动认址装置和运动逻辑控制装置，在操作人员设定完并按下启动按钮后，堆垛机开始自动运行、升降、认址、停准及存取货物等运作，实现堆垛机的自动操作。

机上控制装置可以是电子式或继电器式的专用或通用顺序控制装置，也可以使用单板微型计算机。

设定器可以采用数字按钮、选择开关、拨码开关及读卡器等。读卡器可使用专用的，在专用卡片上穿有相应于货格地址的信息孔，通过专用读卡器进行地址设定。自动控制方式具有操作简单、作业效率高等优点，适用于出入库频率高，起重机台数不多且未配置输送机的中小规模（货位一般不超过2000个）仓库。

④远距离集中控制方式。出入库作业的控制装置和地址设定器安装在地面集中控制室内。操作者通过设定器设定出入库地址和作业方式，并输入地面或机上的控制装置（包括计算机）中，经过计算和判断，发出堆垛机运行的控制命令，实现堆垛机的远距离集中控制。由于地面控制装置远离巷道和堆垛机，需要配备堆垛机和地面控制室内的信息传送系统，常用的传输方法有电缆传输和感应传输两种。远距离集中控制方式适用于出入库频繁，规模比较大，有多台起重机和输送机，有较大容量（货格数在2000个以上）的仓库，特别是低温、黑暗、有害等特殊环境的仓库。可以节省人力，改善劳动条件，提高仓库作业效率，但初始投资和维护费用较高。

（7）安全保护装置。由于巷道式堆垛起重机是在又高又窄的巷道内快速运行的设备，对它的安全必须特别重视。

①一般起重机。一般起重机除常备的安全装置与措施（如各机构的终端限位保护和缓冲电动机过热和过电流保护、控制电路的零位保护等）外，还应结合实际需要增加下列各种保护。

a. 在运行和起升方向，距终端开关一定距离处设强迫减速开关，以确保及时减速。

b. 货叉伸缩机构只有在起重机运行机构和起升机构不工作时，才能启动。反过来，如果货叉已离开中央位置，起重机运行机构便不能启动，而起升机构只能以慢速工作。

c. 起升机构钢丝绳过载和松弛保护。

d. 断绳捕捉器。对于司机室随载货台升降的起重机，必须装设断绳捕捉器。

e. 下降超速保护。不论什么原因，一旦载货台下降发生超速现象时，此保护装置立刻将货台夹住。

②自动控制的起重机。对于自动控制的起重机，除具有上述保护装置外，还需增设下列安全装置。

a. 货格虚实探测装置。在入库作业中，货叉将货物单元送入货格之前，先用一个机械的或者光电的探测装置检查一下该货格内有无货物。如果无货，则伸出货叉将货物存入货格，如果已有货物，则报警停止进行后续的运作。

b. 空出库检测。在出库作业中，货叉伸进货格完成取货动作之后，如果在货台上检测不到有货物存在，则报警。

c. 伸叉受堵保护。货叉伸出受堵时，伸缩机构传动系统中装设的安全离合器会打滑进行保护。如果延续一定时间后，货叉尚未伸到头，则报警。

d. 货物位置和外形检测。如果货物单元在载货台上位置偏差超过一定限度，或者倒塌失形，检测装置便报警，起重机不能继续工作。

e. 堆垛机停准后才能伸货叉。

f. 货叉在货格内做微升降时，用检测开关限制微升降行程或限制其动作时间，以防止货叉升降过度，损坏货物、机构或货架。

g. 对系统中的关键检测器件，如货位探测开关、货叉原位开关等采用软件自检措施，以及时发现其是否损坏，是否需要更换失灵器件。

h. 堆垛机开动前发出声光警告。

四、自动化立体仓库的优点

自动仓储系统出现以后就获得了迅速的发展，这主要是因为这种仓库具有一系列突出的优点，在整个企业的物流系统中具有重要的作用。

1. 能大幅度地增加仓库高度，减少占地面积

用人工存取货物的仓库，货架高2米左右。用叉车的仓库可达3～4米，但所需通道要3米多宽。用这种仓库储存机电零件，单位面积储存量一般为0.3～0.5吨/平方米。而立体仓库目前最高的已经超过40米，它的单位面积储存量比普通的仓库高得多。一座立体仓库的货架15米高，储存机电零件和外协件，其单位面积储存量可达2～15吨/平方米，是普通货架仓库的4～7倍。对于一座拥有6000个货位的仓库，如果托盘尺寸为800毫米×1200毫米，则普通的货架仓库高5.5米，需占地3609平方米，而30米高的立体仓库，占地面积仅399平方米。

2. 提高仓库出入库频率

自动化立体仓库采用机械化、自动化作业，出入库频率高并能方便地纳入整个企业的

物流系统。

3. 提高仓库管理水平

借助计算机管理能有效地利用仓库储存能力，便于清点盘库，合理减少库存，节约流动资金。对用于生产流程中的半成品仓库，还能对半成品进行跟踪，提高仓库管理水平。

4. 提高仓储保管的质量

由于采用了货架储存，并结合计算机管理，可以很容易地实现先入先出，防止货物自然老化、变质、生锈。自动化立体仓库也便于防止货物的丢失，减少货损。

5. 能满足特殊作业场合的需要

采用自动化技术后，能较好地适应黑暗、有毒、低温等特殊场合的需要。例如，胶片厂储存胶片卷轴的自动化仓库，在完全黑暗的条件下，通过计算机控制自动实现胶片卷轴的入库和出库。

五、自动仓储系统的发展趋势

1. 自动化程度不断提高

近年来，采用可编程序控制器（programmable logic controller，PLC）和微机控制搬运设备的全自动化立体仓库，在全部立体仓库中的比重不断增加。日本1991年投产的1628座自动化立体仓库中，64%是计算机管理和控制的全自动化立体仓库。在生产企业，自动化立体仓库作为全厂计算机集成制造系统（computer integrated manufacturing systems，CIMS）的一部分，与全厂计算机系统联网的应用也日渐增多，它的发展成为今后的趋势。

2. 与工艺流程结合更为紧密

AS/RS立体仓库与生产企业的工艺流程密切结合，成为生产物流的一个组成部分，例如，柔性加工系统中的自动化立体仓库就是一个典型例子。在配送中心，自动化立体仓库与物品的拣选、配送相结合成为配送中心的一个组成部分。

3. 储存货物品种多样化

大到长6米以上、重4～10吨的钢板、钢管等长大件，小到电子元器件的自动化立体仓库，还有专门用作汽车储存的自动化立体仓库等均已出现。

4. 提高仓库出入库周转率

除管理因素外，技术上主要是提高物料搬运设备的工作速度。巷道堆垛起重机的起升速度已达90米/分，运行速度达240米/分，货叉伸缩速度达30米/分。在有的高度较大的立体仓库中，采用上下两层分别用巷道堆垛机进行搬运作业的方法提高出入库能力。

5. 提高仓库运转的可靠性与安全性及降低噪声

在自动控制与信息传输中采用高可靠性的硬、软件，增强抗干扰能力；采用自动消防系统，货架涂刷耐火涂层；开发新的更可靠的检测与认址器件；采用低噪声车轮和传动元器件等。

视野拓展

日日顺供应链科技股份有限公司仓储网络简介

日日顺供应链科技股份有限公司（以下简称"日日顺"）于2000年在山东青岛成立，脱胎于海尔集团，先后经历"企业物流→供应链企业→生态平台"三个发展阶段，如今已从居家大件物流领导品牌成长为引领物联网供应链场景生态的知名品牌。

日日顺有辐射全国的三级分布式仓储网络。在仓储布局方面，截至2022年年底，日日顺已经在全国超过30个省、130个地级市以自建及租赁的方式快速布局了990+座仓库，其中280多座集货仓（central distribution center，中央配送中心，简称CDC）、350多座始发仓（regional distribution center，区域配送中心，简称RDC）以及350多座过站仓（transfer center，快速分拨中心，简称TC），形成了辐射全国的三级分布式仓储网络，建立了以即墨仓、黄岛仓、胶州仓、杭州仓、佛山仓、南昌仓等为代表的智能仓群。

同时，日日顺供应链也结合客户对于仓储智能化的个性化需求，对外输出先进的智能仓储解决方案，实现对外部客户的赋能，以此加速以人工化、机械化为特点的传统仓储管理向以自动化、智能化为特点的智慧物流仓储管理发展，持续赋能仓储作业效率及能力，推动智慧物流发展。

资料改编来源：日日顺供应链科技股份有限公司官网。

本章小结

本章主要介绍了仓库、货架、自动分拣系统及装置、装卸堆垛机器人、仓储辅助设备、自动化立体仓库等方面的知识，分为六节。第一节首先介绍了仓库的概念、功能、分类及性能等。第二节首先介绍了货架的概念、作用及功能、货架的分类、几种常用的货架类型及其应用。第三节主要介绍分拣作业、自动分拣系统的特点、主要组成和分拣原理、几种常见的自动化分拣机、自动分拣设备的选型原则。第四节主要介绍装卸堆垛机器人的分类、主要技术参数、主要结构及其应用。第五节主要介绍计量设备、商品保管养护设备、安全消防设备等几种仓储辅助设备。第六节主要介绍自动化立体仓库的概念及分类、自动化立体仓库的主要组成、自动化立体仓库的优点、自动仓储系统的发展趋势。

思考与练习

一、单项选择题

1. （　　），其原理是利用货体的自重，使货体在有一定高度差的通道上，从高向低处运动，从而完成进货、储存、出库的作业。
　　A．托盘式货架　　　B．重力式货架　　　C．驶入式货架　　　D．层格式货架
2. （　　）是应用最广泛的货物储存货架。
　　A．托盘式货架　　　B．移动式货架　　　C．贯通式货架　　　D．橱柜式货架
3. 自动化立体仓库的功能不包括（　　）。
　　A．收货　　　　　　B．存货　　　　　　C．发货　　　　　　D．拣货
4. （　　）是厂矿、商家等用于大宗货物计量的主要称重设备。
　　A．地磅　　　　　　B．轨道衡　　　　　C．电子秤　　　　　D．自动秤
5. 火灾自动报警设备主要由火灾探测器和火灾（　　）组成。
　　A．灭火器　　　　　B．报警器　　　　　C．火焰探测器　　　D．烟感探测器

二、多项选择题

1. 在配置仓储设备时要遵循的原则有（　　）。
　　A．适应性强　　　　　　　　　　　　　B．实用性好
　　C．自动化程度高　　　　　　　　　　　D．经济性和技术性好
2. 仓库的功能有（　　）。
　　A．储存与保管　　　　　　　　　　　　B．调节供需
　　C．配送和加工　　　　　　　　　　　　D．货物集散和信息传递
3. 自动化立体仓库的优点有（　　）。
　　A．能大幅度地增加仓库高度，减少占地面积
　　B．提高仓库出入库频率
　　C．提高仓库管理水平和提高仓储保管的质量
　　D．能满足特殊作业场合的需要
4. 自动分拣系统的特点有（　　）。
　　A．分拣速度快　　　　　　　　　　　　B．能连续大批量地分拣货物
　　C．分拣误差率极低　　　　　　　　　　D．分拣作业基本实现无人化
5. 仓库常用的灭火器有（　　）。
　　A．化学泡沫灭火器　　　　　　　　　　B．干粉及二氧化碳灭火器
　　C．1211灭火器　　　　　　　　　　　　D．酸碱灭火器

三、判断题

1. 仓库按用途分，可以分为自营仓库、营业仓库和公共仓库三种类型。（ ）

2. 高层货架是指5米以上的货架。（ ）

3. 移动货架又称动力式货架，通过货架底部的电动机驱动装置，可在平整地面上移动。（ ）

4. 分拣作业的基本环节有产生拣货信息、行走搬运、捡取、分类集中四个。（ ）

5. 装卸堆垛机器人是指具有一定程度的自主能力，能代替人执行物流作业预期任务，可重复编程的自动控制操作机。（ ）

四、简答题

1. 货架的作业和功能有哪些?

2. 托盘式货架有哪些优点?

3. 阁楼式货架的特点是什么?

4. 旋转式货架的种类有哪些?各有什么特点?

5. 什么是自动化立体仓库?

五、综合能力训练

实地调研某仓库设施设备配置情况，分析其机械化、智能化程度，并提出改进的建议。

第六章　包装设备

学习目标

● **知识目标**

了解包装的概念、类别，熟悉常见的包装材料；掌握包装设备的分类、功能及工作原理；掌握包装自动生产线的概念、组成及特点；了解典型的包装自动生产线。

● **能力目标**

能够针对不同的包装需求配置相应的包装机械设备。

● **素质目标**

通过本章知识的学习，提高包装设备选配的专业知识与技能，具备良好的职业素养和持续学习与创新能力，为个人的职业发展打下坚实的基础。

教学引入

包装机械进口量呈现下滑趋势 国内企业逐渐占领市场

近几年我国的包装材料进口出现负增长的趋势，目前国内的主要份额已经被国内企业占据。在大数据和智能化环境下，包装机械也在向自动化趋势发展。

中国包装机械起步较晚，1980年尚未形成工业体系，改革开放后，社会对包装机械的需求不断增加，加上政府的重视与扶持，中国包装机械得到迅速发展。

经过多年的发展，我国包装机械已成为机械工业中十大行业之一，为包装工业快速发展提供了有力的保障。随着我国包装机械行业整体实力的不断提高，进一步填补高端领域的空白，预计2021—2025年，包装机械进口占比逐步从24%下降至20%，国产替代空间广阔。

从全球来看，发展中国家经济发展较快，但仍需要通过其他国家进口先进的设备和技术以弥补自身的制造业缺口，因此，海外市场尤其是发展中国家的市场，在未来较长一段时间内将会成为我国包装机械出口的巨大市场。

受下游行业市场竞争越发激烈、规模化和集约化生产形式、人力资源成本上升等因素的影响，包装设备在生产和物流环节发挥着越来越大的作用，高度自动化、高效化、智能化、节能化的包装设备已然受到下游行业青睐。全自动、无人化、一体成型的包装设备正是目前蓬勃发展的大好时机。包装机械将配合产业自动化趋势，不断促进智能包装设备总体竞争力的提升。

综上看来，尽管我国包装机械起步相对比较晚，但是发展很快，目前我国包装机械已成为机械工业中重要分支之一，并且给包装工业的发展带来了保障。

资料改编来源：中国报告大厅网。

>
> 1. 我国包装机械行业经历了怎样的发展过程？
> 2. 我国包装机械的发展趋势是什么？

第一节 概述

包装是指为在流通过程中保护产品、方便运输、促进销售，按一定技术方法而采用箱、包、袋、盒等容器、材料及辅助物等将物品包封并予以适当标志的工作总称。物流过程中频繁进行装卸、搬运、运输和堆码等物理性活动，为了保护物料和提高效率，需要适当的包装和集装措施。

一、包装在物流中的地位及功能

在社会再生产过程中，包装处于生产过程的末尾和物流过程的开头，既是生产的终点，又是物流的起点。在现代物流观念形成以前，包装被天经地义地看成生产的终点。因而一直是生产领域的活动，包装的设计往往主要从生产终点的要求出发，因而常常不能满足流通的要求。物流的研究认为，包装与物流的关系，比它与生产的关系要密切得多，其作为物流起点的意义比之作为生产终点的意义要大得多。因此，包装应进入物流系统之中，这是现代物流的一个新观念。

包装具有四大功能，即保护商品、方便物流、促进销售和方便消费。

二、包装的分类

（1）包装按功能可分为商业包装和运输包装。

①商业包装是以促进销售为主要目的的包装，这种包装的特点是外形美观，有必要的

装潢,包装单位适合顾客的购买量以及商店陈设的要求。

②运输包装是指以强化输送、保护产品为目的的包装。运输包装的重要特点是在满足物流要求的基础上使包装费用越低越好。

(2)按包装的容器不同,可将包装分为桶包装、袋包装、箱包装和瓦楞纸箱包装。

①桶包装。桶包装所用的桶一般有钢桶、塑料桶和纤维桶,如图6-1所示。

(a)钢桶　　　　　　(b)塑料桶　　　　　　(c)纤维桶

图6-1　桶包装

钢桶强度和刚度较好,但造价高、自重大、易腐蚀。一般用于石油、油脂及化工产品的储运。

塑料桶与钢桶相比,自重轻、纵向强度高而横向强度低,所以只能竖直堆码;防水防潮性能差,不能室外存放。

纤维桶的自重轻,防潮防水性能差;密封性差,可在桶内加塑料袋密封;成本低,易回收。

②袋包装。袋包装用来包装块状、粉状、颗粒状货物。包装袋有纸质包装袋、塑料薄膜包装袋和塑料编织袋等,如图6-2所示。

 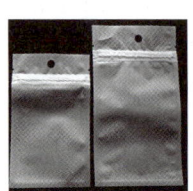 

(a)纸质包装袋　　　(b)塑料薄膜包装袋　　　(c)塑料编织袋

图6-2　袋包装

③箱包装。箱包装用得最广泛的是木箱，常用的木箱大致可分为两类：一类为钉板箱或捆板箱，用来包装轻小物品、仪器等，其体积大都在1立方米以下；另一类为滑木钉板箱，即在钉板箱的底部装上滑木，主要用来包装大型机械设备，如图6-3所示。

④瓦楞纸箱包装（图6-4）。运输包装常用的为开槽型瓦楞纸箱，是由一整张瓦楞纸板，通过折叠、钉合、黏合而成。

（a）钉板箱

（b）滑木钉板箱

图6-3　箱包装

图6-4　瓦楞纸箱包装

（3）按包装材料的不同，可将包装分为纸制品包装、塑料制品包装、木材包装、金属包装、玻璃陶瓷容器包装、纤维容器包装、复合材料包装和其他材料包装。

（4）按包装保护技术的不同，可将包装分为防潮包装、防锈包装、防虫包装、防腐包装、防震包装、危险品包装等。

三、绿色包装

绿色包装是对生态环境和人体健康无害，能循环复用和再生利用，可促进国民经济持续发展的包装，也就是说包装产品从原材料选择、产品制造、使用、回收和废弃的整个过程均应符合生态环境保护的要求。它包括了节省资源、能源、减量、避免废弃物产生，易回收复用，再循环利用，可焚烧或降解等生态环境保护要求的内容。绿色包装的内容随着科技的进步，包装的发展还将有新的内涵。

绿色包装分为A级和AA级。

A级绿色包装是指废弃物能够循环复用、再生利用或降解腐化，含有毒物质但在规定限量范围内的适度包装。

AA级绿色包装是指废弃物能够循环复用、再生利用或降解腐化，且在产品整个生命周期中对人体及环境不造成公害，含有毒物质但在规定限量范围内的适度包装。

第二节 包装设备

物流包装设备是指完成全部或部分包装过程所用机器的总称。包装过程包括填充、裹包、封口等主要包装工序，以及与其相关的前后工序，如清洗、堆码和拆卸等。此外，物流包装设备还包括盖印、计量等附属设备。采用物流包装设备可以提高劳动生产率、确保包装质量，降低劳动强度，改善劳动条件和降低包装成本，减少流通费用等。

包装机械的分类方法有许多，各种分类方法各有其特点及适用范围，但均有其局限性。从国际上包装机械总的情况来看，比较科学的分类方法是按其主要功能进行分类，其基本类型有以下几种。

一、充填机

充填机是将精确数量的包装品装入各种容器内的包装机。充填机主要用于销售包装，在运输包装中也有应用，如用专用运输工具运输水泥、石油等。实际生产中，由于产品的性质、状态和要求的计量精确度和填充方式等因素的不同，出现了各种各样的填充机构。按照计量填充的原理，主要有三种类型。

1. 容积式充填机

容积式充填机是将精确容积的物料装进每一个容器，而不考虑物料的密度或重量，常用于那些相对密度相对不变的物料或那些体积要求比质量要求更重要的物料。根据计量原理不同有固定量杯式、插管式、柱塞式、料位式、螺杆式和定时式。固定量杯式容积充填机如图6-5所示。

2. 称重式充填机

容积式充填机结构简单，操作方便，设备成本低廉，因而应用相当普遍。但是，它的计量精度（主要是物料的重量）并不高，特别是对一些流动性差、视密度变化较大或易结块产品的包装，往往效果就显得更差。因此，人们对计量要求较高的各类产品的包装，就采用按预定重量充填到容器中去的称重式计量充填机。

称重式充填，是指事先称出产品的质

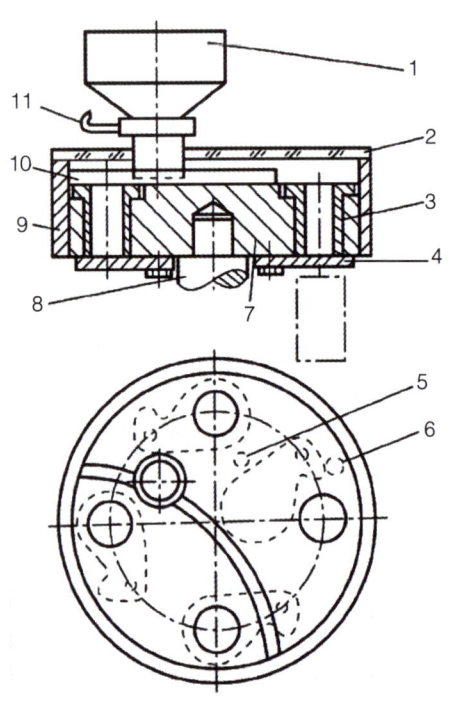

1—料斗；2—外罩；3—量杯；4—活门底盖；
5—闭合圆销；6—开启圆销；7—圆盘；8—转盘主轴；
9—壳体；10—刮板；11—下料闸门。

图6-5 固定量杯式容积充填机

量,然后再充填到包装容器内,这种充填机叫作净重式充填机,如图6-6所示。如果充填过程中称量产品是连同包装容器一起进行的,则此种充填机叫作毛重式充填机,如图6-7所示。毛重式充填机多用于易结块或黏滞性强的产品的包装,如红糖包装等,但不适合容器质量较大或质量变化较大的包装。

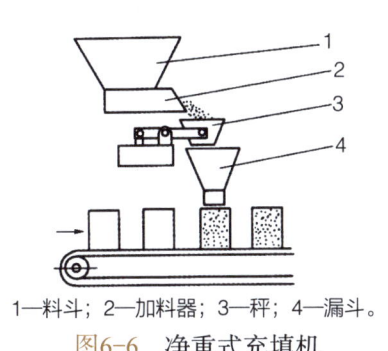

1—料斗;2—加料器;3—秤;4—漏斗。
图6-6 净重式充填机

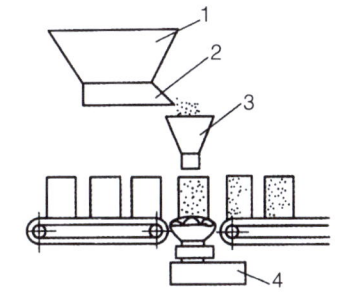

1—料斗;2—加料器;3—漏斗;4—秤。
图6-7 毛重式充填机

3. 计数式充填机

计数式充填机是把精确个数的产品装进一个容器的计量充填机械,多用于被包装物呈规则排列的产品包装。根据其计量原理不同分为长度式、容积式、堆积式等几种计量形式。

长度式计数充填机(图6-8)常用于饼干包装、茶叶装盒后的二次包装等。计量时,排列有序的物品经输送机送到计量机中,当行进物品的前端触到计量腔的挡板时,挡板上的开关开始动作,横向推板将一定数量的物品送到包装台上进行包装。

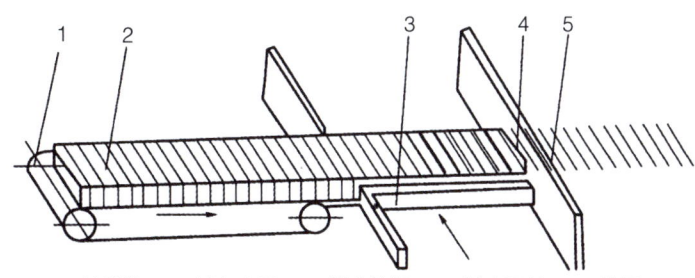

1—输送带;2—被包产品;3—横向推板;4—触点开关;5—挡板。
图6-8 长度式计数充填机

二、灌装机

灌装机主要用于在食品领域中对啤酒、饮料、乳品、植物油和调味品的包装,还包括洗涤剂、矿物油和农药等化工类液体产品的包装。包装所用容器主要有桶、瓶、听、软管等。按照灌装产品的工艺可分为常压灌装机、真空灌装机和加压灌装机等。灌装机械通常与封口机、贴标机等连用。灌装机的计量方法有定位法、定量法和定时法三种。

三、封口机

封口机是将充填有包装物的容器进行封口的机械。不同的包装容器有不同的封口方式，如塑料袋多采用接触式加热加压封口或非接触式的超声波熔焊封口；麻袋、布袋、编织袋多采用缝合的方式封口；瓶类容器多采用压盖或旋转封口；罐类容器多采用卷边式封口；箱类容器多采用顶封或胶带粘合封口。封口机的主要种类有以下几种。

（1）无封口材料封口机。无封口材料封口机包括热压式（图6-9）、冷压式、熔焊式（图6-10）、插合式、折叠式等封口机。

（2）有封口材料封口机。有封口材料封口机包括旋合式（图6-11）、滚纹式、卷边式、压合式等封口机。

（3）有辅助封口材料封口机。有辅助封口材料封口机包括胶带式、粘结式（图6-12）、钉合式、结扎式、缝合式等封口机。

图6-9　热压式封口机

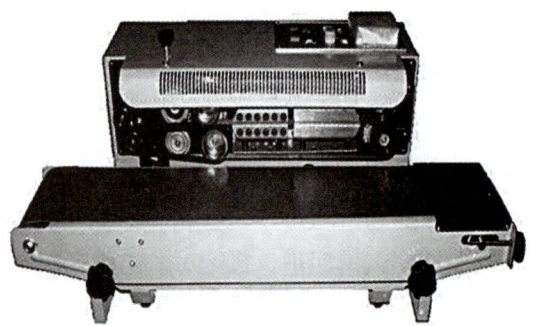

图6-10　熔焊式封口机

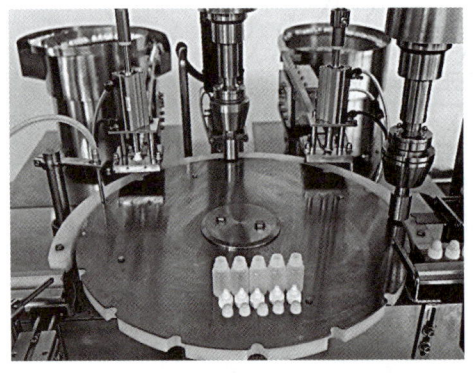

图6-11　旋合式封口机

图6-12　粘结式封口机

四、裹包机

裹包机是用薄型挠性材料（如玻璃纸、塑料膜、拉伸膜、收缩膜等）裹包产品的包装设备，如图6-13所示。裹包机广泛应用于食品、化工、建材、制药、电子等行业。裹包机种类繁多，功能各异，按裹包方式可分为折叠式裹包机、接缝式裹包机、覆盖式裹包机、贴体式裹包机、拉伸式裹包机、缠绕式裹包机。

折叠式裹包机是用挠性包装材料裹包产品，将末端伸出的裹包材料折叠封闭的机器，通常适用于长方形的物品，外观整齐，视觉效果好。

图6-13 裹包机

五、捆扎机械

捆扎机械是利用带状或绳状捆扎材料将一个或多个包件紧扎在一起的机器，属于外包装设备，目前我国生产的捆扎机基本上采用塑料带作为捆扎材料，利用热熔搭接的方式使紧贴包件表面的塑料带两端加压黏合，从而达到捆紧包件的目的。

六、封箱机

封箱机是一种常用的包装机械，使用粘胶带对纸箱进行封箱，可上、下两面同时封箱，包装速度快、效率高、美观大方，如图6-14所示。

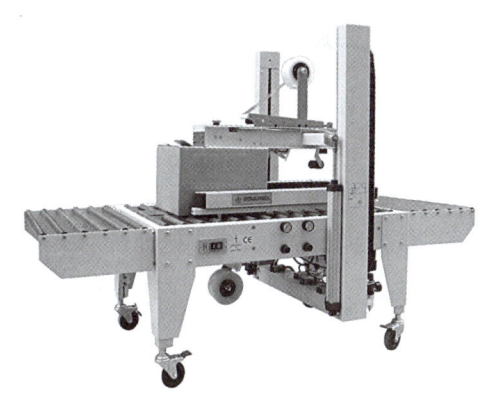

图6-14 封箱机

七、多功能包装机

多功能包装机具有两种或两种以上的功能，其主要种类有以下几种。

①充填封口机。它具有充填、封口两种功能。

②成型充填封口机。它具有成型、充填、封口三种功能。成型的种类有袋成型、瓶成型、箱盒成型、泡罩成型、熔融成型等。

③定型充填封口机。它具有定型、充填、封口功能。

④双面封箱机。它能同时封上盖和下底两个面。封箱时，箱子可侧放或立放。

制袋充填封口包装机的主要工序有包装袋成型、填充、封口、切断等，广泛应用于食品、医药、化工等行业。根据其制袋与充填物料的方向不同，一般分为立式与卧式两种形式，其中立式制袋充填包装机适用于松散体、胶体或液体的包装。卧式制袋充填包装机则适用于各种形状的固态或颗粒物料包装，如点心、面包、香料等。

第三节 包装自动生产线

一、包装自动生产线的概念及分类

1. 包装自动生产线的概念

包装自动生产线又称自动包装线，即按包装的工艺过程，将自动包装机和有关辅助设备用输送装置连接起来，再配以必要的自动检测、控制、调整补偿装置及自动供送料装置，成为具有自动控制能力，同时能使被包装物品与包装材料、包装辅助材料、包装容器等按预定的包装要求、工艺要求和工序，完成商品包装全过程的工作系统。

2. 包装自动生产线的分类

包装自动生产线一般可按下列方式进行分类。

（1）按各包装机间的连接特征分，具体可将包装自动生产线分为以下几类。

刚性自动包装线。刚性自动包装线将各包装机间用输送装置直接连接起来，以一定的生产节拍运行。若某一台设备发生故障停车，将引起全线停车。

柔性自动包装线。这种自动线在各包装机间均增设储料器，由储料器对后续包装机供料，若某台机器发生故障，并不影响其他机器的工作，因此生产率较高，但投资较大。

半柔性自动包装线。这种自动线把全线分成若干段，对故障少者不设储料器，使之具有"刚性"；对故障多者设置储料器，使之具有"柔性"。既保证了高生产率，投资又不会过大。

（2）按组合布局分，具体可将包装自动生产线分为以下几类。

串联自动包装线。串联自动包装线将各包装机按工艺流程单台顺序连接。各单机生产节拍相同。

并联自动包装线。为了平衡生产节拍，提高生产能力，将相同包装机分成数组，共同完成同一包装操作，这样的自动线称作并联自动包装线。这类线中需设置一些换向或合流装置。

混联自动包装线。它是在一条包装线中同时采用串联和并联两种形式，其目的是平衡各包装机的生产节拍。该线一般较长，机器数量较多，故输送、换向、分流、合流装置种类多且复杂。

二、包装自动生产线的组成

自动包装线的类型很多，所包装的产品不一，但总的来讲，它主要由自动包装机、输送装置、控制系统和辅助工艺装置等组成。

1. 自动包装机

自动包装机是一种无须操作人员直接参与，各机构能自动实现协调动作，在规定的时间内完成包装操作的机器。它是包装自动生产线中的主要工艺设备，是自动线的主体，其动作主要包括包装材料（或包装容器）与被包装物料的输送与供料、定量、充填、包封、贴标等。如各种灌装机、充填机、装盒机、装箱机、捆扎机等。

2. 输送装置

输送装置是将各台自动包装机连接起来，使之成为一条自动线的重要装置。它不仅承担包装工序间的传送功能，而且使包装材料（或包装容器）、被包装物品进入自动线，让成品离开自动线。自动线上常用的输送装置大体分为重力式和动力式两类。

重力式输送装置。它是利用物品的重力克服输送过程的摩擦力完成输送，故不需要动力，其结构较简单。但这类装置只能由高处向低处输送，且输送时间难以精确保证。常见的重力输送装置有辅送槽、滚道和滑轮输送道等。

动力式输送装置。它是利用动力源（一般是电动机）的驱动使物品得以输送，是包装线中最常用的输送装置。它不但可实现由高处向低处的输送，也可实现由低处向高处的输送，且输送速度稳定可靠。常用的动力输送装置有带式输送机、动力滚道、链式输送机和链板式输送机等。

3. 控制系统

在包装自动线中，控制系统起着类似人类神经系统的作用，它将自动线中所有的设备联结成一个有机的整体。它主要包括工作循环控制装置、信号处理装置及检测装置。随着科学的进步，各种新技术如光电控制、数控技术、电脑控制等在自动线中大量被采用，使其控制系统更趋完善，更加可靠，效率更高。

4. 辅助工艺装置

在包装自动线中，为满足工艺上的要求，使自动线能协调地工作，尚需配置一些辅助工艺装置，如转向装置、分流装置、合流装置等。

转向装置。它是为了改变被包装物品的输送方向或改变其输送状态，其结构形式很多，应根据不同物品、不同形状进行选择。

分流装置。为了平衡生产节拍，提高生产率，在前台包装机完成加工后，需将其分流给几台包装机来完成后续工序，这是由分流装置完成的。常用的分流装置有挡臂式、直角式、活门式、转向滚轮式、摇摆式和滑板式等。

合流装置。若要连接前道工序多台包装机与后道工序一台包装机，必须设置合流装置。常用的合流装置有推板式、导板式和回转圆盘式等。

三、典型包装自动生产线

1. 纸箱自动包装线

纸箱自动包装线是新一代的自动包装线,如图6-15所示,具有生产速度高、包装质量好、兼容性好、性能稳定等优点,是一种机电、仪器、机器人一体化的高科技产品,可将包装过程中的空纸箱配送、纸箱成形、物品列整输送、机械手装箱、自动折盖上下封箱、工字角边封箱、批号打印、纸箱捆扎、直角转向、输送、机器人码垛、空托盘配送、实托盘输送、实托盘顶捆、实托盘水平捆扎、托盘缠绕、实托盘输出等作业全部实现自动化。另外也可按客户需求进行各种配置。该自动包装线适用于各种规格物品的纸箱包装。

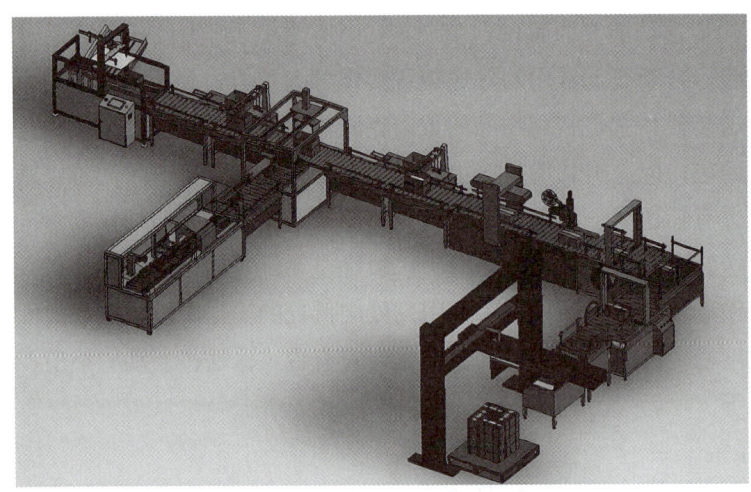

图6-15 纸箱自动包装线

2. 纸模工业品包装生产线

纸浆模塑制品的应用范围很广,按照原料来源分为两大类:一类是一年生成的草本植物原浆,用于加工一次性餐饮具等食品包装;另一类为回收废纸浆料,用于加工工业品包装,如机电产品内包装及缓冲物、医疗用品、农业育苗移植用具、蛋托、果托、工艺品包装、玻璃器皿包装等。上述纸浆模塑制品使用后仍可作废纸回收利用。《中华人民共和国固体废物污染环境防治法》对环保产品提出了严格要求,要求资源使用减量化,资源可重复使用,我国废纸循环使用的次数已达21次。纸浆模塑制品完全能达到这个要求,是典型的环保产品。

纸模工业品包装生产线的工艺流程为制浆→成型→烘干→整形→包装。生产线主要设备包括碎浆机、搅拌器、磨浆机、浆泵、成型机、烘干机、整形机及配套磨具等。

包装是使产品进入商品流通的必要条件,而实现包装的主要手段是使用包装机械设备。随着科技的发展,包装设备在包装领域发挥越来越大的作用,包装设备向着单机多功能化和自动智能化方向发展。同时，包装自动生产线的应用可以大大提高劳动生产率，提高包装产品质量，改善劳动条件，降低包装成本等。包装自动生产线已成为包装工业发展的重要方向，这也符合党的二十大报告中提出的"实施产业基础再造工程和重大技术装备攻关工程，支持专精特新企业发展，推动制造业高端化、智能化、绿色化发展"的要求。

视野拓展

智能包装生产线在化纤车间的应用

随着工业4.0时代的到来，科技的不断进步，包装业也逐渐走向高端化、智能化，智能包装已经开始大量走进工业生产中。随着各种新技术的应用，自动化包装系统的整体设计日趋成熟，可以给不同用户提供完整的定制化解决方案。下面以思密达智能装备有限公司（以下简称"思密达"），介绍智能生产包装线的作用。

1. 思密达智能自动化包装生产线

传统的化纤加弹包装车间生产线主要由简易的滚筒输送线、电子秤、人工作业平台、人工检验分级、标签打印机、物料搬运叉车等组成，其中存在人工作业强度高、用工数量大、生产效率低、质量控制难、生产信息可追溯性差等诸多问题。

思密达自主研发的化纤智能生产线在不改变原来包装工艺的前提下，以自主研发的设备实现高度自动化、信息化、智能化。提高企业生产的柔性，从而增强企业应对市场需求快速变化的能力。

化纤加弹车间自动包装系统的主要工艺流程：

机器人落筒→自动称重（等级分拣）→自动套（薄膜）袋→自动开箱→机器人装箱→自动折盖封箱→自动在线打印贴标（自动贴标机/激光打标）→自动打包→机器人码垛。

2. 思密达智能化纤智能产线

系统还对化纤丝饼信息进行跟踪记录，实现化纤丝饼从落筒、输送、检验分类、分级包装，到码垛、成品入库的全程智能化、自动化、数字化记录和管理。

3. 思密达智能化管理

核心设备包括以下几项。

（1）落筒机器人：一般是6轴的机器人，将化纤丝饼从丝车按顺序抓取下来，放置到丝饼输送线上。

（2）视觉外观检测系统：通过适当的光源和图像传感器获取产品的表面图像，利用相应的图像处理算法提取图像的特征信息，然后根据特征信息进行表面缺陷的定位、识别、分类等操作。实现对化纤丝饼外观缺陷全检、金属材质表面缺陷精细检测、印刷品表面瑕疵难点检测等。

（3）垂直套膜机：自动完成套膜、切断、吸膜全流程，可按照化纤丝卷尺寸精准套袋，套袋封闭性好，实现对丝卷的有效保存。

（4）全方位折盖封箱机：在实现折盖封箱一次性完成的基础上，增加了自动扫描识别功能，会根据纸箱大小，自动调节封箱宽度，避免了因箱体不规则导致的卡死问题。在贴带器上配备感应装置，在胶带脱落及长度不足时，自动停止，避免封箱失败，造成安全风险。

（5）精密在线高速侧捆打包机：捆扎效率和精度在业内都处于优势地位，捆包速度最快可达每分钟60道，接口处可以保证100%重合。

此外，智能化自动包装系统配备自动检测、监控装置，实现了生产过程的可监控、可视化以及信息的可追溯性，有利于企业提高产品质量，实现柔性自动化生产，综合效益明显。

资料改编来源：思密达智能装备有限公司官网。

本章小结

本章主要介绍了包装的相关基础知识、常见的包装机械设备以及包装自动生产线等方面的内容，分为三节。第一节主要介绍了包装在物流中的地位及功能、包装的分类以及绿色包装。第二节主要介绍了充填机、灌装机、封口机、裹包机、捆扎机械、封箱机及多功能包装机等设备的主要特点以及应用领域。第三节主要介绍了包装自动生产线的概念及分类、包装自动生产线的组成、几种典型的包装自动生产线的应用。

思考与练习

一、单项选择题

1. （　　）封口机是通过加热使包装容器封口处融化而将包装容器封闭,主要用于封合较厚的包装材料。

　　A. 液压式　　　B. 热压式　　　C. 熔焊式　　　D. 卷边式

2. 图书或音像制品外的塑封可以由下列哪种包装设备完成（　　）?

　　A. 捆扎机　　　B. 裹包机　　　C. 封箱机　　　D. 封口机

3. 下列不属于运输包装特点的是（　　）。

　　A. 低成本　　　B. 促进销售　　　C. 强化输送　　　D. 保护产品

4. 为了平衡生产节拍,提高生产能力,将相同包装机分成数组,共同完成同一包装操作,这样的自动线称为（　　）。

　　A. 刚性自动包装线　　　　　　B. 柔性自动包装线
　　C. 串联自动包装线　　　　　　D. 并联自动包装线

5. （　　）封口机主要用于麻袋、布袋、复合编织袋等的封口。

　　A. 缝合式　　　B. 热压式　　　C. 液压式　　　D. 卷边式

二、多项选择题

1. 包装具有（　　）等功能。

　　A. 保护商品　　　B. 方便物流　　　C. 促进销售　　　D. 方便消费

2. 关于桶包装,下列说法错误的是（　　）。

　　A. 桶包装一般有钢桶、塑料桶和纤维桶
　　B. 塑料桶自重轻、防水防潮性能好
　　C. 纤维桶密封性好、成本低、易回收
　　D. 钢桶造价高、自重大、易腐蚀

3. 关于充填设备,下列说法正确的是（　　）。

　　A. 容积式充填机常用于那些相对密度相对不变的物料
　　B. 计数式充填机多用于被包装物呈规则排列的产品包装
　　C. 对计量要求较高的各类产品的包装,一般采用容积式计量充填机
　　D. 毛重式充填机多用于易结块或黏滞性强的产品的包装

4. 关于封口机,下列说法正确的是（　　）。

　　A. 塑料袋多采用缝合的方式封口　　　B. 编织袋多采用接触式加热加压封口
　　C. 罐类容器多采用卷边式封口　　　　D. 瓶类容器多采用压盖或旋转封口

5．按照计量填充的原理，主要的充填机类型有（　　）。
  A．容积式充填机　　　　　　B．称重式充填机
  C．计划式充填机　　　　　　D．计数式充填机

三、判断题

1．熔焊式封口机主要用于封合较薄的包装材料。（　　）

2．运输包装是以强化输送、保护产品为目的，在满足物流要求的基础上，包装费用越低越好。（　　）

3．称重式计量充填机一般来说结构简单，操作方便，设备成本低廉，因而应用相当普遍。（　　）

4．柔性自动包装线的各包装机间用输送装置直接连接起来，以一定的生产节拍运行。（　　）

5．充填机的计量方法有定位法、定量法和定时法三种。（　　）

四、简答题

1．包装机械有哪些基本结构？

2．计量充填机械有哪几大类？各自的计量原理有何不同？

3．简述机械式自动捆扎机的工作原理。

4．简述包装的概念及在物流体系中的地位。

5．简述典型的包装自动生产线的组成。

五、综合能力训练

1．观察常见的包装，思考包装自动生产线还可以应用于哪些产品或领域？

2．通过线上或线下的方式调研包装自动生产线的典型应用案例。

第七章　流通加工设备

学习目标

● 知识目标

理解流通加工的地位和作用，掌握流通加工设备的分类和绿色流通加工，掌握剪切加工机械设备的类型，冷链设备的类型及作用。

● 能力目标

能够初步掌握典型的流通加工设备的使用方法，运用所学知识分析流通加工设备的优劣势，针对某特定的流通加工作业合理选择流通加工设备。

● 素质目标

通过本章知识的学习，理解流通加工在物流系统中的重要性，学会如何实现流通加工的合理化，提升专业知识和技能，增强安全意识、质量意识和团队协作精神，塑造职业素养和综合能力。

教学引入

食品的流通加工

食品的流通加工种类很多。超市里的货柜摆放的各类蔬菜、水果、肉类、鸡翅、香肠、咸菜等都是流通加工的产物。这些商品的分类、清洗、贴商标和条码、包装、装袋等是在摆进货柜之前就已进行了加工作业，然而这些流通加工都不是在产地，已经脱离了生产领域，进入了流通领域。食品流通加工的具体项目主要有以下几种。

1. 冷冻加工

为了保鲜而进行的流通加工，为了解决鲜肉、鲜鱼在流通中保鲜及装卸搬运的问题，采取低温冻结方式的加工。这种方式也用于某些液体商品、药品等。

2. 分选加工

为了提高物流效率而进行的对蔬菜和水果的加工，如去除多余的根叶等。农副产品规格、质量离散情况较大，为获得一定规格的产品，采取人工或机械分选的方式加工称为分选加工。这种方式广泛用于果类、瓜类、谷物、棉毛原料等。

3. 精制加工

农、牧、副、渔等产品的精制加工是在产地或销售地设置加工点，去除无用部分，甚至可以进行切分、洗净、分装等加工，可以分类销售。这种加工不仅大大方便了购买者，而且还可以对加工过程中的淘汰物进行综合利用。比如，鱼类的精制加工所剔除的内脏可以制成某些药物或用作饲料，鱼鳞可以制高级黏合剂，头尾可以制鱼粉等；蔬菜的加工剩余物可以制成饲料、肥料等。

4. 分装加工

许多生鲜食品零售起点较低，而为了保证高效输送出厂，包装一般比较大，也有一些是采用集装运输方式运达销售地区。为了便于销售，在销售地区按所要求的零售起点进行新的包装，即大包装改小包装，散装改小包装，运输包装改销售包装，以满足消费者对不同包装规格的需求。

此外，半成品加工、快餐食品加工也成为流通加工的组成部分。这种加工形式，节约了运输等物流成本，保护了商品质量，增加了商品的附加价值。如葡萄酒是液体，从产地批量地将原液运至消费地配制、装瓶、贴商标，包装后出售，既可以节约运费，又安全保险，以较低的成本，卖出较高的价格，附加值大幅度增加。

资料改编来源：百度文库。

1. 对食品进行流通加工，其作用体现在哪些方面？
2. 与生产加工相比，流通加工有何特点？

第一节　概述

一、流通加工的概念

流通加工（distribution processing）是指根据顾客的需要，在流通过程中对产品实施的简单加工作业活动的总称（GB/T 18354—2021）。流通加工是一种在流通领域主要为提高物流运转率而进行的简单再加工，它通过改变或完善流通对象的原有形态来实现生产和消费的"桥梁和纽带"作用，可以更有效地利用资源、方便用户、提高物流效率和促进销售。

流通加工和一般的生产型加工在加工方法、加工组织、生产管理方面并无显著区别，但在加工对象、加工程度等方面差别较大。

（1）加工对象不同。流通加工的对象是商品，而生产加工对象不是最终产品，而是原材料、零配件、半成品。

（2）加工程度不同。流通加工程度大多是简单加工，生产过程完成大部分加工活动，流通加工对生产加工则是一种辅助及补充。需要指出的是，流通加工并不意味着能取消或代替生产加工。

（3）创造的价值不同。生产加工的目的在于创造价值及使用价值，而流通加工则在于完善其使用价值，在不做大改变的情况下提高价值。

（4）加工单位不同。流通加工由商业或物资流通企业完成，而生产加工则由生产企业完成。

（5）加工目的不同。流通加工有时候是以自身流通为目的，纯粹是为流通创造条件，这种为流通所进行的加工与直接为消费进行的加工从目的来讲是有区别的。

二、流通加工的地位及作用

1. 流通加工在物流中的地位

（1）流通加工有效地完善了流通。流通加工在实现时间、场所两个重要效用方面，确实不能与运输和储存相比，因此，不能认为流通加工是物流的主要功能要素。流通加工的普遍性也不能与运输、储存相比，因为流通加工不是所有物流中必然出现的。但这绝不是说流通加工不重要，它是起着补充、完善、提高增强作用的功能要素，起到运输、储存等其他功能要素无法起到的作用。所以，流通加工的地位可以描述为：是提高物流水平，促进流通向现代化发展的必不可少的形态。

（2）流通加工是物流中的重要利润源。流通加工是一种低投入高产出的加工方式，往往以简单加工解决大问题。实践证明，有的流通加工通过改变装潢使商品档次提升而充分实现其价值，有的流通加工可迅速将产品利用率提高20%～50%。根据我国近些年的实践，流通加工仅就向流通企业提供利润这一点，其成效并不低于从运输和储存中挖掘的利润，是物流中的重要利润源。

（3）流通加工在国民经济中是重要的加工形式。在整个国民经济的组织和运行方面，流通加工是其中一种重要的加工形态，对推动国民经济的发展，完善国民经济的产业结构和生产分工有一定的意义。

2. 流通加工的作用

（1）提高原材料利用率。利用流通加工环节进行集中下料，是将生产厂家直接运来的简单规格产品，按使用部门的要求进行下料。例如，将钢板进行剪板、切裁；钢筋或圆钢裁制成毛坯；木材加工成各种长度及大小的板等。集中下料可以优材优用、小材大用、合理套裁，有很好的技术经济效果。

（2）进行初级加工，方便用户。依靠流通加工可使使用单位省去进行初级加工的投资，从而搞活供应，方便用户。

目前发展较快的初级加工有：将水泥加工成混凝土，将原木或板方材加工成门窗、冷拉钢筋及冲制异型零件、钢板预处理、整形、打孔等。

（3）提高加工效率及设备利用率。由于建立集中加工点，可以采用效率高、技术先进、加工量大的专门机具和设备。

三、绿色流通加工

绿色流通加工是绿色物流的三个子范畴之一，是以减少流通加工活动造成的环境污染和降低资源消耗为目标，利用先进加工技术，规划和实施包装、分割、计量、分拣、刷标志、拴标签、组装等简单的作业活动。下面从绿色流通加工的目标、行为主体、基本作业活动三个方面来剖析绿色流通加工的内涵。

1．绿色流通加工的目标

绿色流通加工的最终目标是实现可持续发展、保护人类的生存环境和节约资源，不仅使经济效益最大化，还应该使经济效益和社会效益、环境利益统一协调发展。

人们通常说的流通加工活动主要是为了满足顾客的需求，扩大市场占有率，实现企业的盈利，最终是为了实现企业或经济主体的物质利益、经济效益最大化。而绿色流通加工在追求经济效益的同时，还注重节约资源、保护环境，将经济属性和社会属性这双重属性的和谐统一作为追求目标，因此，对于绿色流通加工而言，追求社会效益、环境效益与追求经济效益的目标是一致的，但这是从国家、整个社会的宏观角度和长远的观点来看的，对于微观的企业和其短期目标来看，它们经常是相互矛盾和冲突的，并不总是一致的。按照绿色流通加工的最终目标，企业在创造物质财富、提高经济效益的同时，必须坚持促进经济、社会和生态的可持续发展。

2．绿色流通加工的行为主体

绿色流通加工的行为主体包括专业的物流企业、供应链的上下游企业（制造企业和分销企业）以及各级政府部门和物流行政管理部门等。

流通加工包括很多环节，它们都与环境相互影响和作用。绿色流通加工策略是连接绿色制造和绿色消费之间的桥梁，也是使企业获得持续的竞争优势的战略手段，因此作为供应链上游的制造企业，既要设计和制造绿色产品，还要注意与供应链上的其他企业合作，改变传统的物流模式，制定绿色流通加工策略。由于流通加工的跨地域、跨企业、跨行业特性，绿色流通加工的实施不是仅靠某个企业或者某个地区就能单独完成，它需要政府政策的支持和制度法规的约束。而且，绿色流通加工制度的制定和实施、绿色流通加工的推广也都离不开各级政府部门和物流行政主管部门，它们对绿色流通加工的发展具有举足轻重的作用。

3．绿色流通加工的基本作业活动

绿色流通加工的基本作业活动包括在库物品的初始绿色加工、在库物品的终极绿色加工、为配送物品贴标签、发货物品的绿色集包、分装绿色加工和货物绿色分拣等。

（1）初始绿色加工。有的物品不方便仓储、运输、装卸，为了满足客户需要，需对其进行解体和切割等加工活动。例如在流通节点，一方面将原木锯裁成各种各样的锯材，另一方面将碎木、碎屑集中加工成各种各样规格的板材等初级加工。这些节点的初级加工大大方便了物品的仓储、运输和装卸，这就是在库物品的初始绿色加工。

（2）终极绿色加工。有许多生产企业生产出成品后，将成品存放在物流企业的仓库里，成品的终极加工整理工作则委托物流企业在出库前完成。例如，物流公司为服装厂承运出口服装，为满足顾客需求，服装厂的终极加工的烫熨整理可由物流公司来完成。这样做能极大地减轻服装厂的生产压力，这就是在库物品的终极绿色加工。

（3）为配送物品贴标签。根据客户需求，印制条码文字标签并贴附在物品外部的工作简称为贴标签。贴标签是一项业务量非常大的流水式作业，目前主要有三种形式：一是手工贴标签；二是半自动化贴标签，其作业方法是：一边计算机打印标签，另一边手工把计算机打印的标签贴在物品上；三是全自动机器贴标签。贴标签业务既减少了客户的额外工作量，同时又可以给流通加工企业带来丰厚的利润，因此最近几年贴标签在很多物流、外贸等企业里发展非常迅速。例如，某些外贸公司在做转口贸易时，在保税区仓库内利用国内外市场间的地区差、时间差、价格差和汇率差等，实现货物国际转运流通加工，如贴标签、再包装和打膜等，最终再运输到目的国，以赚取转口贸易差额，这就是为配送物品贴标签。

（4）发货物品的绿色集包。发货物品的绿色集包是根据客户需求将数件物品集成小包装或赠品包装。目的是方便顾客对不同商品的一次性收货。目前配送中心对物品的集包主要采用自动化的捆包设备，效率比以往大大提高，常用的有托盘自动捆包机，发货物品的集包还常用在买一送一促销包装、根据顾客需要进行商品组合包装等方面。

（5）分装绿色加工。分装绿色加工包括大包装改小包装、适合运输的包装改成适合销售的包装等，例如，将原来分散的商品进行重新包装后再投放到市场，大大方便了商品的销售。分装加工还广泛应用于酒类行业的物流中心内。例如，啤酒运到销售地后灌装成听、罐、瓶、袋再进行销售，这样既减少了物流运输成本，同时又大大方便了市场销售，这就是分装绿色加工。

（6）货物绿色分拣。货物绿色分拣是指根据不同客户的订单需求，对货物进行分区、装包、称重、制作货物清单等业务活动，目的是保证货物准时发运。货物绿色分拣在物流活动中具有重要的衔接作用，它是衔接仓库和顾客需求的环节。

绿色流通加工要求对以上各流通加工基本作业活动从供应链的角度进行全面综合考虑，本着全局最优的原则，在设计、材料、操作等方面实施绿色化。从流通加工管理过程来看，要改进传统的单向流通加工体系，除了加强对正向流通加工绿色化的管理，还要管理好供应链上的逆向流通加工体系，加强供应链上下游企业的合作，实现循环经济。

四、流通加工设备

流通加工大都是对物品进行浅层次的初级加工,如将钢板按用户的要求切成小块,将散装的粮食袋装,或将散装啤酒瓶装,或将货物贴上商标。所有这些,除部分手工操作外,大部分都要借助机械加工设备。按照加工方式的不同,可将流通加工分为以下几种:剪切加工、冷加工、切割加工、分选加工、商品混凝土搅拌运输等。对应以上的加工方式,在流通加工中常用到剪板机、切割机、冷链设备(冷库、冷藏车等)。

在物品进入流通领域以后,为了促进销售、维护商品质量和提高物流效率,要对物品进行一定程度的加工,加工过程中会运用到剪切、套裁、贴标签、刷标志、分类、检量、弯管、打孔等加工设备。

五、几种典型的流通加工设备

1. 冷链设备

(1)冷库。冷库一般是指用各种设备制冷并能人为控制和保持稳定低温的设施。冷库按建筑结构分为土建冷库和装配式冷库(活动冷库);按使用库温要求分为高温冷库、中温冷库、低温冷库和超低温冷库。

(2)冷藏车。冷藏车是用来维持冷冻或保鲜的货物温度的封闭式厢式运输车,是装有制冷机组的制冷装置和聚氨酯隔热厢的冷藏专用运输汽车,常用于运输冷冻食品(冷冻车)、奶制品(奶品运输车)、蔬菜水果(鲜货运输车)、疫苗药品(疫苗运输车)等。

(3)冷藏箱。冷藏箱具有表面光滑,容易清洗,保温效果好,不怕摔碰的优点,针对生活需要设计不同大小,搭配可重复使用的科技冰袋使用,科技冰袋可以保冷。

2. 混凝土搅拌设备

(1)混凝土搅拌楼(站)。混凝土搅拌楼(站)负责完成对原材料的预处理、供给、计量及对混合料的搅拌等,一般由计算机控制与管理。

(2)散装水泥输送车。散装水泥输送车负责将散装水泥自水泥厂送至搅拌站的水泥筒仓,适用于粉煤灰、水泥、石灰粉、矿石粉、颗粒碱等颗粒直径不大于0.1毫米的粉粒干燥物料的散装运输。

(3)混凝土搅拌输送车。混凝土搅拌输送车负责完成混凝土自搅拌楼(站)至施工区的水平输送,在运输过程中始终保持搅拌筒转动,以保证所运载的混凝土不会凝固。

(4)混凝土输送泵。混凝土输送泵负责完成混凝土自施工区至浇筑地点的水平和垂直输送。混凝土输送泵将混凝土的输送和浇注工序合二为一,节约了劳动和时间。

3. 金属加工设备

(1)剪板机。剪板机是机加工中应用比较广泛的一种剪切设备,它能剪切各种厚度的钢板材料。常用的剪板机分为平剪、滚剪及振动剪三种类型。

（2）折弯机。折弯机是一种能够对薄板进行折弯的机器，其结构主要包括支架、工作台和夹紧板，工作台置于支架上，由底座和压板构成，底座由座壳、线圈和盖板组成，通过铰链与夹紧板相连，线圈置于座壳的凹陷内，凹陷顶部覆有盖板。使用时由导线对线圈通电，通电后对压板产生引力，从而实现对压板和底座之间薄板的夹持。

（3）冲剪机。冲剪机是一种用于加工金属材料的机床，其作用是将金属板材切割、冲孔、弯曲等加工。冲剪机通过控制刀具的运动轨迹和力度，可以实现各种形状和尺寸的金属件加工，广泛应用于汽车、航空航天、建筑、电子、家电等行业的生产中。

4．玻璃加工设备

玻璃加工设备主要是指对没有经过任何处理的玻璃进行一系列的加工，以满足不同行业需求的机械设备，行业内比较多见的玻璃加工技术主要包括玻璃切割、磨边、抛光、夹胶、钻孔、清洗等。目前比较常见的玻璃加工设备主要有玻璃磨边机、激光雕刻机、夹胶玻璃设备、玻璃钻孔机。

5．木材加工设备

（1）木材粉碎机。木材粉碎机可以把树枝、树杈、木材等原木通过一次性加工成木屑，经削屑装置切削后木材的木屑粒度小，不需晒干就可以送进粉碎装置进行粉碎，粉碎后的木屑成品将由风机送到集料地点。

（2）木材刨花机。木材刨花机的简称是刨花机，又被叫作刨花粉碎机，是一种新型的木材加工机械，刨花机目前在国内有两种，传统式和新型刨花机。

（3）盘式削片机。盘式削片机主机由刀盘、上下罩壳、投料口及出料口几部分组成，刀盘是整个盘式削片机磨损最严重的部件。

（4）木材剥皮机。木材剥皮机又被称为木材去皮机、木材扒皮机、木材脱皮机等，剥皮机有滚筒式剥皮机和槽式剥皮机两种，两种机械都可以轻松将木材皮去除。

（5）木屑机。木屑的用途很广泛，木屑机生产出来的锯末、木屑在造纸、食用菌、机制木炭、刨花板、锯末板、高密度板、中纤板等行业中应用广泛。木屑机有皮带轮传动和直联式驱动两种，进料分水平和倾斜两种方式，出料也有上出料和下出料两种方式。

第二节　剪切加工机械

剪板机是各种板料的流通加工中应用比较广泛的一种剪切设备，它能剪切各种厚度的钢材板料。剪板机是通过剪切力来对金属板材进行切割的，剪切力是由切割刃和切割台之间的相互作用所产生的。在剪板机中，切割刃位于上部，切割台位于下部，金属板材被夹在两者之间。通过上部切割刃下压，将金属板材压到切割台上，同时产生一个剪切力，将金属板材分割成所需的形状和尺寸。

常用的剪板方式有平剪、滚剪和振动剪，其中平剪使用最多。剪板机按传动的方式分为机械传动剪板机和液压传动剪扳机。剪切厚度小于10毫米的剪板机多为机械传动，大于10毫米的为液压传动，一般用脚踏或按钮操纵才可进行单次或连续剪切金属。

常见的剪板机有机械剪板机、数控剪板机、液压剪板机、数控摆式剪板机、数控前送料摆式剪板机、液压摆式剪板机、超厚液压摆式剪板机、液压闸式剪板机、深喉口剪板机、脚踏剪板机、精密剪板机等类型。

一、剪板机的结构及技术参数

剪板机常用来剪裁直线边缘的板料毛坯。剪切工艺应能保证被剪板料剪切表面的直线性和平行度要求，并尽量减少板材扭曲，以获得高质量的工件。剪板机在工作过程中，主要是板料在剪板机上、下刀刃作用下受剪切力，产生分离变形。一般剪切时，下剪刀固定不动，上剪刀向下移动。

1. 剪板机的基本结构

剪板机一般由机身、刀架、刀片间隙调整装置、压料器、挡料装置、拖料器、光线对线装置和传动系统等组成（图7-1）。

（1）机身。机身一般由左右立柱、工作台、横梁等组成。机身分为铸件和焊接结构，焊接结构与铸件结构相比，具有刚性好、重量轻、便于加工等优点。

（2）刀架。刀架是用来安装剪切刀片的结构，大部分刀架采用铸铁或铸钢材料。

（3）刀片间隙调整装置。为适应不同厚度板料的剪切，剪板机需要根据板料厚度调节刀片的间隙，刀片间隙过大或过小都会损坏刀片、影响剪切质量。

（4）压料器。在刀片的前面设有压料器，使板料在剪切过程中压紧在工作台上，不至于发生位移或翻转，压料器有机械传动和液压传动等形式。

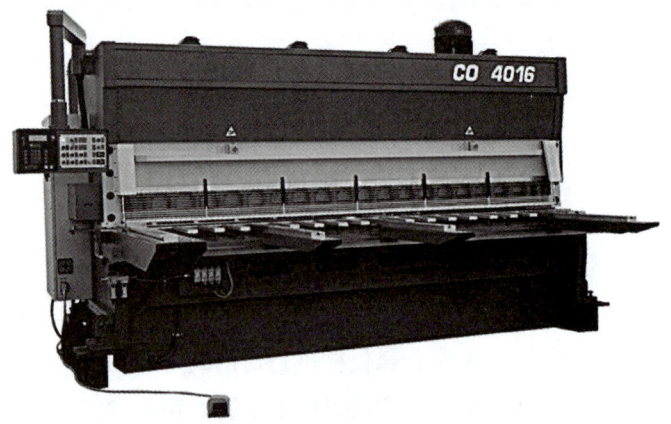

图7-1　剪板机

（5）挡料装置。为了控制剪切板料尺寸和提高定位效率，剪切机设有挡料板。挡料装置有手动和机动两种，手动挡料装置用于小型剪板机，机动的多用于大中型剪板机。

（6）托料器。在剪板机工作台上设有托料器，其作用是将板料托起，使板料在工作台上移动轻快。

（7）光线对线装置。当剪板机不使用后挡料装置或剪切时剪刃需要与事先划好的刻线对准时，应使用光线对线装置，以保证剪切精度，但有些剪板机上没有该装置。

（8）传动系统。剪板机的传动系统有机械传动和液压传动两种。机械传动系统包括齿轮传动和涡轮副传动系统，齿轮传动中以圆柱齿轮居多。圆柱齿轮传动系统又分为上传动式系统和下传动式系统。液压传动的特点是在剪切过程中剪切力保持不变，可防止过载，工作安全，通用化程度高，易实现自动化，但液压传动的行程次数较低。

在实际运行中，剪板机还会根据不同的加工要求进行相应的结构优化。例如，增加自动夹紧装置、加装数字控制系统等，以提高剪切效率和精度。此外，为了确保操作人员的安全，剪板机通常还会配备安全护栏和紧急停机按钮等设备。

2. 剪板机的技术参数

剪板机主参数以剪切厚度和剪切板料宽度来表示。

（1）剪切厚度。剪板机剪切厚度主要受剪板机构件强度的限制，即剪板机所能施加的最大剪切力。影响剪切力的因素很多，如刀片的几何参数、剪切温度和速度、被剪材料的力学性能等。目前，剪板机的最大剪切厚度大都在32毫米以下。

（2）剪切板料宽度。剪切板料宽度是指沿着剪板机剪刃方向，一次剪切完成的最大尺寸，它参照板料宽度和使用厂家的要求制定，这种剪切方式称为横切法。目前剪板机的最大板料宽度已达到10000毫米。

（3）剪切角度。为了减少剪切板料的弯曲和扭曲，一般都采用较小的剪切角度，可以增大剪切力，提高剪切质量。

（4）喉口深度。目前剪板机趋向于较小的喉口深度，这样可以提高机架的刚度，但使整机的质量下降。

（5）行程次数。行程次数直接关系到生产效率，随着生产的发展及各种上下料装置的出现，要求剪板有较高的行程次数。

二、常见剪板机

1. 摆式剪板机

摆式剪板机（图7-2）是一款液压传动的剪板机，依赖刀架旋转实现剪切过程，可分为直剪式和直斜两用式，直斜两用式主要用于剪切30°焊接坡口断面。摆式剪板机的刀架在剪切时围绕一固定点作摆式运动，剪切断面的质量好，而且切口与板料平面垂直。

与普通剪板机相比，摆式剪板机多采用斜刃剪切，由于结构简单、故障率低、剪切效

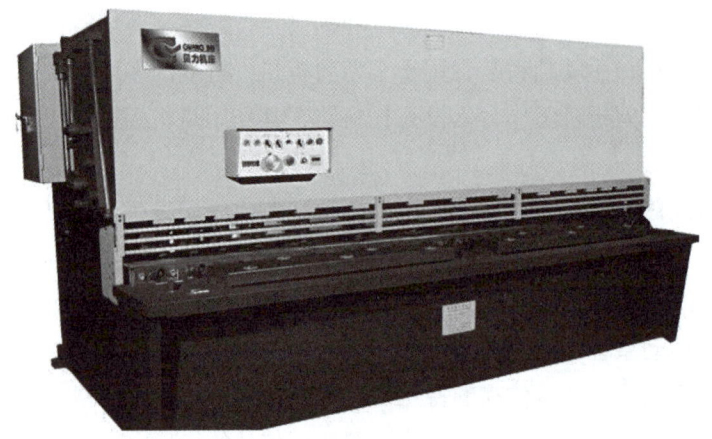

图7-2 摆式剪板机

率高和剪切后板料不发生弓形、翘曲、扭曲变形而得到广泛使用。在剪切过程中,随着刀架做回转运动,摆动式剪板机剪切后角及剪切间隙会发生变化。

2. 冲型剪板机

冲型剪板机(图7-3)工作时,通过曲柄连杆机构带动刀杆作高速往复运动,行程次数由每分钟几百次到几千次不等。冲型剪板机广泛应用在各种薄板加工业上,它不仅可以加工碳钢、不锈钢、铜材、铝材等各种金属板件,也可以加工硬纸板、硬橡皮、塑料等各种非金属板件。

冲型剪板机可对材料连续剪切,即可剪直线。除了剪切板料,冲型剪板机还可以进行冲孔、落料、冲口、冲槽、压肋、折弯及锁口等工序的操作。被加工的板料厚度一般小于10毫米。

冲型剪板机具有体积小、质量轻、容易制造、加工范围广、工具简单等优点,但是生产率较低、不易于实现自动化、振动和噪声大、加工精度较低。

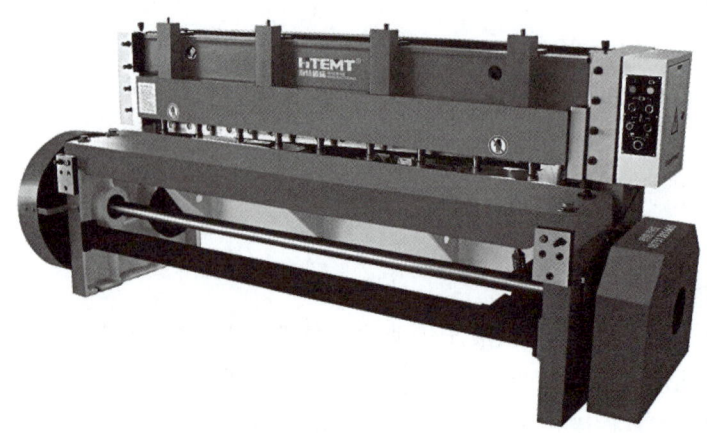

图7-3 冲型剪板机

3. 圆盘剪板机

圆盘剪板机利用两个圆盘状剪刀进行切割。按其两剪刀轴线相互位置不同及与板料的夹角不同，可分为直滚剪板机和圆盘剪板机。直滚剪板机主要是把板料剪成条料，圆盘剪板机主要剪切圆形坯料和环形坯料。

圆盘剪板机由主机和尾座两部分组成，主机主体为右侧的深喉口结构，传动箱内有齿轮变速机构，变速机构有三种速度，上、下圆盘刀片由齿轮、链轮传动，下圆盘刀片为齿轮传动，两个圆盘刀片成45°分布，以利于曲线剪切。剪切间隙靠上、下刀盘系统的蜗轮—螺旋机构实现。

常见的圆盘剪板机为手动圆盘剪板机。手动圆盘剪板机是由带有圆形刀的上、下刀体、手柄、曲梁和机座所组成；手柄通过棘轮与装有上刀的上刀轴配合连接，上刀体通过曲梁固定在机座上，下刀体与机座通过螺栓相连接。机座的水平支架上定位有可左右调节位置的定位尺，用以确定被剪板材的宽度。这种剪板机可对板材连续剪切，既可剪直线，也可剪曲线，适用于剪切厚3毫米以下的钢板、铁板，厚6毫米以下的纸板、橡胶、皮革等。

4. 机械剪板机

机械剪板机（图7-4）是最早的一种剪板机，主要由机架、切割刃、切割台、传动系统等组成。它的工作原理是通过传动系统带动上部切割刃下压，将金属板材压到切割台上，产生剪切力，将金属板材分割成所需的形状和尺寸。机床采用机械上或下传动，结构简单，操作轻便，维修方便，质量稳定可靠，价格相对较低，但剪切效率较低，适用于小型金属板材加工，广泛用于机械、汽车制造、电机轻工、金属机构、造船、五金制造及其他金属薄板加工工业。

5. 龙门剪板机

龙门剪板机（图7-5）是应用较多的剪板机，由于剪板机机架没有喉口，所以只能剪切长度（或宽度）比刀片长度短的板材。龙门剪板机刀片的倾斜角小，刚性大，压板力大，每分钟行程次数多，能进行精密剪切。横梁由两块下墙板通过横梁连杆和固定轴连接。墙板上安装有7个辊轮轴，每个轴上均有与上横梁辊轮轴上齿轮相啮合的齿轮。减速齿轮和轴安装在下横梁的下部，通过6个传动齿轮与下辊轮轴上的7个齿轮相啮合。下横梁则用螺栓固定在机架中部。

上下横梁靠定位销定位，以便上横梁可沿定位销与下横梁相对位移，调整上下辊轮的间隙，并通过调节螺杆调整滚压压力。

6. 其他类型剪板机

除了以上类型的剪板机，常用的剪板机还有脚踏剪板机、闸式剪板机等类型。

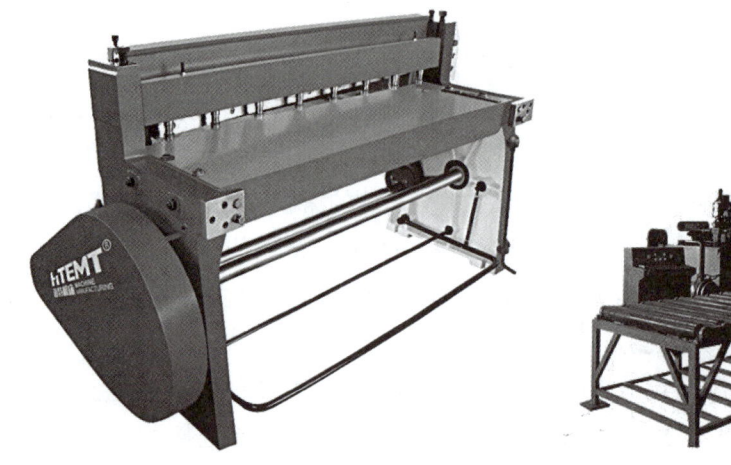

图7-4 机械剪板机　　图7-5 龙门剪板机

三、剪板机使用注意事项

（1）剪板机应有专人负责使用和保管。操作者必须熟悉机床的结构、性能。

（2）严禁超负荷使用剪板机。不得剪切淬火钢料和硬质钢、高速钢、合金钢、铸件及非金属材料。

（3）刀片刃口应保持锋利，刃口钝或损坏，应及时磨修或调换。

（4）多人操作时应有专人指挥，配合要协调。

（5）剪板机上禁止同时剪切两种不同规格的材料，不准重叠剪切。

（6）剪板入料时禁止把手伸进压板下面操作。剪短料时应另用铁板压住，剪料时手指离开刀口至少200毫米。

（7）用撬棒对线后，应立即将撬棒退出方可剪切，如铁板有走动，应用木枕塞牢，以免压脚下来后撬棒弹出伤人。

（8）剪好的工件必须放置平稳，不要堆放过高，不准堆放在过道上。边角余料及废料要及时清理，保持场地整洁。

四、剪板机的优势和应用前景

相比传统的手动剪板方式，剪板机具有以下优势。

高效：剪板机能够将数十分钟的手动操作缩短为数秒钟，大大提高了生产效率。

精度高：剪板机可以实现高精度的自动化加工，准确度可达到0.1毫米。

安全性高：剪板机配备了多重安全装置和紧急停机按钮等设备，保障了操作人员的安全。

节省成本：采用剪板机进行金属切割可以大幅节省人力、时间和成本，并且还可以降低废品率和损耗率。

剪板机在金属制造和加工领域中有着广泛的应用前景，特别是在汽车、飞机、船舶等制造行业中。未来随着数字化、智能化技术的不断发展，剪板机将进一步提高运作效率和产品质量，为各行各业带来更多的机遇和发展空间。

第三节 冷链设备

所谓冷链（cold chain）是指根据物品特性，从生产到消费的过程中使物品始终处于保持其品质所需温度环境的物流技术与组织系统（GB/T 18354—2021）。冷链设备是指对生鲜、易腐烂的物品在低温冷藏状态下，进行运输、储存所用设备的总称，它是随着冷链物流的发展而出现的一类设备。冷链物流泛指冷藏冷冻类食品在生产、贮藏、运输、销售，到消费前的各个环节中始终处于规定的低温环境下，以保证食品质量，减少食品损耗的一项系统工程。冷链物流的适用范围包括：初级农产品、水产品、花卉产品；速冻食品、禽、肉等包装熟食、冰淇淋和奶制品；快餐原料；药品等。

目前，常用的冷链设备有冷库、冷藏车、冷藏箱以及一些保冷容器（如保冷背包等）。

一、冷库

1. 冷库的概念

冷库是用人工制冷的方法让固定的空间达到规定的温度，便于储藏物品的建筑物，又称冷藏库，是加工储存产品的场所。冷库能摆脱气候的影响，延长各种产品的储存期限，以调节市场供应。

冷库主要用于食品的冷冻加工及冷藏，它通过人工制冷，使室内保持一定的低温。冷库的墙壁、地板及平顶都铺设有一定厚度的隔热保温材料，以减少外界传热。为减少吸收太阳辐射能，冷库外墙表面一般涂成白色或浅颜色，因而冷库建筑与一般工业民用建筑不同，有它独特的结构。同时，冷库建筑要防止水蒸气的扩散和空气的渗透。室外空气侵入时增加冷库耗冷量，还带入水分，水分凝结引起隔热结构受潮冻结损坏，所以要设置防潮隔热层使冷库具有良好密封性和防潮隔汽性。

冷库可以广泛应用于食品厂、乳品厂、制药厂、化工厂、果蔬仓库、宾馆、酒店、超市、医院、血站、部队、试验室等。冷库主要用于对食品、乳制品、肉类、水产禽类、果蔬、冷饮、花卉、绿植、茶叶、药品、化工原料、电子仪表仪器等的恒温储藏。

2. 冷库的组成

冷库主要由库体、制冷系统、冷却系统、控制系统和辅助系统五个部分组成。

（1）库体。库体主要保证储藏物与外界隔热、隔潮，并分隔各个工作区域，对于大型冷库有冷加工间、预冷间、冻结间、冷藏间、制冰间、穿堂等。大型冷库采用土建冷库库体，对于小型冷库和温度低于-30℃的冷库通常采用钢框架和轻质预制的聚氨酯或聚苯乙烯夹芯板材拼装而成的装配式冷库库体，而对于家用小型冷藏箱或冰箱则采用压铸成型的用聚氨酯填充隔热的箱体。

（2）制冷系统。制冷系统主要用于提供冷库冷量，保证库内温度和湿度。根据冷库温度的不同，制冷系统也不同，通常冷库温度高于-30℃，则使用单级压缩制冷系统；冷库温度低于-30℃，高于-60℃，使用两级压缩制冷系统或复叠制冷系统；冷库温度低于-80℃，一般要用复叠制冷系统。

（3）冷却系统。冷却系统主要用于制冷系统的散热。有空气冷却系统，制冷系统直接采用空气冷却，它具有系统简单、操作方便的优点，适用于缺水的地区和小型冷库。还有水冷却系统，主要由冷却塔、水泵、冷却水管道组成，它具有冷却效果好的优点，但是系统复杂、操作麻烦，要求对冷却水系统定期进行清洗，以保证冷却水系统的传热效果，冷却水系统大部分用于大型冷库。另外，还有蒸发冷却系统，是将制冷系统的冷凝器直接与冷却塔结合，冷却水直接喷淋到冷凝器上进行蒸发冷却，冷却效果好，但是系统复杂，要求冷凝器直接安装在室外，所以系统的运行、维护保养工作要求高。

（4）控制系统。控制系统主要是对冷库温度、湿度的控制和制冷系统、冷却系统等的控制，保证冷库安全、正常地运行。随着技术的发展，目前计算机和网络技术已逐步应用到冷库的控制中。

（5）辅助系统。辅助系统主要包括冷库操作间、机房等，对于大型冷库还要有动力车间、配电房、锅炉房、化验室、水泵房、仓库、水处理等场所。

3．冷库的作用

冷库具有以下三个方面的作用。

（1）使易腐产品能较长时间保存。

（2）为农产品、食品加工厂长时间均衡加工创造条件。

（3）供大型副食店、菜场和食堂短期或临时储存食品之用。

4．冷库的分类

（1）按冷库的结构形式分类。

①土建冷库。土建冷库主体结构为钢筋混凝土框架结构或混合结构，常用于大容量或大吨位的冷库。土建冷库的热惰性比较大，库温比较稳定。土建冷库具有坚固、隔热性好、造价低、建设周期长等特点。

②装配式冷库。装配式冷库（图7-6）库体采用钢框架和轻质预制的硬质聚氨酯或聚苯乙烯夹芯板材拼装而成。

③夹套式冷库。夹套式冷库指在常规冷库的围护结构内增加一个内夹套结构，夹套内装设冷却设备，冷风在夹套内循环制冷。夹套式冷库的库温均匀，食品干耗小，外界环境

对库内干扰小，夹套内空气流动阻力小，气流组织均匀，造价比常规冷库高。

④覆土冷库。覆土冷库洞体多采用拱形结构，砖石砌墙，并覆盖一定厚度的土层作为隔热层，具有施工简单、就地取材、造价低、坚固耐用等特点。

⑤气调冷库。气调冷库（图7-7）主要用于对新鲜果蔬、农作物种子和花卉做较长期储存，与上述冷库不同的是气调冷库除了要控制库内的温度、湿度外，同时要考虑气调冷库内的植物的呼吸作用，还要对库内的氧气、一氧化碳、氮气和乙烯含量进行调控，抑制果蔬等植物的呼吸及新陈代谢，使之处于冬眠状态，以达到长期储存的目的。

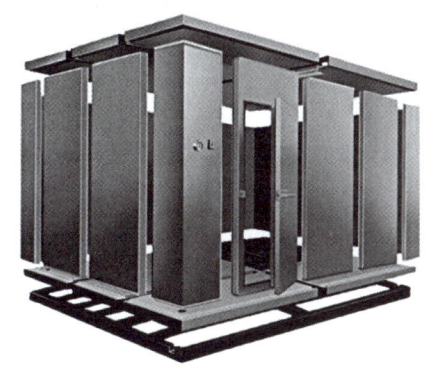

图7-6 装配式冷库

图7-7 气调冷库

（2）按冷库的温度分类。

①高温冷库。L级-5～5℃，主要用来储藏果蔬、蛋类、药材、木材保鲜、干燥等。又称冷却库，库温一般控制在不低于食品汁液的冻结温度。冷却库或冷却间的保持温度通常在0℃左右，并以冷风机进行吹风冷却。

②中温冷库。D级-10～-1.8℃，主要用来储藏肉类、水产品及适合该温度范围的产品。

③低温冷库。J级-28～-23℃，又称冻结库、冷冻冷库，一般库温在-30～-20℃，通过冷风机或专用冻结装置来实现对食品的冻结。

④超低温冷库≤-30℃，是一种用来速冻食品及工业试验、医疗等特殊用途的冷库。

（3）按冷库的使用性质分类。

①生产性冷库。生产性冷库主要建在货源较集中的产区，作为肉、禽、蛋、鱼虾、果蔬、海产品及速冻面点等易腐食品加工厂的冷冻车间使用。食品在此进行冷冻加工，短期冷藏储存后运往其他销售地，零进整出，要求交通运输必须方便，其特点是冷冻加工的能力较大，有一定库容量，其建设规模应根据货源情况和商品调出计划确定。

②分配性冷库。分配性冷库一般建在大中城市、水陆交通枢纽和人口较多的工矿区，作为市场供应需要、出口计划的完成和长期储备中转运输之用，其特点是冻结量小、冷藏量大，而且要考虑多种食品的储存。由于冷藏量大，进出货比较集中，整进零出，因此要求库内运输通畅，吞吐迅速。分配性冷库具有冷藏能力大、吞吐量大、长期储藏等优点。

③零售性冷藏库。零售性冷藏库一般建在城市的大型副食品商店内，供临时储存零售

食品之用，其特点是库容量小、储存期短，库温则随使用要求不同而异。

（4）按冷库的功能，分为预冷冷藏库、冻结冷藏库、速冻库、储冰库和气调库等。

（5）按冷库的容量大小，分为大型冷库、大中型冷库、中型冷库和小型冷库。

（6）按冷库储藏的商品分为畜肉类冷库、水产品冷库、禽蛋冷库、果蔬冷库、冷饮品冷库、茶叶冷库和花卉冷库等。

（7）按使用储藏特点分。

①超市冷库。超市用来储藏零售食品的小型冷库。

②恒温冷库。对储藏物品的温度湿度有精确要求的冷库，包括恒温恒湿冷库。

③气调冷库。气调冷库是目前国内外较为先进的果蔬保鲜冷库。它既能调节库内的温度、湿度，又能控制库内的氧气、二氧化碳等气体的含量，使库内果蔬处于休眠状态，出库后仍保持原有品质。所谓气调保鲜就是通过气体调节方法，达到保鲜的效果。气体调节就是将空气中的氧气浓度由21%降到3%～5%，即保鲜库是在低温冷库的基础上，加上一套气调系统，利用温度和控制氧含量两个方面的共同作用，来达到抑制果蔬呼吸状态的目的。

二、冷藏车

冷藏车是指用来维持冷冻或保鲜的货物温度的封闭式厢式运输车，是装有制冷机组的制冷装置和聚氨酯隔热厢的冷藏专用运输汽车。冷藏车能在长时间运输中使车厢内货物保持一定温度，适用于对低温条件货物有要求的长途运输。目前，轻型冷藏保温汽车和微型保温车作为短途分配性运输的主要工具而得到快速发展。

1. 冷藏车的种类

（1）机械冷藏车。机械冷藏车车内装有蒸气压缩式制冷机组，车内温度实现自动控制，很适合短、中、长途或特殊冷藏货物的运输。机械冷藏车的车厢隔热性好，能有效减少外界对车内的温度的影响，其制冷装置所占空间小，重量轻、安全可靠、不易出故障。

（2）冷冻板冷藏车。冷冻板冷藏是利用有一定蓄冷能力的冻结板进行制冷。冷冻板冷藏车具有车内温度稳定，制冷时无噪声、故障少、结构简单、投资费用较低等特点。但其制冷时间有限，仅适用于中、短途公路运输。冷藏汽车的冷冻板，往往被用于运送珍贵水果、新鲜海鲜等各类保鲜食品。

（3）液氮冷藏车。液氮冷藏车装置简单，初投资少，降温速度很快，可较好地保持食品的质量，无噪声，与机械制冷装置比较，重量大大减少。缺点是液氮成本高，运输途中液氮补给困难，长途运输时必须装备大的液氮容器，减少了有效的载货量。

（4）干冰冷藏车。干冰冷藏车设备简单，投资费用低，故障率低，维修费用少，无噪声。缺点是车厢内温度不够均匀，冷却速度慢，时间长，干冰成本高。

2. 冷藏车应具备的要求

（1）具有良好的隔热车体，以减少车内与外界的热交换。冷藏车的隔热性能以总传热系数K表示，K值越小，单位时间通过车体围护结构传入车内的热量越少。

（2）具有有效的制冷和加温设备，以建立车内的热平衡，保持所需的稳定温度。

（3）具有装货设备和通风循环设备，以保证货物合理装载，保证车内温度均匀，并在必要时有可能换气。

（4）具有可靠的检温仪表，以正确反映车内的温度状况。

冷藏车在车内能保持一定的温度，正是依靠这些条件，使外界传入的热和货物本身发出的热不断被车内的冷源（冰盐或机器）所吸收，建立了车内的热平衡。冷藏车在运用方面的技术经济指标有：载重、自重和货物间的有效地板面积和有效容积。为了提高冷藏车的运用经济效果，要求自重小、载重大，有效地板面积和有效容积也大。考虑到多数易腐货物体轻（比重小），装载方法上也有特殊要求（很多货物要求留空隙装载）。因此有效地板面积和有效容积在保证载重量得到充分利用方面是特别重要的。

3．冷藏车的性能标准

为了保证低温运输要求，国家制定了冷藏车的性能标准，主要参数有以下三个。

（1）车厢的主要参数。

①车厢总传热系数。即车厢内外温差为1℃时，车厢表面积每平方米传递热量的瓦数，它体现了车厢的保温性能，该数越小越好。国标规定：保温汽车和冷藏汽车车厢的总传热系数不能大于0.6瓦/米·度。

②车厢漏气倍数。即车厢每小时漏气量为本车厢容积的倍数值，它是衡量车厢密封性能的指标，其值也是越小越好。国标规定：车厢的总传热面积大于40平方米时，漏气倍数小于3；车厢传热面积为20~40平方米时，漏气倍数小于3.8；车厢总传热面积小于20平方米时，漏气倍数小于等于6.3。

（2）制冷机的主要性能参数。制冷机的主要性能参数是描述制冷能力的制冷量。由于制冷量是随温度变化的，国际上给出了两个温度下的制冷量，即0华氏度（约-18℃）和35华氏度（约2℃）温度下的制冷量。制冷量的选择是从保持食品质量的需要和经济性两方面考虑的。

（3）综合性指标。在考核冷藏车的运用性能方面，用综合指标更能说明问题。车厢内温度可调范围及最低能达到的温度，是反映车厢和制冷机配合后的综合性能。国标规定在30℃温度下，车厢内温度可调范围分为6个档次，最低可调温度为-20℃，最高可调温度为12℃（表7-1）。

表7-1　车厢调温范围

类别	A	B	C	D	E	F
调温范围/℃	12~0	12~10	12~-20	≤2	≤-10	≤-20

冷藏车应具备的综合指标有以下几个。

①自重系数。自重系数为车辆自重与载重之比。自重系数越低，则运输每吨货物所分摊的自重值越小，经济效果也就越大。这个系数与车辆结构、制造方法和设备材料性质有关。为了降低自重系数，在冷藏车结构和冷藏设备中应广泛采用低合金钢、轻金属、优质隔热材料和玻璃钢等。

②比容系数。比容系数为车辆货物间有效容积与载重之比。这个系数多大合宜，要根据货物品种、运量、装载方法等各种因素综合研究确定。

③比面积系数。比面积系数为车辆货物间有效装载面积与载重之比。这个系数甚至比比容系数更为重要。因为很多易腐货物娇嫩怕压，装载高度受到限制。

冷藏物流体系中冷藏车的优势主要体现在冷藏车使用非常灵活，投资的成本较少，操作管理与调度非常方便，既可以单独进行易腐食品的短途运输，也可以进行长途冷藏运输，同时也可以配合铁路冷藏车、水路冷藏船进行短途转运。冷藏车在冷藏物流中具有良好的隔热性与保温性能，冷藏车的车厢与集装箱的货柜车厢相似，但由隔热效果较好的材料制成，减少了热量交换与热量的损耗流失。可以较长时间对各类冷藏食品、冷冻食品、保鲜食品进行保温，使各类食品的品质得以保持。

三、冷藏箱

冷藏箱广泛应用于医院、宾馆、汽车、家庭等环境中。根据制冷机制的不同，冷藏箱可分为压缩式、半导体式和吸收式三种类型。

1. 压缩式冷藏箱

压缩式冷藏箱是最常见的种类，通过压缩机制冷，具有制冷速度较快、耗能较低、品种齐全、制冰能力强等优点，适合家庭使用。目前市场上出售的压缩式冷藏箱容积有46升、50升、60升、80升、100升以上等各种型号。但压缩式冷藏箱由于其有噪声，体重大，对能源要求严格（只能用交流电）等缺点，不适宜应用在宾馆、医院、汽车、船舶等特殊环境中。

2. 半导体式冷藏箱

半导体式冷藏箱则是利用半导体冷冻晶片作为核心制冷工作制冷的。它重量轻，既可制冷又可制热，无氟利昂，成本较低。容积有6升、12升、16升和18升及以上等多种。可应用在汽车、船舶等特殊环境。但由于其制冷制热效果不理想，有耗能大、使用寿命短的缺陷，目前市场上还不多见。

3. 吸收式冷藏箱

采用吸收式制冷技术，以氨作为制冷剂、水作为吸收剂、氢或氨作为扩散剂，利用热虹吸原理，使制冷系统连续运行，从而达到制冷效果。它具有无运动部件、无噪声、无氟利昂、寿命长、可按需要应用多种能源等优点，适合宾馆、医院、汽车、船舶、家庭卧室等环境和出外旅游时使用。但吸收式冷藏箱由于其制冷的特殊要求，因此也存在着成本较

图7-8　手提冷藏箱　　　图7-9　背带冷藏箱　　　图7-10　柜式冷藏箱

高、耗能较大、制冷速度较慢的缺点。

此外，冷藏箱按外形特征的不同分为：手提冷藏箱（图7-8）、背带冷藏箱（图7-9）、柜式冷藏箱（图7-10）等。按照应用类型主要分为：保鲜冷藏箱、化妆品冷藏箱、防疫冷藏箱、疫苗冷藏箱、采样冷藏箱、血液冷藏箱、药品冷藏箱、医用冷藏箱、车载冷藏箱、家用冷藏箱、港口冷藏箱、（超）低温冷藏箱等。

视野拓展

冷库制冷系统的日常维护与保养

近年来，我国以金枪鱼为代表的深海产品贸易在世界上的地位不断提高，众多渔业保护组织为了加强全球性深海产品资源管理，通过限制区域内捕捞船舶数、确定并分配深海鱼类产品年度捕捞数量、限制船舶作业天数等方式加大了对海产品资源的管理与保护。这些措施的提出使我国的深海产品出口面临被强制性降价的境遇，因此大力发展超低温冷库，将会增强我国高品质深海产品的保鲜能力，客观上提升我国在国际深海产品市场的份额和话语权。

对此，国内冷库行业企业应当抓好这一机遇，尽快增加完善超低温冷库的产业链，掌握并改进相关技术，率先推出有影响力的产品和品牌，在激烈的市场竞争中拔得头筹，为全行业创造更为广阔的发展空间。

在多年的生产和服务过程中总结出了以下几点冷库日常保养注意事项，以保证大家可以安全、稳定地使用冷库。

（1）冷库新安装完毕或长期停用后，再次使用，降温的速度要合理：每天控制在8～10℃为宜，在0℃时应保持一段时间。

（2）库板保护。使用中应注意硬物对库体的碰撞和刮划，因为可能造成库板的凹陷和锈蚀，严重的会造成库体局部保温性能降低。

（3）密封保护。由于装配式冷库是由若干块保温板拼凑而成，因此板之间存在一定的缝隙，施工中这些缝隙会用密封胶密封，防止空气和水分进入，所以在使用中对一些密封失效的部位应及时修补。

（4）地面保护。一般小型装配式冷库的地面使用保温板，使用冷库时应防止地面存有大量的冰和水。如果有冰，清理时切不可使用硬物敲打，以防损坏地面。

制冷系统在运行中的日常维护与保养应做到以下几点。

（1）初期运转机组。要经常观察压缩机的油面及回油情况及油的清洁度，发现油脏或油面下降要及时解决，以免造成润滑不良。

（2）风冷机组。要经常清扫风冷器使其保持良好的换热状态。对于水冷机组要经常检查冷却水的混浊程度，如冷却水太脏，要进行更换。检查供水系统有无跑、冒、滴、漏问题。水泵工作是否正常，阀门开关是否有效，冷却塔风机是否正常。对于冷风机组经常检查冷凝器出现结垢的问题，要通过及时清除水垢来解决。

（3）风冷机式的蒸发器。要经常检查除霜情况，除霜是否及时有效，会影响制冷效果，导致制冷系统回液。

（4）经常观察压缩机运行状态，检查其排气温度，在换季运行时，要特别注意系统的运行状态，及时调整系统供液量和冷凝温度。

（5）仔细倾听压缩机、冷却塔、水泵或冷凝器风机运转声音，发现异常及时处理，同时检查压缩机、排气管及地脚的振动情况。

（6）对压缩机的维护。初期系统内部清洁度较差，在运行30天后要更换一次冷冻油和干燥过滤器，在运行半年之后再更换一次（根据实际情况而定）。对于清洁度较高的系统，运行半年以后也要更换一次冷冻油和干燥过滤器，以后视情况而定。

资料来源：中国冷链物流网。

本章小结

本章主要介绍了流通加工的概念、流通加工的地位及作用、绿色流通加工、常见的流通加工设备、剪切加工机械、冷链设备等知识，分为三节。第一节通过流通加工与生产加工的对比学习，讲解典型的流通加工设备的类型等内容。第二节介绍了剪板机的结构及技术参数，常见剪板机，剪板机使用注意事项，剪板机的优势和应用前景。第三节主要介绍了冷链设备，包括冷库、冷藏车、冷藏箱等内容。

思考与练习

一、单项选择题

1. 流通加工是指物品在从生产地到使用地的过程中，根据需要施加包装、分割、计量、分拣、刷标志、贴标签、组装等简单作业的总称。根据上述定义，下列属于流通加工的是（　　）。
   A. 某工厂采购布匹、纽扣等材料，加工成时装并在市场上销售
   B. 某运输公司在冷藏车皮中保存水果，使之在运到目的地时更新鲜
   C. 杂货店将购进的西红柿按每斤1元和每斤2元两个档次销售
   D. 某批发商在运输玻璃杯的过程中，为杯子加上防振外包装，以避免其碎裂

2. 自行车的流通加工属于（　　）。
   A. 生产延续的流通加工　　　　B. 组装产品的流通加工
   C. 混合方式的流通加工　　　　D. 保持产品性状的流通加工

3. 流通加工的内容主要包括（　　）。
   A. 食品的流通加工
   B. 食品的流通加工、消费材料的流通加工
   C. 食品的流通加工、消费材料的流通加工、生产资料的流通加工
   D. 食品的流通加工、消费材料的流通加工、生产资料的流通加工、机械设备的流通加工

4. 冷藏冷冻药品的验收、储存、拆零、冷藏包装、发货等作业活动，必须在（　　）内完成。
   A. 常温库　　　B. 冷库　　　C. 阴凉库　　　D. 任意库

5. 制约物资吞吐能力的决定因素是（　　）。
   A. 汽车运输能力　　　　B. 仓库面积
   C. 机械设备的作业能力　　D. 仓库的位置

二、多项选择题

1. 下列不属于流通加工操作的有（　　）。
   A. 将散装的食用油小桶装　　B. 将散装的大米袋装
   C. 给货物贴上商标　　　　　D. 将袋装的大米从西安运送到郑州

2. 不合理的流通加工形式有（　　）。
   A. 流通加工地点设置的不合理　　B. 流通加工方式选择不当
   C. 流通加工成本过高，效益不好　D. 流通加工作用不大，形成多余环节

3．冷藏车应满足下列要求（　　）。
　　A．具有良好的隔热车体，以减少车内与外界的热交换
　　B．具有有效的制冷和加温设备，以建立车内的热平衡，保持所需的稳定温度
　　C．具有装货设备和通风循环设备，以保证货物装载，保证车内温度均匀，并在必要时有可能换气
　　D．具有可靠的检测仪表，以正确反映车内的温度状况
4．剪板机不可以剪切（　　）等型材，防止蹦刀。
　　A．圆钢　　　　　B．角钢　　　　　C．钢管　　　　　D．10毫米的锰板
5．流通加工是（　　）。
　　A．生产加工的补充与完善　　　　　B．残次品的返工
　　C．回收旧货的改造　　　　　　　　D．满足客户个性化需求的商品再加工

三、判断题
1．在物流园区中，仓储及流通加工区主要是指各类库房，包括收货区、收货暂存区、存储区、流通加工区、发货区等。　　　　　　　　　　　　　　　　（　　）
2．剪板机的技术参数包括剪切厚度、剪切板料的宽度、剪切角度、喉口深度和行程次数。　　　　　　　　　　　　　　　　　　　　　　　　　　　　（　　）
3．剪板机最大剪切力度、厚度不得大于设备额定值。　　　　　　　（　　）
4．夹套式冷库的库温均匀，食品干耗小，外界环境对库内干扰小，夹套内空气流动阻力小，气流组织均匀。　　　　　　　　　　　　　　　　　　　　（　　）
5．室外空气侵入时增加冷库耗冷量，带入水分并凝结，引起隔热结构受潮冻结损坏。
　　　　　　　　　　　　　　　　　　　　　　　　　　　　　　　（　　）

四、简答题
1．简述冷库的分类、作用及适用对象。
2．简述常见剪板机的组成结构、主要技术参数及操作注意事项。
3．简述冷藏箱的分类，并比较各类冷藏箱的性能和特点。
4．简述冷藏车的分类及主要性能指标。

五、综合能力训练
1．对于一瓶可乐来说，从原材料到流入销售市场的整个过程，哪一段属于生产加工？哪一段属于流通加工？两者有什么区别？
2．实地调研某冷链物流企业，分析其冷库的类型及设备配置情况。

第八章　物流信息设施与设备

学习目标

● **知识目标**

掌握条码识别系统的组成和条码的识别原理，熟悉条码扫描器的类型，掌握条码数据采集器硬件组成的特点、性能指标，了解射频识别的原理和类型，掌握北斗卫星导航系统的系统组成及应用。

● **能力目标**

能够认出身边的各类物流信息采集与传输设备的类型，分析其所发挥的作用，结合实际情况提出发展的建议。

● **素质目标**

通过本章知识的学习，能够自觉关注数字科技并更新相关知识，培养科学素养、创新精神，激发爱国情怀。

教学引入

物流管理依赖于企业信息技术的发展，有关数据显示，企业应用物流信息管理技术，可有效地提升20%～30%的网上下单量，且相关的业务量也会提升至40%。除此以外，企业的劳动力成本也可节约至50%。管理领域的扩展给企业的收益带来巨大优势的同时，管理业务的复杂化以及周期性也使得企业供应链管理以及物流管理面临的风险性也增加。在此背景下，需要更新、改革相关技术，以使得企业的产品生命所需的周期性缩短。自动识别技术可将供应链信息以及物流信息进行有效的采集，保障信息的有效性与及时性。

2022年5月，国务院办公厅发布了《"十四五"现代物流发展规划》，在物流信息化发展方面提出以下发展目标。

1. 加快物流数字化转型

利用现代信息技术推动物流要素在线化、数据化，开发多样化应用场景，实现物流资源线上线下联动。结合实施"东数西算"工程，引导企业信息系统向云端跃迁，推动"一站式"物流数据中台应用，鼓励平台企业和数字化服务商开发面向中小微企业的云平台、云服务，加强物流大数据采集、分析和应用，提升物流数据价值。培育物流数据要素市场，统筹数据交互和安全需要，完善市场交易规则，促进物流数据安全高效流通。积极参与全球物流领域数字治理，支撑全球贸易和跨境电商发展。研究电子签名和电子合同应用，促进国际物流企业间互认互验，试点铁路国际联运无纸化。

2. 推进物流智慧化改造

深度应用第五代移动通信（5G）、北斗、移动互联网、大数据、人工智能等技术，分类推动物流基础设施改造升级，加快物联网相关设施建设，发展智慧物流枢纽、智慧物流园区、智慧仓储物流基地、智慧港口、数字仓库等新型物流基础设施。鼓励智慧物流技术与模式创新，促进创新成果转化，拓展智慧物流商业化应用场景，促进自动化、无人化、智慧化物流技术装备以及自动感知、自动控制、智慧决策等智慧管理技术应用。加快高端标准仓库、智慧立体仓储设施建设，研发推广面向中小微企业的低成本、模块化、易使用、易维护智慧装备。

3. 促进物流网络化升级

依托重大物流基础设施打造物流信息组织中枢，推动物流设施设备全面联网，实现作业流程透明化、智慧设备全连接，促进物流信息交互联通。推动大型物流企业面向中小微企业提供多样化、数字化服务，稳步发展网络货运、共享物流、无人配送、智慧航运等新业态。鼓励在有条件的城市搭建智慧物流"大脑"，全面链接并促进城市物流资源共享，优化城市物流运行，建设智慧物流网络。推动物流领域基础公共信息数据有序开放，加强物流公共信息服务平台建设，推动企业数据对接，面向物流企业特别是中小微物流企业提供普惠性服务。

资料改编来源：《"十四五"现代物流发展规划》。

1. 什么是物流信息采集与传输设备？
2. 物流信息采集与传输设备对物流发展有什么作用？

第一节　条码设备

一、条码识别系统

对物流信息进行实时、准确采集，是物流信息自动化管理的要求。实现自动识别及数据自动录入，就是对商品在出库、入库、分拣、运输等过程中的各种信息进行及时捕捉，以解决数据录入和数据采集的问题。随着计算机网络技术和信息技术的发展，可以通过网络系统实现各种物流数据和信息的传输，包括日常查询和计划等。

条码设备是物流信息处理中使用最广泛的一种信息处理设备。

1. 条码概述

条码是由宽度不同、反射率不同的条和空，按照一定的编码规则（码制）编制而成的，用以表达一组数字或字母符号信息的图形标识符，即条码是一组粗细不同、按照一定的规则安排间距的平行线条图形。常见的条码是由反射率相差很大的黑条（简称条）和空格（简称空）组成。

2. 条码识读系统的组成

条码识读系统是条码系统的组成部分。它由扫描系统、信号整形、译码三部分组成，如图8-1所示。扫描系统是由光学系统及探测器（即光学转换器）组成，信号整形部分由信号放大、滤波和波形整形组成，译码部分则由通信部分及译码器组成。

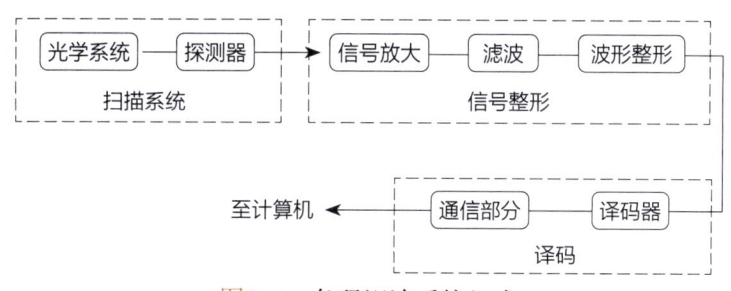

图8-1 条码识读系统组成

3. 条码的识别原理

由于不同颜色的物体，其反射的可见光的波长不同，白色物体能反射各种波长的可见光，黑色物体则可以吸收各种波长的可见光，所以当条形扫描光源发出的光经过光源及凸透镜聚焦，照射到光电转换器上，于是光电转换器接到与白条和黑条相应的强弱不同的反射光信号，并转换成相应的电信号输出到放大的整形电路，白条、黑条的宽度不同，相应的电信号持续时间长短也不同。由于光电转换器输出和与条码的条和空相应的电信号较弱，不能直接使用，因而先要将光电转换器输出的电信号送至放大器放大。放大后的电信号仍然是一个模拟电信号，为了避免由条码中的疵点和污点导致错误信号，在放大电路后需加一整形电路，将模拟信号转换成数字电信号，以便计算机系统能准确判读。整形电路的脉冲数字信号经译码器译成数字、字符信号，它通过识别起始、终止字符来判别条码符号的码制及扫描方向，通过测量脉冲数字电信号0、1的数目来判别出条和空的数目，通过测量0、1信号持续的时间来判别条和空的宽度，这样便得到了被辨读的条码符号的条和空的数目及相应的宽度和所用的码制，根据码制所对应的编码规则，便可将条形符号转换成相应的数字、字符信息，再通过接口电路送给计算机系统进行数据处理与管理，完成条码辨读的全过程。

二、光电扫描器

人们根据不同的用途和需要设计了各种类型的光电扫描器,光电扫描器的结构如图8-2所示。按物理形式(如形状、操作方式等)和扫描机理(如扫描方式、光电特性等)把光电扫描器分成几类,如图8-3所示。

光电扫描器分为手持固定光束接触式、手持固定光束非接触式、手持移动光束式、固定安装固定光束式、固定安装固定光束式、固定安装移动光束式等。当强调扫描器的光源的光电转换物性时,也可以将其分为普通光式光电扫描器、激光式光电扫描器和电荷耦合装置式(charge coupled device,CCD)光电扫描器等。

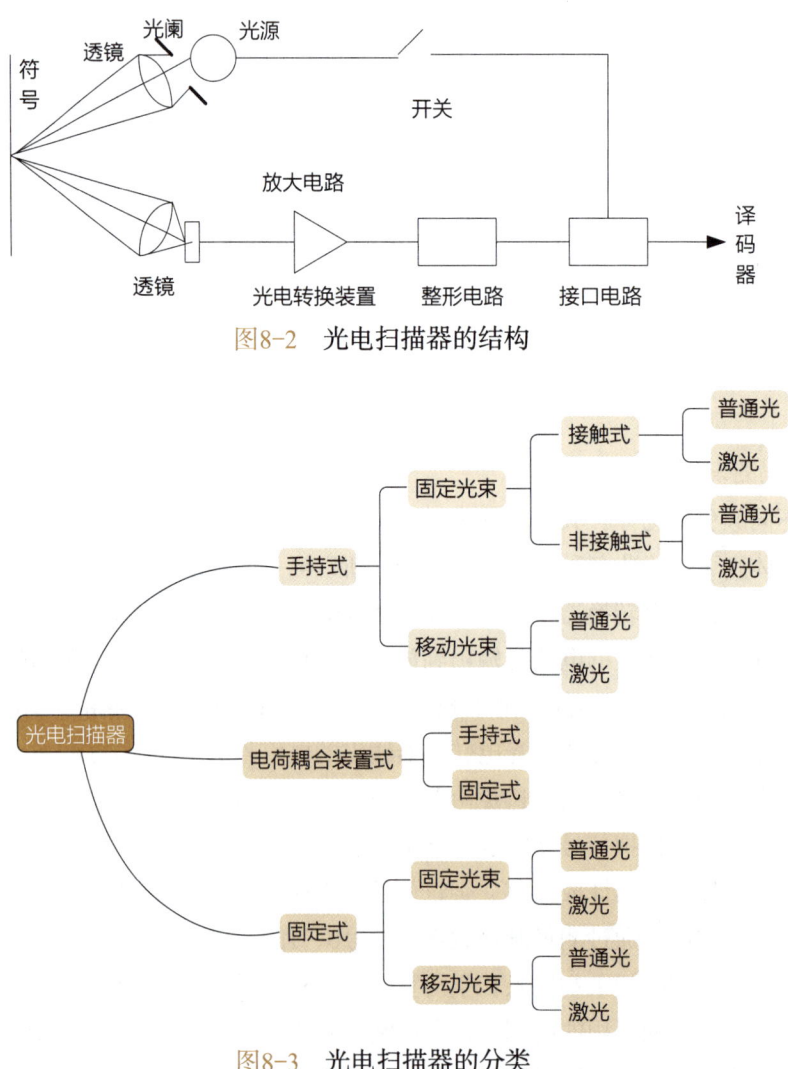

图8-2 光电扫描器的结构

图8-3 光电扫描器的分类

1. 手持固定光束接触式扫描器

这种扫描器的光束是相对固定的，靠手动接触条码符号才能进行扫描动作。从外形上看，这种扫描器通常有两种形状：杆状和手枪状。图8-4为杆状扫描器的组成，又称光笔。

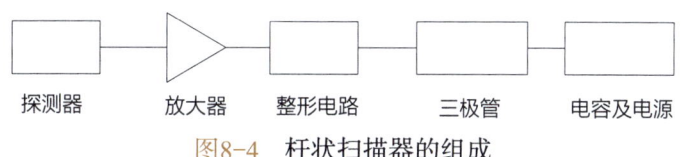

图8-4 杆状扫描器的组成

扫描器的形状主要考虑使用是否方便，杆状扫描器与普通的钢笔相似，其操作方法也类似于钢笔的使用方法，因而这种扫描器通常被称作光笔，其接触符号的头部是由坚固的材料制作的，如人造宝石球等，具有较好的耐磨性和透光性。

杆状扫描器工作原理如图8-5所示，发光二极管发出的光经成像聚焦到条码符号平面，光点的反射光再经光学系统聚焦到探测器上，经光电转换形成电信号，电信号经信号整形后输入译码器。

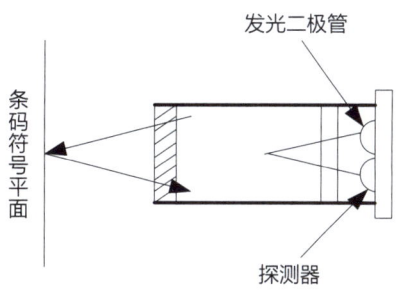

图8-5 杆状扫描器的工作原理

枪状扫描器与杆状扫描器的工作原理相同，只是外形不同。它是将各种元器件都安装在一个类似于手枪的装置中。这种扫描器由于其体积相对光笔而言更大些，因而将对码器的阅读成功指示器安装在扫描器上也是常见的，如发光二极管（light emitting diode，LED）指示灯或微型蜂鸣器。每次扫描后，操作者都可以获取一条信息。

2. 手持固定光束非接触式扫描器

这种扫描器也是靠手动实现扫描的，其扫描光束相对于它的物理基座是固定的。在扫描时，扫描器不直接与条码符号接触，而是与条码符号有一定距离，因而特别适合扫描软体物品或表面不平物品上的条码符号以及具有较厚保护膜的条码符号。由于这种扫描器受扫描景深的限制，操作者在使用时必须使扫描器与被扫描的条码符号保持在一定的距离范围内。操作者在使用该扫描器前都应进行培训，以便熟悉并掌握扫描操作的方法和测距经验。为便于操作，通常将这种扫描器设计成手枪形，如图8-6所示。

这种扫描器可装有阅读成功指示器，如LED指示灯式微蜂鸣器。每次扫描后，操作者都可以通过指示器是否发出提示信号来判断扫描是否成功。这种扫描器的电路开关被设计成手枪扳机状，便于操作。

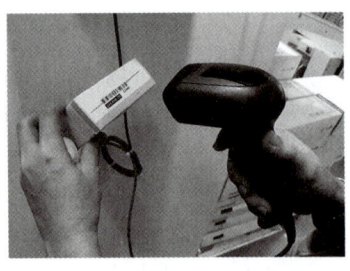

图8-6 手持固定光束非接触式扫描器

由于这种扫描器存在一定的工作距离范围，这就要求扫描的光源有较强的发光强度。它以光学系统严格控制光束的直径和方向，因而这种扫描器常用白炽灯做光源，也有用发光二极管做光源的。一般情况下，这种扫描器采用接收聚焦光路控制光点尺寸，如果需要较大的扫描景深或较大工作距离时，可利用激光做光源，因为激光发散角小，光强度高。激光二极管是一种理想的激光光源。

3．手持移动光束式扫描器

这种扫描器一般采用非接触式，扫描动力由扫描器内装的机电系统提供，通过转动或振动多边形棱镜反光装置实现自动扫描。扫描频率大约每秒40次。这种扫描器的外形结构类似于手枪，如图8-7所示。

这种扫描器的主要特点是操作方便，对操作者的技术要求不高，只要对准条码符号就可以实现自动扫描。它的扫描首读率和精度较高，原因是自动扫描机构可在快速的多次扫描中选择一个正确的结果作为扫描的最终结果。

图8-7 手持移动光束式扫描器

这种扫描器的电路开关设计成手枪扳机状，便于操作；其光学系统采用聚焦照射和聚焦接受光路；光源通常使用氦氖激光器或导体激光器。

用泛光作为扫描器的光源时，一般使用可见发光二极管或白炽灯，其景深和扫描距离都比使用激光时要小。这种扫描器的不足之处是条码符号的长度受光学系统的限制，并与扫描器到条码符号的长度有关，如图8-8所示。

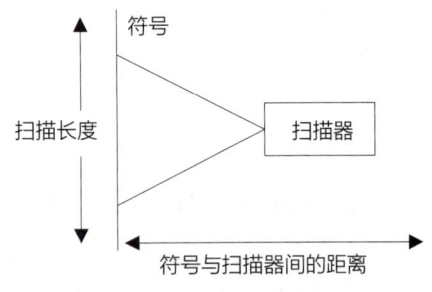

图8-8 手持移动光束式扫描器扫描长度和距离的关系

4．固定安装固定光束式扫描器

由其名称便可知道这是一种安装在某一固定位置的扫描器，一般采用非接触式扫描。它的光束相对于物理机座是固定的，工作方式是利用条码符号相对于扫描器的相对运动来实现扫描。由于它是非接触扫描，因而具有一定的工作距离和扫描景深。对于被扫描的符号来说，它必须在有效的扫描景深和距离范围内从扫描口前移动，才能有效地实现扫描，如图8-9所示。固定安装固定光束式扫描器常用于自动流水线上，用来扫描传送带上运动的物品。在这种工作条件下，由于扫描机会只有一次，因此要求首读率高。它们通常采用对称的光点，其中多为椭圆形光点，同时还要求物品上条码符号的印刷质量要高，这样才能获得较高的首读率。虽然用椭圆形光点能很好地阅读有印刷缺陷的条码符号，但必须注意的是光点长轴要与符号的条的方向平行，否则也会降低首读率。

固定安装固定光束式扫描器通常使用的光源是发光二极管或白炽灯光源，也有采用激光光源的，所用的光源通常都是可见光。

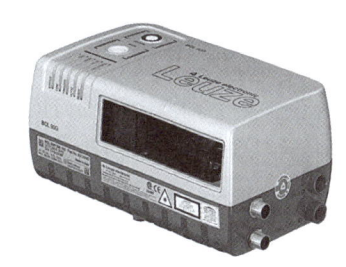

图 8-9　固定安装固定光束式扫描器

使用这种扫描器，应调整好扫描距离，并要求条码符号印刷在物品的合适位置，这样才能进行有效的扫描。这种扫描有自动完成扫描的，也有手持条码符号人工完成扫描的。卡槽式扫描就是由人工来手持卡片（卡片上印有条码），通过移动卡片来完成扫描的，常用于考勤和保安系统。

5. 固定安装移动光束式扫描器

这种扫描器安装在固定位置上，其工作方式类似于移动非接触式扫描器，扫描动作由其内部的机电系统提供。它通常是采用转动或振动多边棱镜来实现自动扫描。扫描频率一般为每秒40次左右。这种扫描常用于无人操作的环境中，用来对流水生产线和自动传送带上的物品进行分类，对数据进行分类或对数据进行自动采集。它通过扫描器内扫描机构的高速运动实现对条码符号的扫描，如图8-10所示。

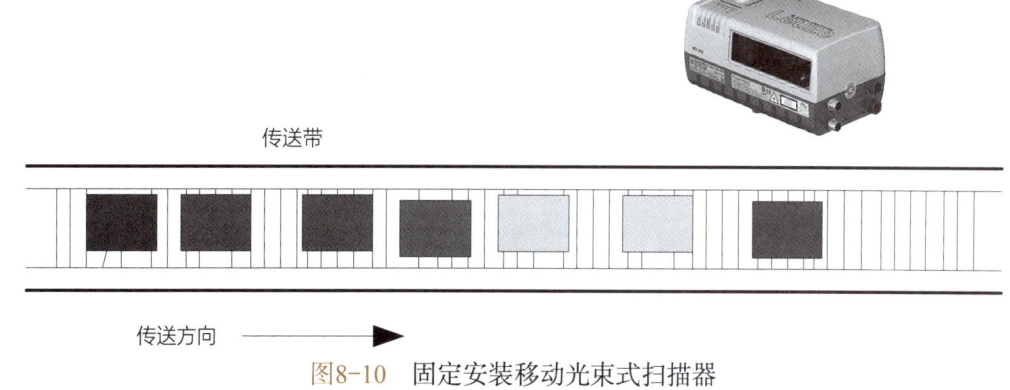

图8-10　固定安装移动光束式扫描器

这种扫描器的扫描光束可以横向扫描，也可以纵向扫描，当条码符号采用"栅栏式"印刷时横向扫描，如图8-11（a）所示；当条码符号采用"阶梯式"印刷时纵向扫描，如图8-11（b）所示。

这两种印刷方式都是经常采用的。为了有效地实现扫描，对于扫描宽度、扫描速率、条码高度及传送带速度等参数都要考虑，应将这些参数设置成能使扫描器对被扫描的条码符号至少有4~5次扫描机会。通常这种扫描器都装有光栅适配器,是控制扫描器扫描光束沿着垂直于扫描运动的方向移动的装置。光栅适配器可以使得扫描光束能够扫描到条码符号的更大区域,增加了扫描的成功率。

还有一种被称为全角度的固定安装移动光束式扫描器,它利用了光的反射现象,对面向扫描光束的、不同角度的条码符号都能阅读。但必须指出的是,任何这种辅助装置的使用都降低了正常方向扫描的效率。

图8-11 栅栏式条码和阶梯式条码

在使用固定安装移动光束式扫描器的系统中,条码符号和扫描线的相对取向设置成能使扫描成功的机会最大,甚至对有局部印刷缺陷的符号也能进行扫描。栅栏式和阶梯式的条码符号是最理想的配合。条码符号中条的高度含有冗余信息,通过改变此高度,就可以控制对于给定了传送速度的符号的扫描机会。

图8-12 扫描线的倾斜

如果条码符号取向为栅栏方向,则扫描线方向应设置水平线偏高几度,如图8-12所示。这样做就可以使扫描器随着符号的移动,能扫描到符号的更大区域。

由于这种扫描器扫描速度高,以及存在着一定的扫描距离范围和景深,因此限制了条码符号的长度,并且需要配备专用的解码电路。

在这种扫描器前边,通常安装有一个物品光电感应器,如图8-13所示。当光电感应器感应到有运动过来的物品时,便能触发扫描器工作,直到扫描成功或内部计时器关闭电路为止。

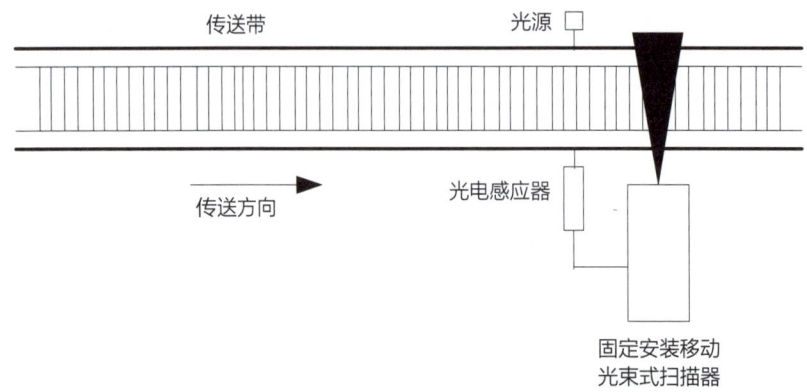

图8-13 物品光电感应器的设置

固定安装移动光束式扫描器一般采用氦氖激光或半导体激光做光源，所用光源一般为可见光。使用这种扫描器，应调整好扫描距离，并要求条码符号印刷在物品的合适位置上，这样才能保证有效的扫描。

6. CCD扫描器

这种扫描器与前面介绍的几种扫描器的扫描机理不同，其主要区别是采用了CCD—电荷耦合装置。CCD元件是一种电子自动扫描的光电转换器，也叫CCD图像感应器。它可以代替移动光束的扫描运动机构，不需要增加其他任何运动机构，但可以实现对条码符号的自动扫描。

CCD扫描器通常有两种类型：一种是手持式CCD扫描器，如图8-14所示；另一种是固定式CCD扫描器。这两种扫描器均属于非接触式，只是形状和操作方式不同，其扫描机理和主要元器件完全相同。CCD扫描器的扫描景深和操作距离取决于照射光源的强度和成像镜头的焦距。

CCD扫描器的工作原理是：使用多个发光二极管固定泛光源照射系统，以照明条码符号；通过平面镜改变光的方向，再经透镜和光源等光学系统将条码号映像到CCD元件上。当条码号映像到光电二极管阵列上时，由于条和空的反光强度不同，产生的电信号强度也不同；通过采集光电二极管阵列中每个光电二极管的电信号，可实现对条码符号的自动扫描。CCD扫描器的工作原理如图8-15所示。

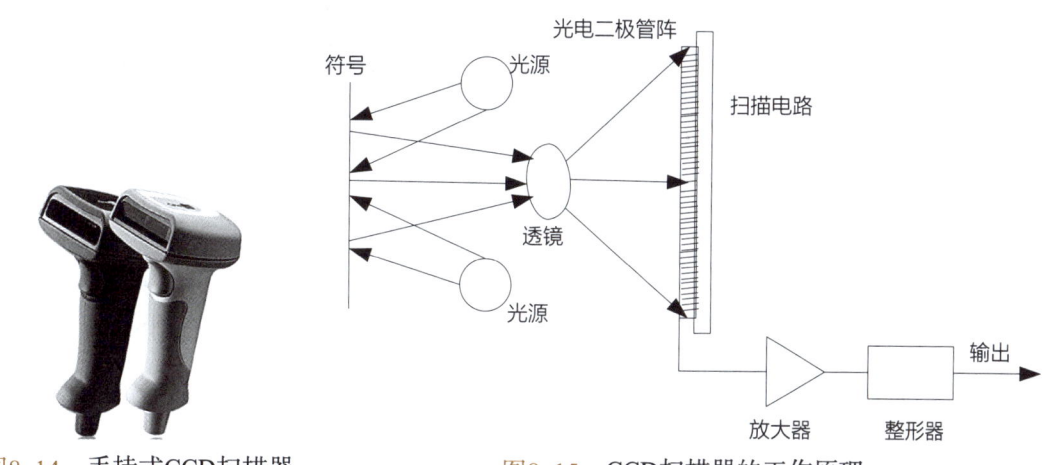

图8-14　手持式CCD扫描器　　图8-15　CCD扫描器的工作原理

扫描器的电路系统主要是由放大电路、整形电路、CCD控制电路等组成。放大电路是将CCD输出的微弱电流进行放大，整形电路是将放大后的模拟脉冲信号整形为数字信号，CCD控制电路主要为CCD元件提供工作条件，如工作电压、移位脉冲信号等。有些CCD扫描器与译码器制成一体，如手持便携式条码阅读器。

CCD扫描器具有如下特点。

（1）CCD扫描器操作非常方便，只要在有效景深的范围内，光源照射到条码符号即可自动完成扫描，初学者一看就会操作。

（2）对于不易接触的物品，如表面不平的物品、软体物品、贵重物品、易损伤的物品等，均能方便地进行阅读。

（3）CCD扫描器无任何运动部件，因此性能可靠，使用寿命较长。

（4）可内设译码电路，将扫描器和译码器制成一体。

（5）与激光枪相比具有耗电省、可用电池供电、体积小、便于携带等优点。

CCD扫描器的不足之处是：阅读条码符号的长度受扫描器的CCD元件尺寸限制；扫描景深不如有形激光器做光源的扫描器景深长。

三、条码打印机

条码打印机是一种专用的条码打印设备，一般为热敏型和热转印型，热敏型需要专用的热敏纸，热转印型使用碳带。打印机一般使用标签纸，标签检测装置可自动检测标签的大小和起始位置，可以以标签为单位进行高速打印，条码打印机如图8-16所示。

条码打印机的打印精度一般为203DPI[①]，宽度一般为104毫米，打印速度可达101.6～254毫米/秒，其内置的条码生成功能可高速地打印条码标签，而普通的打印机则需要专门的条码生成程序来生成条码。

条码打印机编程控制方法较特别，一般的条码打印机都有自己的编程控制语言，如ZEBRA的ZPL语言（斑马的编程语言）、DATAMAX（一种品牌）

图8-16　条码打印机

的ZDPL语言等，它们与过去DOS时代的针打控制语言相似，利用打印机的控制语言直接控制打印机的行为，并充分利用条码打印机内置的条码生成功能来提高打印效率。同时，目前大多数条码打印机也提供标准的打印驱动程序，如果将条码打印机当作普通打印机使用，就不能体现条码打印机本身的优越性，例如，不能利用条码生成功能等。

四、条码数据采集设备

1．便携式数据采集器终端

便携式数据采集器终端（portable data terminal，PDT），也称为便携式数据采集器或手持终端（hand-hold terminal，HT），又因其用于自动识别条码，故称作便携式条码扫描

---

① DPI是每英寸点数的缩写，用于衡量打印机、鼠标等设备的分辨率。

终端(以下统称为便携式数据采集器)。便携式数据采集器是集激光扫描、汉字显示、数据采集、数据处理、数据通信等功能于一体的高科技产品,如图8-17所示。它相当于一台小型的计算机,将电脑技术与条码技术完美结合,利用物品上的条码作为信息快速采集手段。简单地说,它兼具了掌上电脑和条码扫描器的功能。

便携式数据采集终端硬件上具有计算机设备的基本配置:中央处理器(central processing unit,CPU)、内存、电池供电、各种内设接口;软件上具有计算机运行的基本要求:操作系统、可以编程的开发平台、独立的应用程序。它可以将电脑网络的部分程序和

图8-17 便携式数据采集器

数据下传至手持终端,并可以脱离电脑网络系统独立进行某项工作,其基本工作原理是:首先按照用户的应用要求,将经过计算机编制后的应用程序下载到便携式数据采集器中。便携式数据采集器中的基本数据信息必须通过计算机的数据库获得,而存储的操作结果也必须及时导入数据库中,手持终端为计算机网络系统的功能延伸,满足了日常工作中人们各种信息移动采集、处理的任务要求。

严格意义上讲,便携式数据采集不是传统意义上的条码产品,它的性能在更多层面取决于其本身的数据计算、处理能力,这恰恰是计算机产品的基本要求。

以下是数据采集器的产品硬件特点。

(1)CPU处理器。随着数字电路技术的发展,数据采集器大多采用16位或更好的32位CPU。CPU的位数,主频等指标的提高,使得数据采集器的数据处理能力、处理速度要求越来越高,使用户的现场工作效率得到改善。

(2)手持终端内存。数据采集器采集的数据存储在随机存储器(random access memory,RAM)里面,依靠电池、后备电池保持数据。由于RAM的读写速度较快,使得操作的速度能够得到保证。手持终端内存容量的大小,决定了一次能处理的数据容量的大小。用户往往比较关心这个指标,认为内存容量越大,一次能同时处理的数据就越多。但是用户通常忽略了这样一个事实,即手持终端的内存容量要与其CPU处理速度相对应。在一定的处理器速度下,盲目提高其内存容量,只能是增加用户使用时的处理、等待时间。

(3)功耗。功耗包括条码扫描设备的功耗,显示屏的功耗,CPU的功耗等各部分,主要由电池支持工作。

CPU的功耗,对手持终端的运行稳定性有很大影响。CPU在高速处理数据时会产生热量。台式PC机大都装有散热风扇,可快速散热。笔记本电脑,虽然其CPU的功耗要远远低于台式PC机,但因其结构紧凑,不易散热,因此运行时会出现"死机"等不稳定现象。手持数据采集终端的体积小巧、密封性好等制造特点,决定了其内部热量不易散发,因而要求其CPU的功耗要比较低。普通的X86型CPU在功耗上不能满足手持终端产品的性能需要,高档的手持终端一般采用专业厂家生产的CPU产品。

对于整机的功耗,目前数据采集器在使用中采用普通电池、充电电池两种方式,但是

如果是在户外工作，无法回到单位进行充电，充电电池就明显受到限制。对于低档的数据采集器，若采用一般AA碱性电池只能使用十几个小时，而一些高档手持终端，由于其整机功耗非常低，采用两节普通的AA碱性电池可以连续工作100个小时以上，且由于其低耗电量，电池特性好等特点，当电池电量不足时机器仍可工作一段时间，不需要马上更换电池，这个特性为用户在使用手持终端时提供了非常好的操作性能。

（4）输入设备。输入设备包括条码扫描输入、键盘输入两种方式。条码扫描输入又分为CCD、激光和互补金属氧化物半导体（complementary metal-oxide semiconductor，CMOS）三种扫描方式。目前常用的是激光条码扫描设备，具有扫描速度快、操作方便等优点。但是第三代的CMOS扫描输入产品具有成像功能，不仅能够识读一维、二维条码，还能识读各种图像信息，其优势已经被部分厂家所认识，并且应用在各领域中。键盘输入包括标准的字母、英文、符号等方法，同时具有功能快捷键；有些数据采集器产品还具有触摸屏，可使用手写识别输入功能。对于输入方式的选择应该充分考虑到不同应用领域的不同要求。数据采集器如何满足人体工程学的要求，实现快速采集数据的应用要求是用户应该考虑的主要问题。

（5）显示输出。目前的数据采集器大都具备大屏液晶显示屏，能够显示中英文、图形等各种用户信息。同时在显示精度、屏幕的工业性能上都有较严格的要求。

（6）与计算机系统的通信能力。作为计算机网络系统的延伸，手持终端采集器采集的数据及处理结果要与计算机系统交换信息。因此要求手持终端有很强的通信能力。目前高档的便携式数据采集器都具有串口、红外线通信口等几种通信方式。由于数据采集器每天都要将采集的数据传送给计算机，如果采用串口线连接，反复插拔会造成设备的损坏。所以目前大多采用红外通信的方式传输数据，无须任何插拔部件，以降低出现故障的可能性，提高产品的使用寿命。

（7）外围设备驱动能力。外围设备驱动能力是指利用数据采集器的串口、红外口，可以连接各种标准串口设备，或者通过串并转换可以连接各种并口设备，包括串并口打印机、调制解调器等，以实现电脑的各种功能。

2．无线数据采集器

便携式数据采集器对于传统手工操作的优势是不言而喻的，然而一种更先进的设备——无线数据采集器则将普通便携式数据采集器的性能进一步扩展。无线数据采集器大都是便携式的，除了具有一般便携式数据采集器的优点外，还有线式数据采集器的优点，它与计算机的通信是通过无线电波来实现的，可以把现场采集到的数据实时地传输给计算机。相比普通便携式数据采集器，光线数据采集器更进一步地提高了操作员的工作效率，使数据从原来的本机校验、保存转变为远程控制，实时传输。

无线数据采集器之所以称为"无线"，就是因为它不需要像普通便携式数据采集器那样依靠通信座和PC机进行数据交换，而可以直接通过无线网格和PC机、服务器进行实时数据通信。要使用无线手持终端就必须先建立无线网络。无线网络设备——登录点

（access point）相当于一个连接有线局域网和无线网的网桥，它通过双绞线或同轴电缆接入有线网络（以太网或令牌网），无线手持终端则通过与无线登录点（access point，AP）的无线通信和局域网的服务器进行数据交换。

无线式数据采集器通信数据实时性强、效率高。无线数据采集器直接和服务器进行数据交换，数据都是以实时方式传输。操作在无线数据采集器上进行操作而得到的数据，都会在第一时间进入后台数据库，也就是说，无线数据采集器将数据信息系统延伸到每一个操作员的手上。无线数据采集器的硬件技术特点与便携式的一样，包括CPU、内存、屏幕显示、输入设备、输出设备等。每个无线数据采集器都是一个自带IP地址的网络节点，通过无线登录点实现与网络系统的实时数据交换。

无线数据采集器与计算机系统的连接，基本上采用以下三种方式。

（1）Telnet终端仿真连接。在这种方式下，无线数据采集本身不需要开发应用程序，只是通过Telnet服务登录到应用服务器上，远程运行服务器上的程序。在这种方式下工作，由于大量的终端仿真控制数据流在无线采集器和服务器之间交换，通信的效率相对会低一些。但是由于在数据采集器上无须开发应用程序，在系统更新升级方面会相对简单、容易。

（2）传统的C/S结构。传统的客户/服务器模式（client/server，C/S）结构将无线数据采集器作为系统的客户端，采集器上面根据用户的应用流程要求进行程序的开发。开发平台与便携式一样，根据不同产品有所不同。在这种方式下工作，数据采集器与通信服务器之间只需要交换采集的数据信息，数据量小，通信的效率相应较高。但是像便携式数据采集器一样，每台无线数据采集器都要安装应用程序，对于后期的应用升级显得较麻烦。

（3）B/S结构。在无线数据采集器上面内嵌浏览器，通过HTTP协议与应用服务器进行数据交换。这种方式对无线数据采集器的系统要求较高，基于WinCE平台下面的产品相对来讲比较容易实现，如日本CASIO公司生产的几款设备。

从以上分析可以看出，在应用无线数据采集器时，具体采用何种方式，应该根据实际情况而定。

3．数据采集器的性能指标

由于手持终端大都是在室外使用，周围的湿度、温度等环境因素对作业的影响比较大，尤其是液晶屏幕、RAM芯片等关键部件工作时，在低温、高温条件下都要受到限制，因此用户要根据自身的使用环境选择手持终端产品。

在寒冷的冬天，作业人员使用手持终端在户外进行数据采集时，工作完毕返回到屋内，室内外的温度差通常会造成电路板积水。此时如果马上开机工作，电流流过潮湿的电路板会造成机器电路短路。与中低档手持终端产品不同，高档手持终端产品针对这项指标进行过严格的测试，给用户以可靠的操作性能。不过用户在使用手持终端产品时，还是要十分注意避免以上现象的发生。

同时，因为作业环境比较恶劣，手持终端产品要经过严格的防水测试。对饮料泼溅、雨水浇淋等常见情况的测试结果，都应该是用户选择产品时要考虑的因素。针对便携产品防水性的考核，国际上有IP标准认证，对通过测试的产品会发给证书。

抗振、抗摔性能也是手持终端产品的一项操作性能指标，作为便携使用的数据采集产品，操作者无意间的失手跌落是难免的，因而手持终端要具备一定的抗振、抗摔性。目前大多数产品能够满足1米以上的跌落高度。

4．数据采集器的软件功能

数据采集器的软件功能一般分为操作系统、应用软件两部分。

操作系统目前没有统一的标准。由于数据采集器采用各个厂家独立开发生产的CPU、主板等关键零部件，所以操作系统（operating system，OS）大多采用不同标准。也有部分厂家推出了基于PALM/WinCE平台的操作系统，但是，目前此类产品还是针对数据管理型的应用领域，对于传统供应链物流领域的数据采集还不是非常适用。同时，由于此类产品目前的功耗还比较高，而且对普通的操作人员来讲，上面两种平台过于复杂，使用起来维护量较大，所以，操作系统在物流供应链领域较少采用，多是应用在办公自动化领域。

应用软件通常要根据用户的应用流程进行开发。软件开发工具一般采用C语言或其他语言，对于数据采集器的应用而言，随着条码技术与IT技术更加广泛的结合，便携式数据采集器将得到更为广泛的应用，与行业应用结合得也会更加紧密，成为行业解决方案的一部分。

以目前条码技术应用比较集中的物流供应链管理为例，从产品的生产到成品下线，销售、运输、仓储、零售等各个环节都可以应用条码技术，使用数据采集器进行方便、快捷的管理。

数据采集器与用户的应用系统相结合，在用户供应链的各个应用环节都发挥着巨大的作用。随着信息科技的快速发展及企业信息化的日益普及，在物流仓储、物流配送、制造业、邮政、图书馆等行业的人工单品管理，已经不能适应市场经济的发展，从而出现对移动数据采集全息系统的迫切需求，便携式数据采集器也就成了不可或缺的必备设备。条码扫描型掌上电脑作为一种快速、高效的移动信息采集、处理终端，在国防、公共安全、医疗、工业、金融、商业、邮政、货物运输等领域均有极为广泛的应用前景。

5．数据采集器的选择

根据用途不同，数据采集器大体上可分为两类：在线式数据采集器和便携式数据采集器。在线式数据采集器又可分为台式和连线式两种，它们大部分直接由交流电源供电，一般非独立使用，在采集器与计算机之间由电缆连接以传输数据，不能脱机使用。这种扫描器向计算机传输数据的方式一般有两种：一种是键盘仿真；另一种是通过通信口向计算机传输数据。对于前者无须单独供电，其动力由计算机内部通过通信口向计算机传输数据。

选择便携式数据采集器主要是为了弥补在线式数据采集器的不足，且应从以下几个方面进行考虑。

（1）适用范围。用户应根据自身的情况，选择合适的便携式数据采集器。如果是在大型、立体式的仓库使用，由于物品的存放位置较高，离操作人员较远，就应当选择扫描景深大，读取距离远且首读率较高的采集器。而对于中小型仓库的使用者，可以选择一些功能齐备、便于操作的采集器。对于用户选购便携式数据采集器来说，最重要的一点就是"够用"，即购买适用于本身需要的，而不是盲目购买价格贵、功能强的采集系统。

（2）译码范围。译码范围是选择便携式数据采集器的一个重要指标。每一个用户都有自己的条码码制范围，大多数便携式数据采集器都可以识别EAN（European article number）码、UPC（universal product code）码等几种甚至十几种不同的码制。在物流企业应用中，还要考虑EAN128码、三九码、库德巴码等。因此，用户在购买采集器时要充分考虑到自己的实际应用编码范围，选取合适的采集器。

（3）接口要求。采集器的接口能力是评价其功能的又一个重要指标，也是选择采集器时要重点考虑的内容。用户在购买采集器时，要首先明确自己原系统的操作环境、接口方式等情况，再选择适应该操作环境和接口方式的采集器。

（4）首读率要求。首读率是数据采集器的一个综合性指标，它与条码符号的印刷质量、译码器的设计和扫描的性能等均有一定关系。首读率越高，越节省工作时间，但相应地，其价格也必然要高出其他便携式数据采集器。在物品的库存（盘点）过程中，可以人工控制便携式数据对条码符号的重复扫描，因此，数据采集器对首读率的要求并不严格，只把它作为工作效率的量度而已。但在自动分拣系统中，对首读率的要求则很高。

（5）价格。选择便携式数据采集器时，价格也是一个重要问题。各种便携式数据采集器由于配置不同，功能不同，其价格也会有很大的差异。因此，在购买数据采集器时，要注意产品的性价比，以满足应用系统要求且价格较低者为选购对象，真正做到"物美价廉"。

五、条码扫描器的选择

在设计自己的条码应用系统时，选择哪种识读设备应视具体情况而定。不同的应用场合对识读设备有着不同的要求，用户必须综合考虑，以达到最佳的应用效果。在选择识读设备时，应考虑以下几方面因素。

（1）与条码符号相匹配。条码扫描器的识读对象是条码符号，所以在条码符号的密度、尺寸等已确定的系统中，必须考虑扫描器与条码符号的匹配问题。例如，对于高密度条码符号，必须选择高分辨率的扫描器。当条码符号的长度尺寸较大时，必须考虑扫描器的最大扫描尺寸，否则可能出现根本无法识读的情况。当条码符号的高度与长度尺寸比值小时，最好不选用光笔，以避免人工扫描的困难。如果条码符号是彩色的，一定得考虑扫描器的光源，最好选用波长633毫米的红外光，否则可能出现对比度不足的问题。

（2）首读率。要提高首读率，除了提高条码符号的质量外，还要考虑扫描设备的扫描等因素。当手动操作时，首读率并非特别重要，因为重复扫描会补偿首读率低的缺点。但对于一些无人操作的应用环境，要求首读率为100%，否则会出现数据丢失的情况，因此，这时最好选择移动光束式扫描器，以便在短时间内有多次扫描机会。

（3）工作空间。不同的应用系统都有特定的扫描操作空间，所以对扫描器的工作距离及扫描景深有不同的要求。对于一些日常办公条码应用系统，对工作距离及扫描景深的要求不高，选用光笔、CCD扫描即可满足要求，对于一些仓库、储运系统，大都要求离开一段距离进行条码符号扫描，所以要求使用有一定工作距离的扫描器，如激光枪等。对于某些扫描距离变化的场合，则需要大扫描景深的扫描设备。

当然，扫描设备的选择不能只考虑单一指标，而应根据实际情况进行全面考虑。

六、条码技术在供应链管理中的应用

一次完整物流流程包括由生产厂家将产品生产出来，通过运输、仓储、加工、配送到用户、消费者的物流全过程，其中分为以下几个方面：生产厂家将生产的单个产品进行包装，并将多个产品集中在大的包装箱内；然后，经过运输、批发等环节，这些环节通常需要更大的包装；最后，产品通过零售环节流通到消费者手中，产品通常在这一环节中再还原为单个产品。人们将上述过程的管理称之为供应链物流管理。

商品从厂家到最终用户的物流过程是客观存在的，长期以来人们从未主动地、系统地、整体地去考虑，因而未能发挥其系统的总体优势。在供应链物流系统中，生产、分配、销售都不是孤立的行为，而是一环扣一环的，相互制约、相辅相成。因此，必须协调一致，才能发挥其最大效益。

条码技术是在计算机和应用实践中产生和发展起来的一种自动识别技术。它是为实现对信息的自动扫描而设计的，也是实现快速、准确、可靠地采集数据的有效手段。条码技术的应用，解决了数据录入和数据采集的"瓶颈"问题，为供应链管理提供了有力的技术支持。

利用条码技术，对物流信息进行采集跟踪，通过对生产制造业的物流跟踪，满足针对物料准备、生产制造、仓储运输、市场销售、售后服务、质量控制等方面的管理信息需求。

1．物料准备

（1）通过进行物料编码和打印条码标签，不仅便于物料跟踪管理，而且也有助于做到合理的物料库存准备，提高生产效率，便于企业资金的合理运用。对采购的生产物料，按照行业及企业规则建立统一的物料编码，从而杜绝因物料无序而导致的损失和混乱。为需要进行标识的物料打印其条码标签，以便于在生产管理中对物料的单件进行跟踪，从而建立完整的产品档案。

（2）利用条码技术对仓库进行基本的进、销、存管理，有效降低库存成本。

（3）通过产品编码，建立物料质量检验档案，产生质量检验报告，与采购订单挂钩，建立对供应商的评价档案。

2．生产制造

条码生产制造是产品条码应用的基础，它建立了产品识别码，在生产中应用产品识别码，可以监控生产，采集生产测试数据和生产质量检查数据，进行产品完工检查，建立产品识别码和产品档案，从而有序安排生产计划，监控生产及流向，提高产品下线合格率。

（1）制定产品识别码格式。根据企业规则和行业规则确定产品识别码的编码规则，保证产品的规范化及唯一标识性。

（2）建立产品档案。通过产品标识码在生产线上对产品生产进行跟踪，并采集产品的部件数据、检验数据等作为产品信息，当生产批次计划通过审核后建立产品档案。

（3）通过生产线上的信息采集点来控制生产的信息。

（4）通过产品标识码在生产线采集质量检测数据，以产品质量标准为准绳判定产品是否合格，从而控制产品在生产线上的流向，判断是否建立产品档案和打印合格证。

3．仓储运输

（1）货物库存管理。仓库管理系统根据货物的品名、型号、规格、产地、牌名、包装等划分货物品种，并且分配唯一的编码。

（2）仓库库位管理，即对存货空间的管理。仓库分为若干个库房，每一库房分若干个库位。库房是仓库中的独立和封闭存货空间，库房内空间细化为库存，在产品入库时将库位条码号与产品条码号一一对应，在出库时按照库位货物的库存时间可以实现先进先出或批次管理。

（3）单件货物管理。通过应用条码，不仅可管理货物品种的库存，而且还可具体到每一单件，并能实现对单件货物的全程跟踪。

（4）精确实现出入库操作。通过应用条码、仓库管理可采集货物单件信息，处理采集数据，建立仓库的入库、出库、移库、盘库数据，使仓库操作更加准确。

（5）运输差错处理。应用条码的仓库管理，根据采集信息，建立仓库运输信息，直接处理实际运输差错，同时能够根据采集单件信息及时发现出入库的货物单件差错（入库重号，出库无货），并且提供差错的解决方式。

4．市场销售

根据各地的消费水准不同，企业制定了各地不同的产品批发价格，并规定只能在此地销售。但是，有些违规的批发商以较低的地域价格名义取得产品后，将产品在地域价格的地方低价倾销，扰乱了市场，使企业的整体利益受到了极大的损害。由于缺乏真实、全面、可靠、快速的事实数据，企业虽然知道这种现象存在，但对违规的批发商也无能为力。为保证政策有效实施，必须能够跟踪向批发商销售的产品品种或产品单件信息。通过在销售、配送过程中采集产品的单品条码信息，根据产品单件标识条码记录产品销售过程，完成产品销售链跟踪。

5．售后服务

（1）根据产品标识码建立产品销售档案，记录产品信息和重要零部件信息。

（2）通过产品上的条码进行售后维修产品检查，检查产品是否符合维修条件和维修范围，同时分析其零部件的情况。

（3）通过产品标识号反馈产品售后维修记录，监督产品维修点信息，记录统计维修原因及建立产品售后维修档案。

（4）对产品维修部件实行基本的进出口、销、存管理，与维修的产品一一对应，建立维修零部件档案。

通过产品售后服务信息的采集与跟踪，为企业产品售后保修服务提供了依据，同时能够有效地控制售后服务带来的困难，例如，销售产品重要部件被更换而造成的保修损失，销售商虚假的修理报表等。

通过上述各个环节的产品物料信息和产品信息的采集，为企业进行产品质量管理控制以及分析提供了强有力的依据。

第二节 射频设备

一、射频识别

射频识别（radio frequency identification，RFID）是20世纪80年代发展起来的一种非接触式的自动识别技术，是一种利用射频信号通过空间耦合实现非接触信息传递，并通过所传递的信息达到识别目的的技术。

在国家标准物流术语里，射频识别是指在频谱的射频部分，利用电磁耦合或感应耦合，通过各种调式和编码方案，与射频标签交互通信唯一读取射频标签身份的技术（GB/T 18354—2021）。射频识别系统（radio frequency identification system）是由射频标签、识读器、计算机网络和应用程序及数据库组成的自动识别和数据采集系统（GB/T 18354—2021）。射频识别系统一般包括以下四个部分。

（1）射频标签（tag）：又称为电子标签，主要由存有识别代码的大规模集成线路芯片和收发天线构成。每个标签具有唯一的电子编码，附着在物体上标识目标对象。

（2）识读器（reader）：射频识别读写设备，是连接信息服务系统与标签的纽带，主要起到目标识别和信息读取（有时还可以写入）的功能。标签是被识别的目标，是信息的载体。

（3）计算机网络：又被称为后台系统，负责收集、过滤、处理、传递和利用，并提供信息共享机制，包括中间件、公共服务体系和应用系统。

（4）应用软件：针对各个不同应用领域的管理软件。

RFID的基本工作原理是由读写器发射特定频率的无线电波能量，当射频标签进入感应磁场后，接收读写器发出的射频信号凭借感应电流所获得的能量，发送出存储在芯片中的产品信息（passive tag，无源标签或被动标签），或者由标签主动发送某一频率的信号（active tag，有源标签或主动标签），读写器读取信息并解码后，送至中央信息系统进行有关数据处理。

二、射频识别的分类

1. 根据采用频率的不同分类

根据采用频率的不同,射频识别可分为低频系统和高频系统两大类。

(1)低频系统一般指工作频率小于30兆赫的系统,典型的工作频率有125千赫、225千赫、13.56兆赫等,这些频点应用射频识别系统一般都有相应的国际标准予以支持,其基本特点是电子标签的成本较低、标签内保存的数据量较少、阅读距离较短(无源情况,典型阅读距离为10厘米)、电子标签外形多样(卡状、环状、纽扣状、笔状)、阅读天线方向性不强等。

(2)高频系统一般指其工作频率大于400兆赫的系统,典型的工作频率有915兆赫、2450兆赫、5800兆赫等。高频系统在这些频点上也有众多的国际标准予以支持。高频系统的基本特点是,电子标签及阅读器成本均较高、标签内保存的数据量较大、阅读距离较远(可达几米到十几米)、适应物体高速运动性能好、外形一般为卡状、阅读以及电子标签天线均有较强的方向性等。

2. 根据电子标签内是否装有电池为其供电分类

根据电子标签内是否装有电池为其供电,射频识别可分为有源系统和无源系统两大类。

有源系统内装有电池,一般可适用于较远的阅读距离,不足之处是电池的寿命有限(3~10年);无源系统内无电池,它接收到阅读器(读出装置)发出的微波信号后,将部分微波能量转化为直流电供自己工作,一般可做到免维护。相比有源系统,无源系统在阅读距离及适应物体运动速度方面略有限制。

3. 根据电子标签内保存信息的注入方式不同分类

根据电子标签内保存信息的注入方式,射频识别可分为集成电路固化式、现场有线改写式和现场无线改写式三大类。

集成固化式电子标签内的信息,一般在集成电路生产时即信息以只读内存(read-only memory,ROM)工艺模式注入,其保存的信息是一成不变的;现场有线改写式电子标签,一般将电子标签保存的信息写入其内部的E2存贮区中,改写时需要专用的编程器或写入器,改写过程中必须为其供电;现场无线改写式电子标签一般适用于有源系统,具有特定的改写指令,电子标签内保存的信息也位于其中的E2存贮区。一般情况下,改写电子标签数据所花费的时间远大于读取电子标签所花费的时间,常规改写所花费的时间为秒级,阅读花费的时间为毫秒级。

4. 根据读取电子标签数据技术实现手段不同分类

根据读取电子标签数据技术实现手段,射频识别可分为广播发射式、倍频式和反射调制式三大类。

(1)广播发射式射频识别系统实现起来最简单,电子标签必须采用有源方式工作,并实时地将其贮存的标识信息向外广播,阅读器相当于一个只收不发的接收机。这种系统的缺点是由于电子标签需要不停地向外发射信息,对其自身而言费电,对环境而言造成电磁污染，同时，系统不具备安全保密性。

（2）倍频式射频识别系统实现起来有一定的难度，一般情况下，阅读器发出射频查询信号，电子标签返回的信号变为阅读器发出射频的倍频。这种工作模式为阅读器接收处理回波信号提供了便利。但是，对无源电子标签来说，电子标签将收到的阅读器发来的射频能量转换为倍频回波载频时，其能量转换效率较低，而提高转换效率需要较高的微波技巧，也就意味着更高的电子标签成本，同时，这种系统工作时需要战胜两个工作频点，一般较难获得无线电频率管理委员会的产品应用许可。

（3）反射调制式射频识别系统实现起来要解决同频收发问题，系统工作时，阅读器发出微波查询（能量）信号，电子标签（无源）收到微波查询能量信号后，将其一部分整流为直流电源供电子标签内的电路工作，另一部分微波能量信号被电子标签内保存的数据信息调制（ASK）后反射回阅读器。阅读器接收反射后的幅度调制信号，从中提取出电子标签中保存的标识性数据信息。系统工作过程中，阅读器发出微波信号与接收反射回的幅度调制信号是同时进行的。反射回的信号强度较发射信号要弱得多，因此，技术实现上的难点在于同频接收。

第三节 北斗卫星导航系统设施与设备

一、北斗卫星导航系统的概况

全球定位系统（global positioning system，GPS）是以人造卫星为基础、24小时提供高精度的全球范围的定位和导航信息的系统（GB/T 18354—2021）。北斗卫星导航系统（Beidou navigation satellite system，BDS）是世界四大全球定位系统之一，是我国自行研制、拥有众多特色及创举的覆盖全球的导航系统，也是继美国的GPS、俄罗斯的格洛纳斯（GLONASS）之后的第三个成熟的全球卫星定位导航系统，欧洲的伽利略卫星定位系统（Galileo satellite navigation system，GSNS）还在建设中，图8-18为北斗卫星导航系统标识。

图8-18 北斗卫星导航系统标识

我国高度重视全球卫星导航系统建设发展，自20世纪80年代开始探索适合国情的卫星导航系统发展道路，从2000年10月31日起到2020年6月23日，共发射卫星59颗，完成北斗一号、北斗二号、北斗三号3代系统建设。该系统为全球用户提供全天候、全天时、高精度的定位、导航和授时服务，具有短报文通信、有源定位和星座星间链路技术等突破性特色。北斗卫星导航系统铸造了"中国灵魂",终成"国之重器"。截至2023年7月,北斗系统已服务全球200多个国家和地区用户。北斗系统终端数量在交通运输营运车辆领域超过800万台,农林牧渔业达到130余万台,高德地图调用的北斗卫星日定位量已超过2100亿次,提供的定位导航服务实现北斗主导。

二、北斗卫星导航系统工作原理

BDS的卫星在离地面2万多千米的高空上,以固定的周期环绕地球运行,使得在任意时刻,在地面上的任意一点都可以同时观测到4颗以上的卫星。卫星至用户间的距离测量基于卫星信号的发射时间与到达接收机的时间之差,称为伪距。为了计算用户的三维位置和接收机时钟偏差,伪距测量要求至少接收来自4颗卫星的信号。卫星定位实施的是"到达时间差"(时延)的概念:利用每一颗卫星的精确位置和连续发送的星上原子钟生成的导航信息获得从卫星至接收机的到达时间差。由于卫星的位置精确可知,在接收机对卫星观测中,我们可得到卫星到接收机的距离,利用三维坐标中的距离公式,3颗卫星就可以组成3个方程式,解出观测点的位置(X, Y, Z)。卫星导航系统时间是由每颗卫星上原子钟的铯和铷原子频标保持的。这些星钟一般来讲精确到世界协调时(UTC)的几纳秒以内。

三、北斗卫星导航系统组成

北斗卫星导航系统由空间段、地面段和用户段组成。空间段一般即空间中的卫星星座,包含一系列分布在不同轨道上的卫星,为用户的定位、导航、授时提供时间基准和空间基准。地面段负责维护卫星和维持其正常功能,包括将卫星保持在正确的轨道位置(称为位置保持)和监测卫星子系统的健康状况,主要由主控站、注入站及监测站组成。用户段是卫星导航系统定位、导航、授时功能的最终体现,包括海、陆、空、天的所有用户,其主要任务是跟踪可见卫星,对接收到的卫星无线电信号进行相关数据处理得到定位所需的测量值和导航信息,最后完成对用户的定位运算、授时解算和所需要的导航任务。

1. 空间段

北斗卫星导航系统空间段采用混合星座,即由多个轨道类型的卫星组成导航星座,包括地球静止轨道(GEO)卫星、倾斜地球同步轨道(IGSO)卫星和地球中圆轨道(MEO)卫星。星座中各颗卫星的基本功能可总结如下:接收地面段发射的导航信息、执行地面段发射的控制指令、进行部分必要的数据处理、向地面发送导航信息,以及通过推进器调整自身的运行姿态。北斗卫星根据轨道类型的不同,其功能有一定的差别。其中,GEO卫星除了导航功能,还兼容了北斗一号的通信功能。

2. 地面段

地面段是地面控制段的简称,其核心部分称为地面运行控制系统。地面运行控制系统一般由主控站、注入站和监测站组成。北斗系统的注入站还具有时间同步功能，因此称为时间同步注入站。其中，主控站负责收集各个监测站的观测数据，进行数据处理，生成卫星导航电文、广域差分信息和完好性信息，完成任务规划与调度，实现系统运行控制与管理等；注入站在主控站的统一调度下，完成卫星导航电文、广域差分信息和完好性信息的注入以及有效载荷的控制管理；监测站负责对导航卫星进行连续跟踪监测、接收导航信号，并将数据发送给主控站，它为卫星轨道确定和时间同步提供观测数据。除此之外，北斗系统还包括星间链路运行管理设施，负责对整个星间链路进行管理与控制。

3. 用户段

用户段是指利用卫星导航信号进行定位、导航与授时的用户。用户只需安装一种能够接收、跟踪、变换和测量的信号接收机（卫星导航接收机），就可以全天候和全球性地测量运动载体的七维状态参数与三维姿态参数。用户设备的核心是用户接收机，其主要功能是接收卫星播发的信号，获取定位所需观测值，提取导航电文中的广播星历、卫星钟差改正数等参数，经数据处理而完成导航定位工作。

视野拓展

我们经常用手机导航，知道手机是靠GPS定位的，那什么时候能用到北斗卫星定位导航系统（以下简称"北斗"）呢？其实呢，手机中的GPS并不单指美国全球卫星导航系统，这里的GPS是英文global position system的简称，也就是全球定位系统的简称，是一个通用的称呼，只不过美国先到先得用了GPS这个名字。现在大多数手机芯片都是支持兼容各大全球卫星定位导航系统的，北斗也是其中之一，截至2023年在我国市场申请入网的智能手机里，绝大多数都支持北斗定位了。

那我们GPS已经用了这么多年，为什么还要建北斗呢？它有哪些优势吗？实际上，我国的北斗和美国的GPS、欧洲的伽利略、俄罗斯的格洛纳斯都是国际电信联盟的会员，它们之间也是兼容和互操作的关系，并非非此即彼。从性能上来说，北斗卫星定位导航系统更新更多，轨道更多，而且传统的导航软件给我们提供的地图是二维的，只能提供经度和纬度，没有体现高度，这就导致不少人在立交桥上发现导航不好用，但北斗就能把高度也定位准确。

资料改编来源：中央广播电视总台综合频道生活提示栏目

四、北斗卫星导航系统的服务

北斗卫星导航系统与其他全球卫星导航系统一样，能够提供全球、全天候、全天时定位（positioning）、导航（navigation）和授时（timing）服务，简称PNT服务，能够提供运动载体的三维立体空间位置（position）、速度（velocity）和一维时间（time）状态信息，即PVT信息。目前北斗三号全球系统可提供七种服务。

1．定位导航授时服务

全球范围实测定位精度水平方向优于2.5米，垂直方向优于5.0米。测速精度优于0.2米/秒，授时精度优于20纳秒。

2．全球短报文服务

通过14颗中轨道（MEO）卫星为全球用户提供试用服务，最大单次报文长度560比特，约40个汉字。

3．国际搜救服务

6颗中轨道（MEO）卫星搭载搜救载荷，在符合国际标准的基础上，提供北斗特色B2B返向链路确认功能，为全球用户提供遇险报警服务。

4．区域短报文服务

区域短报文最大单次报文长度14000比特，约1000个汉字。

5．精密单点定位服务

通过3颗高轨道（GEO）卫星播发精密单点定位信号，定位精度实测水平方向优于20厘米，高程优于35厘米。

6．星基增强服务

支持单频及双频多星座两种增强服务模式，满足国际民航组织技术验证要求。目前星基增强系统服务平台已基本建成，正面向民航、海事、铁路等高完好性用户提供试运行服务。

7．地基增强服务

已在中国全境内建设框架网基准站和区域网基准站，面向行业和大众用户提供实时厘米级、事后毫米级定位增强服务。

五、北斗卫星导航系统在物流领域的应用

1．北斗卫星导航系统车辆监控系统

北斗卫星导航系统车辆监控系统是新一代集车辆定位、报警、寻址、救援以及无线电通信为一体的多功能开放系统，该系统集成了BDS定位、无线通信（卫星通信、全球移动通信等）、现代计算机网络等多种先进技术，由用户端、无线通信网、管理中心构成一个大范围的公众服务网络系统。

2．车辆导航系统

车辆导航系统应用先进BDS技术、地理信息系统、计算机技术和现代通信技术，实现大范围车辆的双向动态导航、跟踪、调度和可视化监控。利用此系统，可加强对车辆的集中管理和调度，提高交通运输效率，有效改变城市交通状况。

> **视野拓展**

助力智慧港口建设,实现"车享其行,物优其流"

随着智慧港口建设潮的到来,远望谷协同全球合作伙伴,共同帮助港口进行自动化、智能化的持续升级,利用RFID技术推动港口车辆管理信息化、自动化,打造"安全、环保、高效"的智慧港口。当前,远望谷的RFID产品已在舟山港、广州港、青岛港、天津港、连云港港、妈湾港、蛇口港、宁波港、日照港、大连港等国内多个大型港口的车辆智能定位场景得到成功应用。远望谷提供的RFID硬件解决方案,主要是通过RFID标签将每一辆进出港口的集卡车进行绑定,详细记录车辆的基本信息、报关信息、货物信息等业务明细,通过RFID读写器、RFID天线等设备的综合布设,实时自动采集集卡车进出港口的数据,起到车辆精准定位的作用。远望谷合作伙伴通过运用远望谷成熟的RFID技术和产品,结合GPS、视频定位等技术,成功搭建车辆智能定位管理系统,对入港装卸货车辆的位置、行驶速度、路径、监控视频画面等信息进行实时监测,实现港口集卡车进出港、装卸、堆存及在港动态的全过程管理和监控。基于RFID技术的硬件设备应用于港口码头车辆定位管控后,集卡车的在港操作效率大大提升,物流成本相应有所降低。智能车辆定位场景的应用对加快集卡车在港的周转效率,提升专业滚装汽车码头的服务水平有着重要的推动作用。同时通过对船公司和货主港口服务质量的提升,可稳固港口所在地区的整车进出口市场份额,并可吸引更多的滚装运输班轮挂靠,推动整车进出口业务,从而进一步增加整车进出口的市场份额。

资料改编来源:远望谷集团官网。

本章小结

本章主要介绍了物流信息采集与传输设备的分类、原理、适用场景等方面的知识,分为三节。第一节主要介绍了条码设备的系统组成和识别原理、条码打印设备和条码数据采集设备、条码技术在供应链管理中的应用等。第二节主要介绍了射频设备的工作原理和分类。第三节从定义、工作原理、系统组成等方面介绍了我国自行研制的全球卫星导航系统——北斗卫星导航系统。

思考与练习

一、单项选择题

1. 条码是由宽度不同、（　　）不同的条和空，按照一定的编码规则（码制）编制而成的。

　　A．形状　　　　　B．反射率　　　　C．材质　　　　D．大小

2. 射频识别标签，又称为射频标签、电子标签，主要由存有识别代码的大规模集成线路芯片和收发天线构成。每个标签具有唯一的（　　），附着在物体上标识目标对象。

　　A．电子编码　　　B．声波　　　　　C．图像信息　　D．电子签名

3. 北斗卫星导航系统（Beidou navigation satellite system，BDS）是中国自行研制的全球卫星导航系统，也是全球第（　　）个成熟的卫星导航系统。

　　A．1　　　　　　B．2　　　　　　C．3　　　　　D．4

4. 目前BDS的应用领域不包括（　　）。

　　A．农业　　　　　B．渔业　　　　　C．软件业　　　D．林业

5. （　　）用来扫描传送带上运动的物品。

　　A．固定安装固定光束式扫描器　　　B．手持移动光束式扫描器

　　C．手持固定光束非接触式扫描器　　D．手持固定光束接触式扫描器

二、多项选择题

1. 条码识读系统是条码系统的组成部分。它由（　　）等部分组成。

　　A．扫描系统　　　B．网络系统　　　C．信号整形系统　D．译码系统

2. 根据电子标签内保存的信息的注入方式，射频识别可分为（　　）。

　　A．集成电路固化式　　　　　　　　B．现场有线改写式

　　C．集成电路可变式　　　　　　　　D．现场无线改写式

3. 北斗卫星导航系统由（　　）组成。

　　A．空间段　　　　B．地面段　　　　C．用户段　　　D．设备段

4. 条码技术在供应链管理中的应用包括（　　）。

　　A．物料管理　　　B．生产管理　　　C．仓库管理　　D．市场销售链管理

5. BDS的基础产品有（　　）。

　　A．北斗卫星导航芯片　B．模块　　　C．天线　　　　D．板卡

三、判断题

1. 条码是迄今为止最经济、最实惠的一种信息采集方式。　　　　　　　　（　　）

2. 无源系统与有源系统在阅读距离及适应物体运动速度方面的效果一样。（　　）

3．北斗卫星导航系统与其他全球卫星导航系统一样，能够提供全球、全天候、全天时定位（positioning）、导航（navigation）和授时（timing）服务。　　　　（　　）

4．北斗卫星导航系统只能民用，不能用于军事领域。　　　　　　　　（　　）

5．北斗卫星导航系统通过30颗卫星实现全球覆盖。　　　　　　　　（　　）

四、简答题

1．请对比条码设备、射频设备在物流信息采集方面的优缺点。

2．我国自行研发的北斗系统工作原理是什么？

3．物流信息采集与传输设备是如何提高物流系统效率的？

4．简述BDS的工作原理。

5．简述条码技术在供应链管理中的应用。

五、综合能力训练

1．生活中你见过哪些物流信息采集与传输设备？

2．生活中，你见过的物流信息采集与传输设备在物流活动中发挥的作用是什么？

第九章　现代物流设备管理

🚩 学习目标

● 知识目标

掌握物流设备管理、设备的寿命周期、寿命周期费用、设备的综合效益等概念、现代物流设备管理的内容、设备的点检制度、设备磨损的分类，熟悉设备的实物形态和价值形态、现代物流设备管理的特点、现代物流设备的配置与选择的原则、现代物流设备的维护管理、物流设备的修理方式、物流设备更新的概念和方式，了解现代物流设备管理的任务、现代物流设备的使用、物流设备技术改造的概念和内容。

● 能力目标

具备物流设备的选型、配置、安装、调试和维护的基本技能，能够独立完成物流设备的日常管理和维护工作，能够分析物流设备所处的生命周期阶段，对物流设备的磨损情况进行判断，完善现有物流设备管理制度，提出物流设备更新的建议。

● 素质目标

通过本章知识的学习，具备较强的安全意识和环保意识，能够严格遵守物流设备的安全操作规程和环保要求，确保物流设备的安全运行和环境保护；具备良好的团队合作精神和沟通能力，能够与同事、供应商和客户等各方进行有效的沟通和协作，共同解决物流设备管理中出现的问题；具备持续学习和自我提升的意识，能够关注物流设备技术的最新发展动态，不断更新自己的知识和技能，以适应现代物流行业的发展需求。

📖 教学引入

《"十四五"现代物流发展规划》提出，我国现代物流业面临的形势之一是新一轮科技革命要求加快现代物流技术创新与业态升级。现代信息技术、新型智慧装备广泛应用，现代产业体系质量、效率、动力变革深入推进，既为物流创新发展注入新活力，也要求加快现代物流数字化、网络化、智慧化赋能，打造科技含量高、创新能力强的智慧物流新模式。基于这样的发展机遇，《"十四五"现代物流发展规划》提出，要推动绿色物流发展，深入推进物流领域节能减排，加强货运车辆适用的充电桩、加氢站及内河船舶适用的岸电设施、液化天然气（liquefied natural gas，LNG）加注站等配套布局建设，加快新能源、符合国家最新排放标准等货运车辆在现代物流特别是城市配送领域应用，促进新能源叉车在仓储领域应用。继续加大柴油货车污染治理力度，持续推进运输结构调整，提高铁路、水路运输比重。推动物流企业强化绿色节能和低碳管理，推广合同能源管理模式，积极开展节能诊断。加强绿色物流新技术和设备研发应用，推广使用循环包装，减少过度包装和二次包装，促进包装减量化、再利用。

资料改编来源：《"十四五"现代物流发展规划》。

> **思考**
> 1. 结合上述资料，作为物流企业，应该如何对现有物流设备进行更新或技术改造？
> 2. 为了满足业务规模不断扩大的需求，物流企业应该配置什么样的现代物流设备？

第一节 概述

一、现代物流设备管理的概念

现代物流设备管理是以企业生产经营目标为依据，运用各种技术、经济和组织措施，对物流机械设备从规划、设计、制造、购置、安装、使用、维修、改造、更新直到报废的整个生命周期进行全过程的管理，其目的是充分发挥设备效能，并力求寿命周期费用最经济，从而获得最佳投资效果。

设备有两种形态：实物形态和价值形态。实物形态是价值形态的物质载体，价值形态是实物形态的货币表现。在整个寿命周期内，设备处于这两种形态的运动之中。对应设备的两种形态，设备管理也有两种方式，即设备的实物形态管理和价值形态管理。

1. 实物形态管理

设备从规划设置至报废的全过程即为设备的实物形态运动过程。设备的实物形态管理是从设备实物形态运动过程出发，研究如何管理设备实物的可靠性、维修性、工艺性、安全性、环保性，以及在使用中发生的磨损、性能劣化、检查、修复、改造等技术业务，其目的是使设备的性能和精度处于良好的技术状态，确保设备的输出效能最佳。

2. 价值形态管理

在整个设备寿命周期内包含的最初投资、使用费用、维修费用的支出，折旧、改造、更新资金的筹措与支出等，这些构成了设备的价值形态运动过程。设备的价值形态管理就是从经济效益角度研究设备价值的运动，即新设备的研制、投资及设备运行中的投资回收，运行中的损耗补偿、维修、技术改造的经济性评价等经济业务，其目的是使设备的寿命周期费用最经济。

现代设备强调综合管理，将设备实物形态管理和价值形态管理相结合，追求在输出效能最佳的条件下使设备的综合效益最高。

为了正确理解上述内容，必须把握以下几个概念。

（1）设备的寿命周期。设备的寿命周期是指设备从规划、设计、制造、选型、购置、安装、调试、运转、维修，直到更新报废所经历的整个过程，其中规划、设计、制造等环节称为设备寿命的前半生，选型、购置、安装、调试、运转、维修、更新报废等环节称为设备寿命的后半生。传统的设备管理，只局限于设备寿命周期中后半生的管理，即设备制造部门只管产品的研制，设备使用部门只管选型、维修，结果常常出现制造厂生产的新设备不能完全符合或者不符合使用单位的要求，因此造成了不少企业设备积压、闲置，造成巨大的经济损失。另外，在传统的设备管理中，企业在设备更新改造中的成功经验，不能为设备制造单位吸收，不利于新设备技术水平的提高。

（2）寿命周期费用。寿命周期费用是指设备一生的总费用，它由原始费用和维持费用两大部分组成，是设备从规划、设计、制造、选型、购置、安装、调试、运转、维修，直到更新报废所产生的费用总和。对于外购设备，原始费用包括购置费、运费、安装、调试等费用。对于自行研制的设备，原始费用则包括调研、设计、制造、安装、调试等费用。维持费用包括运行费和维修费两部分。此外，在设备寿命终结时，拆除设备也需要一些费用，报废的设备还有一些残值，因此设备的寿命周期费用为：

设备寿命周期费用＝原始费用＋维持费用＋拆除费－残值

在设备的寿命周期费用内，各阶段费用支出的变化规律如图9-1所示。

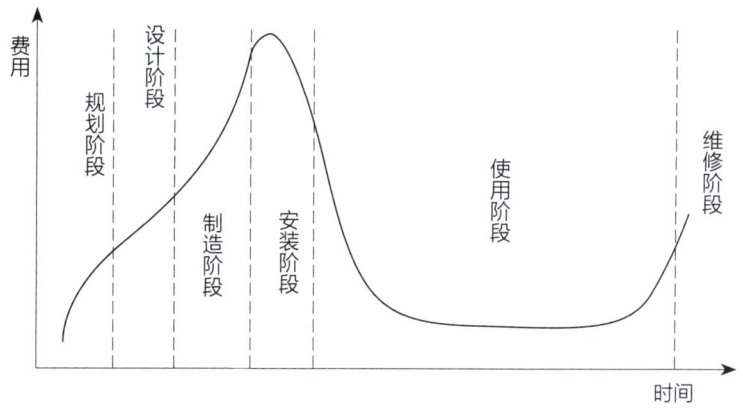

图9-1　各阶段费用支出的变化规律

设备的寿命周期费用涉及设备的一生，因此要分析研究设备的整个寿命周期内不同阶段费用支出的关系、变化规律以及它们对总费用的影响，采取行之有效的措施，使寿命周期费用最经济。

（3）设备的综合效益。设备的综合效益是指设备寿命周期的输出与设备寿命周期费用的比值，即

$$设备寿命周期的综合效益 = \frac{设备寿命周期的输出}{设备寿命周期费用}$$

设备的生命周期输出是指设备一生在满足安全、卫生、环保、货物安全、交货期等条件下的作业量，用价值表示。

评价设备经济性，不仅要考察寿命周期费用，还要看设备的综合效益如何，同样的费用，要选择综合效益高的设备。

二、现代物流设备管理的特点

设备管理除了具有一般管理的共同特征外，与企业的其他专业管理比较，还有以下一些特点。

1. 技术性

作为企业的主要生产手段，设备是物化了的科学技术，是现代科技的物质载体，因此，现代物流设备管理必然具有很强的技术性。首先，现代物流设备管理包含了机械、电子、液压、光学、计算机等许多方面的科学技术知识，缺乏这些知识就无法合理地设计制造或选购设备；其次，正确地使用、维修这些设备，还需掌握状态检测和诊断技术、可靠性工程、摩擦磨损理论、表面工程技术等专业知识。可见，现代物流设备管理需要将工程技术作为基础，不懂技术就无法做好设备管理工作。

2. 综合性

设备管理的综合性表现在以下几方面。①现代物流设备包含了多种专门技术知识，是多门科学技术的综合应用。②设备管理的内容是工程技术、经济财务、组织管理三者的综合。③为了获得设备的最佳经济效益，必须实行全过程管理，它是对设备一生各阶段的综合。④设备管理涉及物资准备、设计制造、计划调度、劳动组织、质量控制、经济核算等多方面的业务，汇集了企业多项专业管理的内容。

3. 随机性

许多设备故障具有随机性，使得设备维修及其管理也带有随机性，为了减少突发故障给企业带来的损失和干扰，设备管理必须具备应对突发故障、承担意外突击任务的应变能力。这就要求设备管理部门信息渠道畅通、器材准备充分、组织严密、指挥灵活；人员作风过硬，业务技术精通；能够随时为现场提供服务，为生产排忧解难。

4. 全员性

现代企业管理强调运用相关知识调动广大职工参加的积极性，实行以人为本的管理。设备的综合性管理更加迫切需要全员参加，只有建立从经理或厂长到第一线员工都参加的企业全员设备管理体系，实行专业管理与群众管理相结合，才能真正做好设备管理工作。

三、现代物流设备管理的任务和内容

（一）现代物流设备管理的任务

现代物流设备管理的任务是由设备管理的目的确定的。总体来说，现代物流设备管理的任务是保证为企业的物流活动提供最优的技术设备，使企业物流系统或物流作业建立在最佳的物质技术基础之上，以获得设备最佳的经济效益。这个任务包括以下几个方面。

1．合理选用设备

要根据技术上先进、经济上合理的原则，通过全面规划、合理配置，对设备进行全面的技术经济评价，合理选用设备。相关人员应密切配合，掌握国内外技术发展动向，收集技术和经济两个方面的资料。技术方面资料包括设备规格、性能、用途、效率、动力、材料，对环境的要求、可靠性、维修性、运输安全条件、备品配件的供应等；经济方面的资料包括设备市场状况，设备的价格、运费、相应的配套工程投资、安装费用，维修人员和操作人员的培训费，购买该设备的资金来源，估计设备投资效果等。

2．保持设备完好

要通过精确安装、正确使用、精心维修、适时检修、安全作业等环节，使设备始终处于完好的技术状态，使其工作性能能够满足生产工艺或物流作业的要求，随时可以根据企业生产经营的需要投入正常运行。物流设备完好一般包括：设备零部件、附件齐全，运转正常；设备性能良好，动力输出符合标准；燃料、能源、润滑油消耗正常三个方面的内容。行业、企业应当制定关于完好设备的具体标准，使操作人员与维修人员有章可循。

3．改善和提高技术装备素质

技术装备素质是指在技术进步的条件下，技术装备适合企业生产和技术发展的内在品质。通常可以用以下几个标准来衡量：①工艺适用性；②质量稳定性；③运行可靠性；④技术先进性（包括生产效率、物流与能源消耗、环境保护等）；⑤机械化、自动化程度。要通过适时改造与更新，改善和提高企业的技术装备素质，使物流现代化水平不断提高。

改善和提高技术装备素质的主要途径，一是采用技术先进的新设备替换技术陈旧的设备，二是应用新技术改造现有设备。后者通常具有投资少、见效快的优点，应该成为企业优先考虑的方式。

4．充分发挥设备效能

设备效能是指设备的生产效率和功能。设备效能的含义不仅包括单位时间内生产能力的大小，也包含适应多品种生产的能力。

充分发挥设备效能的主要途径有以下几条。

（1）合理选用技术装备和工艺规范，在保证产品质量的前提下，缩短生产时间、提高生产效率。

（2）通过技术改造，提高设备的可靠性，减少故障停机和修理停歇时间，提高设备的可利用率。

（3）加强生产计划、维修计划的综合平衡，合理组织生产与维修，提高设备利用率。

5. 取得良好的投资效益

设备投资效益是指设备终生的产出与其投入之比。取得良好的设备投资效益，是以提高经济效益为中心的方针在设备管理工作上的体现，也是设备管理的出发点和落脚点。因此，应追求设备寿命周期费用最经济和设备的综合效益，而不是只考虑购买或使用某一阶段的经济性。在寿命周期的各个阶段，一方面加强技术管理，保证设备在使用阶段充分发挥效能，创造最佳的产出；另一方面加强经济管理，实现最经济的寿命周期费用。在设备规划阶段，要寻求设备的经济性；在设备维修阶段，要谋求停机损失和维修费用之间的最佳平衡，求得设备维修的最佳经济效果。

（二）现代物流设备管理的内容

设备管理是以追求设备综合效率和寿命周期费用的经济性为目的，从工程技术、财务经济和组织管理三个侧面对设备实行终生管理。因此，现代物流设备管理应包括以下三个方面的内容。

1. 设备的技术管理

设备的技术管理主要包括设备的规划、选购、自制与安装调试；设备的合理使用和维护保养管理；设备的计划检修；设备的状态检测与技术诊断；设备的安全技术管理和事故处理；设备的备件管理；设备的技术资料管理；设备的技术改造；设备的技术档案管理等。

2. 设备的经济管理

设备的经济管理主要包括设备投资效益分析；资金筹措和使用；设备移交验收、分类编号、登记卡片和台账管理、库存保管、调拨调动、年终清查等资产管理；折旧的提取与管理；费用的收支核算；设备更新等。

3. 设备的组织管理

设备的组织管理主要包括员工的教育和培训；设备管理制度和规范的制定；设备管理、使用的监督检查和评比等。

第二节 现代物流设备的配置与选择

一、现代物流设备的配置与选择的原则

物流设备的配置与选择是物流设备前期管理的重要环节，是企业经营决策中的一项重

要工作。物流设备具有投资大、使用期限长的特点，在配置和选择时，一定要进行科学决策和统一规划。正确地配置与选择物流设备，可为物流作业选择出最优的技术设备，使有限的投资发挥最大的技术经济效益。物流设备选型应遵循以下六个原则。

1. 系统化原则

系统化就是在物流设备配置、选择中用系统的观点和方法，对物流设备运行所涉及的各个环节进行系统分析，把各个物流设备与物流系统总目标、物流系统中各要素有机地结合起来，改善各个环节的机能，使物流设备配置与选择最佳，从而使物流设备发挥最大的效能，并使物流系统整体效益最优。

2. 适用性原则

适用性是指物流设备满足使用要求的能力，包括适应性和实用性。在配置与选择物流设备时，应充分注意使物流设备与目前物流生产作业的需要和发展规划相适应；应符合货物的特性、货运量的需要；应适应不同的工作条件和多种作业性能要求，操作使用灵活方便。只有生产上适用的设备才能发挥其投资效果，创造出高效益。

3. 技术先进性原则

技术先进性是指配置与选择的物流设备能够反映当前科学技术的先进成果，在主要技术性能、自动化程度、结构优化、环境保护、操作条件、现代新技术的应用等方面具有技术上的先进性，并在时效性方面能满足技术发展要求。它以生产使用为前提，以获得最大经济效益为目的，既不脱离我国的国情和企业的实际需要而一味地追求技术上的先进，也防止选择技术上落后的设备投入生产而造成低效益运转。

4. 经济合理性原则

经济合理性是指所选择的物流设备应是寿命周期费用最低、综合效益最好的设备。它不仅是一次性购置费用低，更重要的是长期使用的费用低。购置费用与使用费用是一对矛盾的统一体，它们之间通常存在着效益背反的关系。

5. 可靠性和安全性原则

可靠性是指物流设备在规定的使用时间和条件下，完成规定功能的能力。它是物流机械设备的一项基本性能指标，是物流设备功能在时间上的稳定性和保持性。如果可靠性不高，无法保持稳定的物流作业能力，物流设备也就失去了基本功能。安全性是指物流设备在使用过程中保证人身和货物安全以及环境免遭危害的能力。它主要包括设备的自动控制性能、自动保护性能，以及对错误操作的防护和警示功能等。

6. 一机多用原则

一机多用是指物流设备具有多种功能，能适应多种作业能力。配置用途单一的物流设备，使用起来既不方便，也不利于管理。因此，应发展一机多用的物流设备。

二、现代物流设备的配置与选择步骤

（一）前期准备工作

1. 了解设备规划的要求

设备规划是企业根据生产经营发展总体规划和本企业设备结构的现状而制定的，用于提高企业设备结构合理化程度和机械化作业水平的指导性计划。科学的设备规划能减少购置设备的盲目性，使企业的有限投资保证重点需要，从而提高投资效益。

2. 收集有关资料，进行详细分析比较

（1）经济资料。货物的种类及特性、货运量、作业能力、货物流向等是主要的经济资料。它们直接影响着物流设备的配置与选择，因此，必须广泛地搜集这些资料。在调查搜集有关经济资料时，不仅要掌握目前和近期的情况，而且要摸清发展远景或变化趋势。对调查所得的资料应进行整理、审查、核实、分析研究，并做出有关的统计分析表。

（2）技术资料。它包括物流设备技术性能现状及发展趋势；主要生产厂家技术水平的状况；使用单位对设备的技术评价等。这些资料是从整体上把握物流设备技术状况的重要数据和资料。

（3）自然条件资料。它主要包括货场仓库条件、地基的承受能力、地基基础、作业空间等资料。

（二）拟定物流设备配置的初步方案

对于同一类货物、同一作业线、同一个物流作业过程，可以选用不同的物流设备。因而在拟定初步方案时，可提出多个具有不同优缺点的配置方案。紧接着，按照配置原则和作业要求确定配置物流设备的主要性能，分析各个初步方案的优缺点，并进行初步选择，去劣存优，最后保留2~3个较为可行的、各具优缺点的初步方案，并估算出它们所需的投资成本，计算出物流设备生产率或作业能力以及初步的需要数量。

（三）物流设备配置方案的技术经济评价与方案确定

为了比较各种配置方案，以便选出一个最有利的方案，必须进行技术经济评价。当然，在确定配置方案时，如果具体方案中出现不可比因素，这就需要将不可比因素做一些换算，尽量使比较项目有可比性。

（四）物流设备选型步骤

物流设备配置方案确定后，接下来就是全面衡量各项技术经济指标，选择合适的机型，物流设备选型的步骤如下。

1. 预选

预选是在广泛收集物流设备市场货源情报的基础上进行。货源情报来源主要包括产品样本、产品购销指南、产品目录、广告、展销会、专业网站以及销售人员收集到的情报等，并进行分类汇编，从中筛选出可供参考的机型和厂家。

2. 细选

对预选出来的机型和厂家进行调查、联系和询问，详细了解物流设备的各项技术性能参数、质量指标、作业能力和效率；生产厂商的服务质量和信誉，使用单位对其设备的反映和评价；货源及供货时间；订货渠道、价格、随机件及售后服务等情况。将调查结果填写在"设备货源调查表"上，并进行分析比较，从中选择符合要求的若干个厂家作为联系目标。

3. 选定

首先，和选出的厂家进行联系，必要时派专人做专题调查和深入了解，主要了解机械性能情况、价格及优惠条件；交货期及售后服务条件；附件、图样资料、配件的供应等有关问题同厂家进行协商谈判，并做出详细记录。然后，由企业有关部门进行可行性论证，选出最优的机型和厂家作为第一方案，同时准备第二、第三方案以应对订货情况变化的需要，经主管领导及部门批准后定案。

第三节 现代物流设备的使用与维护保养

一、现代物流设备的使用

1. 物流设备正常使用

物流设备的正常使用是指在规定的工作条件下，物流设备从事物流作业、发挥其规定效能的工作过程。物流设备使用管理是从采购、验收、投入使用到报废的全过程管理，包括设备组织管理、技术管理、安全管理、经济管理等具体内容。

2. 物流设备的正确使用

物流设备的正确使用包括技术合理和经济合理两方面内容。技术合理是按有关技术文件上规定的物流设备性能、使用说明书、操作规程、安全规则、维护和保养规程，以及不同的工作状况、工作环境、自然条件下使用要求，正确操作使用物流设备。

为了保证设备正确使用，应采取以下措施。

（1）严格按规程操作设备。设备操作规程规定了设备的正确使用方法和注意事项，对异常情况应采取行动和报告制度。

（2）实行使用设备的各级技术经济责任制。操作者按规程操作，按规定交接班，按规定进行维护保养。班组、车间、生产调度部门和企业领导都应对设备的正确使用承担责任，不允许安排不符合设备规范和操作规程的工作。

（3）严格使用程序管理。对重要设备采取定人定机、教育培训、操作考试和持证上岗、落实交接班制度以及严肃处理设备事故等措施。

（4）实行设备维护的奖励办法，把提高使用者的积极性同物质奖励结合起来。

二、现代物流设备的维护保养

（一）物流设备的维护管理

物流设备的维护保养是指通过擦拭、清扫、润滑、紧固、调整、防腐、检查等一系列方法对设备进行护理，以维持和保护设备的性能和技术状况。虽然不同的物流设备其结构、性能和使用方法不同，设备维护保养工作的具体内容也不完全一致，但设备维护保养的基本内容是一致的，即清洁、安全、润滑、防腐和检查。

（1）清洁。清洁是指各种物流设备要清洁，做到无灰、无尘、整齐，保持良好的工作环境。

（2）安全。安全是指设备的保护装置要齐全，各种装置不漏水、不漏油、不漏气、不漏电，保证安全，不出事故。

（3）润滑。润滑是指设备要定时、定点、定量加油，保证润滑面正常润滑，保证运转畅通。

（4）防腐。防腐是指要防止设备腐蚀，提高设备运行的可靠性和安全性。

（5）检查。检查是指对物流设备的外观、性能、安全、润滑、紧固等方面进行检查。

从时间维度上来说，物流设备的维护保养内容一般包括日常维护、定期维护、定期检查。定期检查又称为定期点检。

（二）物流设备的三级保养制度

物流设备的三级保养制度包括设备的日常维护、一级保养和二级保养。三级保养制度是以操作者为主对设备进行以保为主、保修并重的强制性维修制度。

1．设备的日常维护

物流设备的日常维护是全部维护工作的基础。它的特点是经常化、制度化，一般日常维护保养包括班前、班后和运行中的保养。

日常维护保养一般由操作工人负责进行。要严格按操作规程操作，集中精力工作，注意观察设备运转情况和仪器、仪表，通过声音、气味发觉异常情况。如有故障应停机检查及时排除，并做好故障排除记录。

日常维护保养的内容大部分在设备的外部，其具体内容有：搞好清洁卫生；检查设备的润滑情况，定时、定点加油；紧固易松动的螺钉和零部件；检查设备是否有漏油、漏气、漏电情况；检查各防护、保险装置及操纵机构、变速机构是否灵敏可靠，零部件是否完整。

2．设备的一级保养

一级保养是为了减少设备磨损、消除隐患、延长设备使用寿命，使设备处于正常技术状态而进行的定期维护。

一级保养一般以操作工人为主，维修工人协助来完成。保养一般在每月或设备运行

500~700小时后进行。每次保养之后，要填写保养记录卡，谁保养、谁记录，并将其装入设备档案。

一级保养的具体内容有：对部分零部件进行拆卸清洗；部分配合间隙进行调整；除去设备表面斑迹和油污；检查调整润滑油路，保持通畅不漏；清洗附件和冷却装置等。

3．设备的二级保养

二级保养是为了使设备达到完好标准、提高和巩固设备完好率、延长大修期而进行的定期保养。

二级保养一般以维修工人为主，操作工人参加来完成。保养时间一般是按一班制考虑，一年进行一次，或设备累计运转2500小时后进行。保养后，要填写保养记录卡，由操作者验收，验收后交设备科存档。

二级保养的内容主要有两方面：对设备进行部分解体检查和修理；更换或修复磨损件，清洗、换油、检查修理电器部分，使设备的技术状况全面达到设备完好的标准。

三、现代物流设备的检查和修理

（一）设备的点检制度

检查设备的目的是判断和确保设备的技术状态是否在规定范围内，据此做出继续使用、采取预防措施或停机修理的结论。设备的点检是一种现代先进的设备点检制度，是对影响设备正常运行的一些关键部位进行经常性检查和重点控制的一种方法。

1．点检的含义

设备的"点"是指设备的关键部位或薄弱环节。设备点检是指通过人的感官或运用检测工具和仪器对设备进行检查，及时准确地获取设备部位的技术状况或劣化的信息，及时消除隐患。

2．设备点检的类别

设备点检包括日常点检、定期点检和专项点检三类。

（1）日常点检。日常点检是由操作工人和维修工人每日进行的例行维护作业，主要是利用感官或简单的工具或装在设备上的仪表和信号标志检查设备状态，目的是及时发现设备异常，保证设备正常运转。

（2）定期点检。定期点检是以专业维修人员为主、操作工人为辅，定期对设备进行检查，记录设备异常、损坏及磨损情况，确定修理部位、更换零件、修理类别和时间，以便安排修理计划。定期点检主要是测定设备的劣化程度和性能状况及缺陷和隐患，确定修理的方案和时间，保证设备维持规定的功能。定期点检主要凭借感官进行，但也使用一定的检查工具和仪器。

（3）专项点检。专项点检一般指由专职维修人员（含工程技术人员）针对某些特定的项目进行的定期或不定期的检查测定，目的是了解设备的技术性能和专业性能。点检时通常需使用专用工具和仪器。

3. 设备点检的主要工作

虽然设备点检的内容因设备种类和工作条件的不同而差别很大,但设备的点检都必须认真做好以下几个环节的工作。

(1) 确定检查点。一般将设备的关键部位和薄弱环节列为检查点。

(2) 确定点检项目。即确定各检查部位(点)的检查内容。

(3) 制定点检的判断标准。根据制造厂家提供的技术资料和实践经验制定各检查项目的技术状态是否正常的判定标准。

(4) 确定检查周期。根据检查点在维持生产或安全方面的重要性和生产工艺的特点,并结合设备的维修经验,制定点检周期。

(5) 确定点检的方法和条件。根据点检的要求,确定各检查项目所采用的方法和作业条件。

(6) 确定检查人员。确定各类点检的负责人员和各种检查的负责人。

(7) 编制点检表。将各检查点、检查项目、检查周期、检查方法、检查判定标准按规定的记录符号等制成固定表格,供点检人员检查时使用。

(8) 做好点检记录和分析。点检记录是分析设备状况、建立设备技术档案、编制设备检修计划的原始资料。

(9) 做好点检的管理工作,形成一个严密的设备点检管理网。

(10) 做好点检人员的培训工作。

(二) 物流设备的修理

物流设备的修理是针对那些由于技术状态劣化而发生故障的设备,通过更换或修复磨损失效零件,对整机或局部进行拆装、调整的技术活动,其目的是恢复设备的功能,保持设备的完好性。

1. 物流设备的修理方式

(1) 事后修理。物流设备发生故障甚至不能使用后,再对其进行修理的方法,称为事后修理,也称为故障修理。事后修理一般适用于利用率较低、能及时提供备件的中小型物流设备,如中小型起重机等。

(2) 预防修理。根据物流设备的工作环境、零部件及控制系统的工作状况,利用检测信息,事先编制修理计划和修理项目相应的工艺方案及程序,开展对物流设备的修理作业,称为物流设备的预防修理。预防修理主要有以下维修方式。

①定期修理。它是在规定时间的基础上执行的预防维修活动,具有周期性的特点。这种维修方式适用于连续或多班作业场合、使用频繁、平时难以停机修理的物流设备。

②状态检测修理。这是一种以设备技术状态为基础,按实际需要进行修理的预防维修方式。利用人工或仪器对设备工作状态进行监测和诊断,通过数据分析处理,掌握设备劣化发展情况,在高度预知的情况下,适时安排预防性修理。这种修理方式常适用于大中型

物流设备，如门座起重机、岸边集装箱装卸桥等。

（3）改善修理。根据故障记录和状态检测的结果，在修复故障部位的同时对设备性能或局部结构加以改进，根除故障根源的措施，称作改善修理。改善修理的范围，适宜某些物流设备结构的原设计制造不合理的情况，目的在于提高和改善局部结构或系统的可靠性和维修性。

以上修理方式各有其优缺点。企业可根据自己的物流作业特点、各类物流设备的特点、故障大小、修理费用、停机损失、资金、修理效果等情况择优选用。

2．物流设备的修理类别

物流设备的预防修理的修理类别有小修、项修、大修等。

（1）小修。这是工作量最小的一种计划修理。小修是维持性修理，不对设备进行较全面的检查、清洗和调整，只结合掌握的技术状态的信息进行局部拆卸、更换和修复部分失效的零件，以保证设备正常的工作能力。

（2）项修。这是指对物流设备中性能已经劣化的结构进行针对性的局部修理。一般只需对局部进行拆卸、检查，更换或修复失效的零件，通过局部性调整来恢复设备的技术性能。

（3）大修。这是工作量较大的全面修理。大修时，要将设备全部拆解，修复基准件和不合格零件，更换部分磨损零部件，修理电气系统及整修外形等，以恢复设备原有性能，延长设备寿命。

第四节　现代物流设备的更新和技术改造

一、现代物流设备磨损的补偿

1．设备磨损的分类

广义的设备磨损，除通常所说的摩擦磨损外，还包括零部件老化、贬值、陈旧等。设备磨损在狭义上主要指的是设备的有形磨损，即设备实体部分由于使用或自然力的作用而产生的磨损、变形和损坏。这种磨损直接影响设备的性能、精度和使用寿命，导致设备运行费用和维修费用的增加，效率低下。狭义的设备磨损更多地关注设备物质层面的损耗，而不涉及设备价值的变化。通常，设备磨损为有形磨损和无形磨损两类。

有形磨损是指设备实体上的磨损，又称物质磨损。机械设备使用过程中，在外力的作用下，其零部件会发生摩擦、振动、冲击和疲劳，以致机械设备的实体发生磨损，这种磨损称为第一类有形磨损。机械设备在闲置或封存中，由于自然力的作用（如金属件生锈、腐蚀，橡胶件和塑料件的老化等），也会使机械设备发生实体磨损，这种磨损称为第二类有形磨损。

设备的无形磨损是指设备实体看不见的磨损，又称精神磨损。设备无形磨损可分为两种形式：一种是因设备生产厂劳动效率提高，原材料、动力消耗减少，生产相同型号设备的再生产价值降低，使设备原有价值降低；另一种是由于不断出现性能更加完善，生产效率更高的设备，使原有设备无形中变得陈旧、落后，需提前报废。一般来说，技术进步越快，无形磨损也越快。

2. 设备磨损的补偿

为保持物流设备的正常运行，并使其处于良好的技术状态，必须对物流设备的磨损及时予以补偿。机械设备的磨损形式不同，所采取的磨损补偿的方式不同。一般补偿可分为局部补偿和完全补偿。设备有形磨损的局部补偿是修理；设备无形磨损的局部补偿是现代化改装；有形磨损和无形磨损的完全补偿则是更新，如图9-2所示。

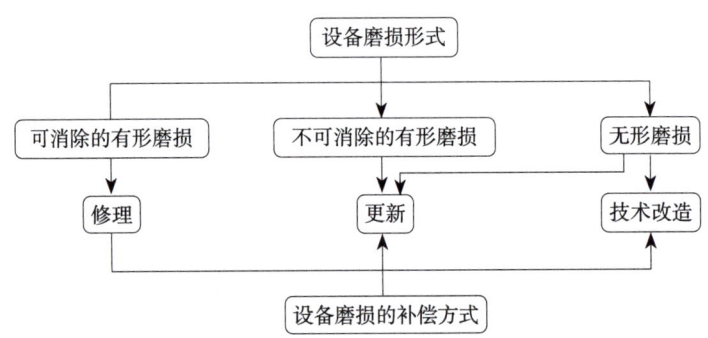

图9-2　设备磨损与补偿的相互关系

二、现代物流设备的更新

1. 物流设备更新的概念和方式

物流设备更新是指以技术性能更完善、经济效益更显著的新设备代替原有技术上不能继续使用或经济上不宜继续使用的旧机械设备。设备更新可分为简单更新和技术更新两种方式。

2. 物流设备更新时机的选择

物流设备更新时机的选择要以设备寿命时间长短为依据。由于计算依据的不同，物流设备的寿命周期可分为物质寿命、技术寿命及经济寿命。

物流设备的物质寿命，又称自然寿命或物流寿命，它是指设备实体存在的时间长短，即设备从投入使用直到报废所经历的时间。虽然对物流设备合理使用、正确维护可以延长其物质寿命，通过修理可以局部或全部恢复机械设备的使用性能，但物流设备的物质寿命不是无止境的，对物流设备的修理并不能使之完全恢复到初始的最佳状态。

3. 物流设备更新的分析和论证

为使物流设备得到及时更新，需要根据企业物流作业要求和机械特性、使用状况和现实情况做必要的分析论证，其主要依据有两个方面：一方面是以国家规定的机械报废条件为主要依据选择更新对象，属于定性分析方面；另一方面是进行更新后的经济效果比较，属于定量分析方面。在这里主要分析前一种情况。

物流设备的更新对象包括以下几点。

（1）役龄过长，技术经济性能差的物流设备。物流设备的役龄是指物流设备投入使用的年限。物流设备超过了规定的使用年限，即到了超期服役阶段，设备的有形磨损和无形磨损都达到了相当大的程度，难以恢复设备应有的功能，并造成设备维修费用大量超支，这样的物流设备是更新的主要对象。

（2）大修次数过多或修理后技术状况仍不能恢复的物流设备。物流设备每经过一次大修，其性能保持性就会下降一次，运行和修理等维持费用增大，大修周期也会缩短。过多的大修不仅经济上不合理，而且会阻碍技术进步。一般物流设备超过三次大修时应考虑更新。

（3）先天性制造质量低劣的物流设备。对一些制造质量低劣的物流设备，使用性能和维修性能都较差，难以改善其性能，又无改造修理的价值，应将这些设备作为更新的对象。

（4）严重浪费能源的物流设备。有些物流设备在制造时就存在耗能高的缺陷，不仅对企业经济效益不利，而且违背国家节能方针。因此，对耗能高而又难以改造或无改造价值的物流设备，应果断地进行更新。

（5）技术落后或相对陈旧的物流设备。有些机械设备技术落后，不仅劳动生产率低、劳动条件较差、安全性也不能满足物流作业要求，严重影响操作人员或周围人员的安全。这些机械设备经过分析论证后应予以更新。

（6）严重污染环境的物流设备。这些设备在使用中对周围环境造成极大的危害，在难以采取改造措施或经济上不划算时，应予以更新。

三、现代物流设备的技术改造

1. 物流设备技术改造的概念和内容

物流设备技术改造是指根据物流作业的需要，应用现代科学技术和先进经验，改变现有设备的局部结构，以补偿设备的无形磨损和有形磨损，提高设备的使用性能和技术水平。

物流设备的技术改造是在基本功能不变的情况下，改造原机结构，以提高其技术性能和使用性能，其主要内容有以下几点。

（1）改造或更新物流设备的动力装置，提高设备的技术性能和作业效率。

（2）加装节能装置或改善耗能装置，以降低能源消耗，降低使用费用。

（3）增加安全装置或改造原机结构，提高物流设备的安全性和环保性，保证设备的运行安全，并防止或减少污染。

（4）改造或增加必要装置，扩充物流设备的功能，做到一机多用。

（5）对物流设备的薄弱环节进行改造，以提高设备的可靠性和耐用性。

（6）改进原机结构，更换某些装置，统一机型，以利于修理和配件的供应。

2．物流设备技术改造应注意的问题

在进行物流设备技术改造时应注意以下问题。

（1）要从实际出发，充分考虑企业人力、物力、财力条件，合理确定技术改造项目，并制定切实可行的技术改造规划，将有限资金、技术等资源用在重点和关键的物流设备的技术改造上。

（2）物流设备的改造既要考虑经济上的合理性，又要考虑技术上的可行性，即通过经济论证后，还必须进行技术可行性分析。

（3）要统揽全局，统筹安排，把当前的与长远的技术经济效益相结合，既要看到当前取得的技术经济效益，也要估计到较长时期的技术经济效益。

（4）物流设备的技术改造要实行专业队伍和广大职工积极参与相结合，既需要有精通技术的专家，也要注意培养技术人才，充分发挥企业职工特别是设备操作人员、管理人员的积极性，大力发展技术革新和技术协作活动。

视野拓展

兰剑智能的RaaS运维管理简介

兰剑智能科技股份有限公司（以下简称"兰剑智能"）投资建设了智能仓储物流自动化系统，又称机器人即服务（robot as a service，RaaS），不仅提供专业的仓储设备，而且提供仓储代运营服务，配备有专业的运营团队，提供订单拣选和系统的运行维护服务。兰剑智能服务范围涉及来料质量控制（incoming quality control，IQC）、库内上架、智能仓储、"货到人"拣选等，兰剑人员提供7×24×365无间隙全程设备保养运维服务。

针对智能设备的保养运维服务，兰剑智能用心做到主动维护、及时响应、按需服务，以细节行动践行服务理念。以下是兰剑智能设备保养运维服务的"12每"行动。

（1）每日检：以点检方式对问题部件进行逐项排查。

（2）每周检：以停机方式对关键部件进行细致维护。

（3）每月检：以排查方式对常规部件进行周期性检查。

（4）每种设备制订完善的"设备点检计划"。

（5）每种设备制定专项的"报警处理流程"。

（6）每台设备采用排序方式进行逐台检查。

（7）每人坚持把维护信息上报，及时做好经验总结、提炼。

（8）每天坚持把维护信息上报，及时做好经验总结、提炼。

（9）每项画钩处必打钩确认。

（10）每个签名处必有责任人签字。

（11）每条异常反馈必填详细描述。

（12）每个项目周边必有应急部队时刻响应。

资料改编来源：兰剑智能科技股份有限公司官网。

本章小结

　　本章主要介绍了现代物流设备、现代物流设备的配置与选择、现代物流设备的使用与维护保养、现代物流设备的更新和技术改造等方面的知识，分为四节。第一节主要介绍现代物流设备管理的概念、现代物流设备管理的特点、现代物流设备管理的任务和内容。第二节主要介绍现代物流设备的配置与选择的原则，然后介绍了现代物流设备的配置与选择步骤。第三节主要介绍现代物流设备的使用、现代物流设备的维护保养、现代物流设备的检查和修理。第四节主要介绍现代物流设备磨损的补偿、现代物流设备的更新、现代物流设备的技术改造。

思考与练习

一、单项选择题

1. （　　）是指设备从规划、设计、制造、选型、购置、安装、调试、运转、维修，直到更新报废所经历的整个过程。
   A．实物形态　　　　　　　　B．设备的寿命周期
   C．价值形态　　　　　　　　D．设备寿命周期费用
2. 设备的寿命周期费用不包括（　　）。
   A．原始费用　　B．维修费用　　C．运行费用　　D．残值
3. 现代物流设备管理的内容不包括（　　）。
   A．设备的技术管理　　　　　B．设备的经济管理
   C．设备的组织管理　　　　　D．设备的回收管理
4. 设备的点检制度中的"点"是指（　　）。
   A．设备的关键部位或薄弱环节　B．设备的发动机
   C．设备的行驶系统　　　　　D．设备的电气化设备
5. 物流设备发生故障甚至不能使用后，再对其进行修理的方法，称为（　　）。
   A．预防修理　　B．改善修理　　C．事后修理　　D．报废处理

二、多项选择题

1. 现代物流设备管理的任务除了合理选用设备、保持设备完好还包括（　　）。
   A．提高无形磨损　　　　　　B．改善和提高技术装备素质
   C．充分发挥设备效能　　　　D．取得良好的投资效益
2. 以下属于设备磨损的有（　　）。
   A．摩擦磨损　　　　　　　　B．零部件老化
   C．零部件贬值　　　　　　　D．零部件陈旧
3. 机械设备的寿命周期可分为（　　）。
   A．物质寿命　　　　　　　　B．技术寿命
   C．经济寿命　　　　　　　　D．自然寿命
4. 下面关于物流设备技术改造应注意的问题，正确的有（　　）。
   A．要从实际出发，充分考虑企业人力、物力、财力条件，合理确定技术改造项目，并制定切实可行的技术改造规划，将有限资金、技术等资源用在重点和关键的机械设备的技术改造上
   B．物流设备的及时改造既要考虑经济上的合理性，又要考虑技术上的可行性，即通过经济论证后，还必须进行技术可行性分析

C. 要统揽全局，统筹安排，把当前的与长远的技术经济效益相结合，既要看到当前取得的技术经济效益，也要估计到较长时期的技术经济效益

D. 物流设备的技术改造要实行专业队伍和广大职工积极参与相结合，既需要有精通技术的专家，也要注意培养技术人才，充分发挥企业职工特别是设备操作人员、管理人员的积极性，大力发展技术革新和技术协作活动

5. 现代物流设备管理的特点有（   ）。

A. 技术性　　　　　　　　B. 先进性
C. 随机性　　　　　　　　D. 全员性

三、判断题

1. 在整个设备寿命周期内包含的最初投资、使用费用、维修费用的支出，折旧、改造、更新资金的筹措与支出等，构成了设备价值形态运动过程。（   ）

2. 设备的寿命周期费用为：设备寿命周期费用=原始费用+维持费用+拆除费。（   ）

3. 现代物流设备管理需要工程技术作为基础，不懂技术就无法做好设备管理工作。（   ）

4. 在选用设备时，只要根据技术上先进的原则即可，无须考虑经济上是否合理。（   ）

5. 设备的维护保养是指通过擦拭、清扫、润滑、紧固、调整、防腐、检查等一系列方法对设备进行护理，以维持和保护设备的性能和技术状况。（   ）

四、简答题

1. 什么是现代物流设备的价值形态管理？
2. 设备的寿命周期定义是什么？
3. 物流设备选型的步骤是什么？
4. 如何做到物流设备的正确使用？
5. 物流设备技术改造应注意的问题有哪些？

五、综合能力训练

1. 你认为校园菜鸟驿站的现代物流设备做到正确使用了吗？应该怎样对其进行维护保养？

2. 请为校园菜鸟驿站的物流设备的更新或技术改造提出建议。

参考文献

[1] 刘云浩. 物联网导论［M］. 北京：科学出版社，2022.

[2] 中国物流与采购联合会. 中国物流发展报告（2022—2023）［M］. 北京：中国财富出版社，2023.

[3] 单子丹. 智慧物流［M］. 上海：上海交通大学出版社，2023.

[4] 王金萍. 物流设施与设备［M］. 大连：东北财经大学出版社，2018.

[5] 邹霞. 智能物流设施与设备［M］. 北京：电子工业出版社，2021.

[6] 蒋亮. 物流设施与设备［M］. 北京：清华大学出版社，2021.

[7] 郭忠印. 交通运输设施与管理［M］. 北京：人民交通出版社，2005.

[8] 沈默. 现代物流案例分析［M］. 南京：东南大学出版社，2006.

[9] 王艳艳. 集装箱运输实务［M］. 北京：北京理工大学出版社，2007.

[10] 白世贞，刘莉. 现代仓储物流技术与装备［M］. 北京：中国物资出版社，2007.

[11] 鲁晓春，吴志强. 物流设备与设施［M］. 北京：清华大学出版社，2005.

[12] 赵萌. 现代物流包装设计［M］. 杭州：浙江大学出版社，2006.

[13] 孔令中. 现代物流设备设计与选用［M］. 北京：化学工业出版社，2005.

[14] 罗毅，王清娟. 物流装卸搬运设备与技术［M］. 北京：北京理工大学出版社，2007.